U0906096

How Americans Educate Their Kids

美国人是如何教育孩子

美国式教育法

陈冠任 著

中国财富出版社

图书在版编目(CIP)数据

美国人是如何教育孩子 ：美国式教育法 / 陈冠任著. -- 北京：中国财富出版社，2015. 8

ISBN 978-7-5047-5543-8

Ⅰ. ①美… Ⅱ. ①陈… Ⅲ. ①家庭教育－教育方法－美国 Ⅳ. ①G78

中国版本图书馆 CIP 数据核字(2015)第 017235 号

策划编辑 刘 晗　　**责任编辑** 刘 晗
责任印制 方朋远　　**责任校对** 杨小静　　**责任发行** 邢小波

出版发行 中国财富出版社
社　　址 北京市丰台区南四环西路 188 号 5 区 20 楼　　**邮政编码** 100070
电　　话 010-52227568(发行部)　　010-52227588 转 307(总编室)
　　　　010-68589540(读者服务部)　　010-52227588 转 305(质检部)
网　　址 http://www.cfpress.com.cn
经　　销 新华书店
印　　刷 北京市通州运河印刷厂
书　　号 ISBN 978-7-5047-5543-8/G·0606
开　　本 710mm×1000mm　1/16　　**版　　次** 2015 年 11 月第 1 版
印　　张 21.25　　**印　　次** 2015 年 11 月第 1 次印刷
字　　数 296 千字　　**定　　价** 39.80 元

版权所有·侵权必究·印装差错·负责调换

教育孩子，即从父母开始

每一个孩子都是纯洁的天使。

他们漫长的人生道路，都是在父母的言传身教中起步。然而，有的孩子聪明、自信、上进、善良，长大后成为父母的骄傲；有的孩子却笨拙、淘气、无主见、冷漠，最后淹没在平凡之中，与父母的殷切期望背道而驰。

是什么影响了我们的孩子？

其实，就是父母的教育理念和方法。每个孩子都是父母的作品。父母有意和不经意的一言一行，都会影响孩子。然而，孩子的成长，不能任由其自生自灭地生长，需要像艺术品那样去雕琢。可是，很多父母花费了不少的精力和时间乃至金钱去呵护、培育孩子，最后还是事与愿违。甚至，有时候小家伙越来越古怪精灵、一段时间比一段时间聪明伶俐，可父母自身的一些问题，或者说局限，又很可能妨碍孩子的进一步发展。因此，去掌握更多有用的教育理念，进而以特殊有效的方式教育孩子，这才是我们父母应该做的事。

大家都会发现，美国孩子与中国孩子很不相同。他们先不论学习好坏、长得俊丑，个个都很特别，换句话说，这些孩子都特别自信、独立，虽然数理化可能没中国孩子学得好，但是很有创造能力、开拓精神，想象力丰富，也拥有广大的人际圈子。

教育，应该是孩子天性的保护伞，而不是剪刀，把孩子想象的翅膀剪短。教育，还应该是对孩子平等、开放的交流，而不是温室栽花，把孩子活泼、好动的个性压抑。

天才，可能就在顽皮、淘气中被以正确的方法方式培养出来。这就是美国开放式的教育方法给予我们的启发。

本书是一本介绍美国人如何教育孩子，即美国式教育方法的著作。全书结合中国父母的实际，从道德、智力、品格、成长、亲子关系、理财等九个方面介绍美国人的教育观和教育方法，供中国父母学习和借鉴。

目录

第一章　培养良好的操行

第二章　选择恰当的正规教育

第三章　塑造完美的品格

第五章 面对生活中的诱惑

第六章　解除性的疑惑

第七章 建立良好的亲子关系

第八章　如何进行沟通和交流

第九章　准备步入社会前的教育

第一章

培养良好的操行

第一节
美国人对孩子的公民教育

政治不是空洞的说教

在美国不设专门的政治课，他们认为这样的课程是说教，是空泛的。但是，这并不意味着美国人不重视孩子的政治教育。实际上，美国的政治教育是以一种细雨润物的方式进行，而有别于中国的灌输的方式，他们是在学校的文学、历史、社会学和心理学等课程中，以及家庭和日常生活的衣食住行中，结合实际，潜移默化地完成的。

在美国孩子中，有一个口号是经常挂在他们嘴上的，这就是："永远忠于美国！"

美国人认为这是公民最根本的意识，他们对孩子从小就培养爱国和爱国旗等公民意识教育，并且使之根深蒂固。

清晨，在茫茫的雾色中，人们常常可以看到，在草坪上，一排排的孩子们围着旗杆，把右手放在胸前，伴随着国歌，注视国旗冉冉升起，然后，集体庄严宣誓：

> 我向国旗宣誓，永远忠诚于国旗，忠诚于它所代表的美国。在上帝之下，美利坚不可分割，不可离析，自由与公正于每一个人。

在美国，孩子们进行一项集体活动，比如一场棒球赛，开场前，都要全体起立奏国歌。

当国歌声响起的时候，不论是大孩子，还是小孩子，他们都会立即停止一切打闹嬉戏，肃然起敬。棒球队员们庄严地把帽子摘下来，放在胸口，恭恭敬敬地站着。有位美国青年曾经对一位中国人说过："我小时候是学校乐队的成员，我们每一次奏国歌气氛都十分庄严。每当我听到国歌的音符，都感到心里在激荡。我们都以自己是美国人而深感自豪!"

在波士顿，有一所50年历史的男校，用集体活动的方式进行正式的训练，让孩子们明白自己是属于集体的、国家的，而作为其中一员必须忠实于它们。这所学校校风严谨、纪律严明，不容许学生组织小团体、宗教组织或种族团伙。

在美国，有关美国公民的基本行为规范的教育，一方面是通过正式的课程，如公民课、历史课等，向学生进行灌输和专门训练；另一方面是通过学校内的各种活动，如班会、庆典仪式以及参观城市的公共建筑、纪念碑等，潜移默化地向学生传递"政治神话"和民族、国家象征，培养学生成为献身民主制度和民主理想的爱国公民。

☆ ☆ ☆ ☆ ☆

> 什么样的人才算是美国的合格公民？在美国宪法和相关的法规中对此都有详细的诠释，尊重、责任心、可靠、关心、

公平与正义等是它核心的素质。

美国有关合格公民的具体标准在中小学的“公民学课”的目标中可以略见一斑，美国的“公民学课”的具体目标包括:

a. 熟悉“民主社会”的有关准则，如知道宪法是国家的根本大法，任何人（包括总统）和任何组织（包括行政机关、立法机关和司法机关）都不得以任何理由违反宪法。

b. 学会自律。

不仅做自己认为应该做的事，也做自己不愿做但社会要求自己做的正当的事情。

c. 恪守信用。

d. 诚实。

在生活的一切方面，都要敢说真话，即使说真话损害了自己，也在所不惜。

e. 实现最佳自我。

敢于抵制群体的不正当压力，不做自己不愿做的不当之事，即使孤立无援亦是如此。

f. 利己但不损人。

运用恰当的手法追求个体或群体目标的实现，同时，尊重他人的各种权利。

g. 勇于承认自己的错误。

h. 懂得获取胜利是最重要的，但并不是至高无上的。

i. 在人际交往中，对人谦恭有礼貌，包括有礼貌地听人讲话。

j. 尊重而不歧视他人，包括不歧视任何年龄、种族和宗教信仰的人，就像尊重自己一样。

k. 知道任何一个人不是孤立地存在的，自己的存在常常会影响他人甚至社会。

l. 成熟、大度，能够在逆境中正确调控自我。

m. 不管做什么事，都能做到认真、负责。

n. 尊重他人的财产权，包括尊重学校、企业、政府的财产权及每一个人的财产权。

o. 遵守法律，除非法律与宗教信仰或与普遍公认的道德准则相矛盾。如果在后一种情况下不服从，也应采取非暴力手段，还必须接受法律规定的各种处罚。

p. 尊重民主社会的各种自由。

q. 养成各种有益于身心健康的习惯，戒除各种有损于身体健康的嗜好。

r. 没有过早的性体验，培养与家庭生活准则完全一致的性态度。

法学与道德的认知教育

美国哈佛大学教授柯尔伯格对儿童的道德认知发展理论研究很深，首次提出了道德判断发展的 3 个水平 6 阶段的模型，美国学校的学生公民道德教育，都是按照他设计的方法，通过孩子们自己进行道德讨论而实现的。

例如，上 3 年级的玛丽一天在学校里就参加了这样一个讨论：

一个人很穷，他的妻子快死了，于是他就去本镇一位药剂师那儿去。制造这种药要花很多钱，但是，药剂师的索价比成本还高出 10 倍，这个穷人花了 400 美元还只够药费的一半，于是请求他便宜点，或者允许他赊点账，药剂师却说：“不行!我卖药就是为了赚钱。”

然后，这位穷人尝试一切合法手段，还是得不到这种药品，而他的妻子快要死了。

于是，晚上他撬开了药店的门，为生命垂危的妻子偷来了药。

结果，第二天，这位穷人被告到了法院。

这位穷人应该偷药吗？药剂师这样做对不对？如果你是法官该如何判这个案子？老师提出问题后，孩子们七嘴八舌议论起来。

讨论的过程中，多数的孩子都为这个困境中的男人辩护。

然而，在讨论结束时，老师告诉大家说：同情心很可贵，但是，也要明白分清是非的道理。作为一个公民，首先要遵守国家的法律，不能因为自己没钱就可以去偷去抢，相反，他可以通过其他的途径去找钱，为他的妻子治病。

接着，老师趁机对孩子们进行如何做一个合格的公民进行指导，引导孩子们树立正确的公民道德观。

这是美国学校经常开展的一种“道德推理”课。

美国人认为，人的价值观念是个人相对的，是没有定型的，让学生进行生动形象的讨论，往往能够给予孩子们深刻的印象。更为重要的是，在价值讨论过程中，学生经过价值澄清、道德推理等，可以形成自己的价值观，促进道德水平的提高，从而指导他们的行为。

机会教育——法庭现场旁听

一天，纽约地方法院开庭审判一宗一名高中篮球队员强暴女同学案件。

威廉·迪斯小学的老师杰克·马特希得知这个消息后，马上和法庭进行联系，要求组织学生前去进行旁听，结果得到了法院的应允。

这一天，杰克·马特希便带领学生到地方法院去参加旁听，回来后，他又组织学生根据自己在课堂上学过的公民学知识进行讨论，判断这位篮球队员是否有罪。他们讨论的题目是“假如我是法官，我该怎么判？”根据这个题目，学生们得出了自己的结论。

在美国，类似这样的“现场训练法”，是学校对学生实施公民教育的一种有效的途径和方法。

美国一些研究人员研究发现，在课堂上，向学生生硬地灌输法律条文和政府的民主制度，是无助于孩子们民主自由态度的形成，他们更倾向于走出课堂，到实践中去观察社会现象，以批评的态度讨论和分析社会政治问题。因此，在美国，无论是学校还是家长，常常以“假如我要竞选总统，我要提出哪些施政纲领”类似的内容为题，要求学生到社会上去进行调查，到图书馆查一些资料，然后，提出自己的“施政主张”。

在进行美国历史和国家演变的教育中，美国孩子还受到美国公民传统、民族关系和国家政体的教育。主要内容包括：

a. 美国历史。

b. 美国传统人格特点。

c. 美国民族。

d. 美国资本主义的政治制度和国家制度。

e. 政治与现代人。

这些课本上的内容往往很是抽象，但是，美国人常常通过带领学生走出课堂，用现场训练法进行教育，效果十分有效。

从小培养孩子关心政治

由于经济化日益严重，近年来，美国年青一代不关心政治的倾向日益严重。

据统计，在 1988 年总统选举中，18 岁至 28 岁的选民中，只有

1/3 的年轻人参加了投票活动。在近几届美国大选中，年轻选民参加投票的比例也是远远小于中老年选民。这种状况引起了美国一些人士的关注，他们认为造成这样的形势，主要是对孩子的公民政治意识教育的不足。

为了改变美国青年一代对政治的冷漠态度，增强孩子们的公民意识，亚利桑那州菲尼克斯市应运而产生了一个民间组织，这个组织名称就叫做“鼓励儿童关心政治”。这个组织成立后，立即开始实施一整套教育计划。

目前，这个组织的活动范围已经扩展到了加利福尼亚、佛罗伦萨等 10 多个州。

在 21 世纪来临的第一个总统大选中，据报道，“鼓励儿童关心政治”组织动员了全国各地 100 多万名小学生，开展了有关总统选举的调查，在专设的模拟投票站，他们进行了模拟登记注册，组织学生们进行模拟投票，这样大大地提高了儿童们参加政治活动的公民热情。

有意思的是，通过这样的活动，许多学生成为了“小小政治家”，他们回家后，竟鼓励原本“懒得”参加投票活动的父母去了投票站。据统计，在“鼓励儿童关心政治”组织培养的“小小政治家”活跃的地方，选民人数比上届增加了 5%多。

大选结束后，“鼓励儿童关心政治”组织继续深入幼儿园，对学龄前儿童进行“启蒙教育”，给孩子们讲故事，让他们了解作为一个领袖应该具备什么样的品质。在中学里，“鼓励儿童关心政治”组织向学生们推荐了有关公民教育课程，讨论从报刊、广播、电视和互联网上看到的政治漫画……

这一民间组织的创始人是莫瑞尔教授，他说，“关心政治”也需要从儿童抓起。因为一个不关心政治的民族是不可能成为一个强盛的民族的。这是作为美国公民的起码要求之一。

第二节
美国人对孩子的爱心教育

服务精神如同一棵小苗在孩子心里扎根

在美国，听不到孩子们“为人民服务”这样的口号，也看不到“向某某人学习”的运动，但是，美国人也提倡公民的“服务精神”，而且这种精神如同一棵棵小苗，深深地埋在孩子们幼小的心灵中，不断地扎根成长。

那么，美国人是怎样对孩子进行这种爱心教育的呢？

在幼儿园里，阿姨会告诉孩子应该怎样保持周围的环境干净整洁，会教育他们在地上看到一片糖纸、一个果皮，要拣起来，扔到垃圾箱；或者引导他们去做一件什么事情，然后告诉他们，这样做了，可以为其他小朋友创造一个好的环境。

上了小学后，孩子们就开始接受公民教育。

这时，孩子们除了课堂听讲外，还参加各种各样的社会活动，老师引导他们在参加社区活动中，帮助别人，做有益的事情。在实践中，学生们体会到作为一个美国公民应该有哪些义务和权利，应该怎样去处理生活中的问题。同时，老师还组织学生进行有关爱心问题的讨论。

谈论的问题常常有这样一些内容：

a. 我的存在给周围的人带来了什么？

b. 我要做一个什么样的人？

c. 我能给别人做些什么？

在谈论中，热心公益、爱护环境、尊重别人、自我尊重、善于处理人与人之间关系等的想法和表现，都会作为公民的美德，而受到老师的表扬、支持和鼓励；相反，对周围的一切不闻不问，对他人的困难漠不关心，这样的态度都会被视为不道德的。

从小学到中学，美国孩子有一个课外成绩单，这就是“服务精神”的记录。这个成绩单主要有这样一些内容：

a. 参加社区志愿者活动。

b. 帮助照顾养老院老人。

c. 为残疾人做的事情。

d. 为保护环境出力。

e. 其他助人为乐的事情。

其中，美国孩子特别被鼓励个人发挥作用，比如，成为某一次活动的组织者，或者在活动中做出突出贡献的人，常常受到特别的嘉奖，成绩单上往往有记录。

在美国，孩子们的这些助人为乐的行为不是隐姓埋名，而是被一一记录在案，成为每个学生的道德光荣，这也是以后升学考查的一项内容。在选择学生时，许多学校都非常重视他们的课外“服务精神”成绩单。

让孩子从心里迸发出爱来

尽管美国父母重视孩子的爱心教育，但是，还是有许多孩子患上了“爱心缺乏症”。儿童心理学家总结“爱心缺乏症”的症状是：

a. 与人打招呼总是“喂、喂、喂”地叫。

b. 对师长动辄威胁、要挟，在任何时候都是强调自我。

c. 对同学的困难漠不关心。

d. 对公共的事业冷淡，没有热情。

美国人认为，孩子还小，意识到“我”和别人不同，甚至用“我”来代替自己的名字，这时候，如果父母依然处处对他迁就、百依百顺，那么，就容易形成他的“自我中心”，忽视别人的存在。如果家长经常满足孩子争先占光的欲望，将强化他的“自我中心”，长大以后，他就会只知道自己，而不知道为他人着想，这对孩子的人格建构将造成缺陷和影响。

针对孩子的“爱心缺乏症”，美国加利福尼亚大学儿童心理专家弗尔·卡博教授提出了如下的治疗方案：

(1) 培养孩子的良好习惯。

弗尔·卡博教授说，具有良好习惯的孩子，有三个推进式的特点：

a. 会善待自己，珍惜宝贵的时光，矢志进取。

b. 能善待他人，体谅别人的痛苦，广交朋友。

c. 会善待世界，注重沟通，付出爱也得到别人的爱。

(2) 帮助孩子树立远大的志向。

在这方面，弗尔·卡博教授认为，远大的志向是与博大的爱心融为一体的。例如，少年华盛顿从小就立志——要为美利坚民族的崛起而奋斗，结果他追求真理、努力奋斗。华盛顿的一生，充满了对他人、对民族的爱，终成一代伟人。

(3) 让孩子心存感激之情。

这样治疗“爱心缺乏症”，可收到持久的疗效。

弗尔·卡博教授认为，有些孩子在接受别人照顾时，还一个劲儿地埋怨别人照顾不周，在他的心里没有“感激”二字。有些孩子虽然在接受帮助时嘴里说“谢谢”，心里却认为他本该受到他人的帮助，这样的孩子也是难有爱心的。

因此，在美国，无论是家长还是老师，都注意教育孩子，让他们懂得感激、同情、尊重。因为这些情愫汇集到孩子的心灵里，就会迸发出爱来。

从小培养孩子关心他人

埃丽的儿子伦伦今年 7 岁了，他没有独生子女常有的那种专横、霸道、任性和以自我为中心的坏习惯。埃丽高兴地向朋友们说：“他的好脾气和爱关心人是我们最大的骄傲。”

当人们向她请教培养孩子关心别人的良好品性的方法时，埃丽从伦伦的成长过程中，总结出这样一些经验：

(1) 父母要做关心别人的模范。

埃丽认为，言传身教，榜样的力量是无穷的，也是最有效的。她说：“我和爱人都受过高等教育，知道父母的言行对孩子成长所起的作用。所以，我们一直严于律己、坚持正面的教育。我们孝顺长辈、关心亲朋、搞好邻里关系，并且，尽可能地尊重他的一些孩子气的同情心。”

每当逢年过节，埃丽总给老人们买些东西，送些礼物，也经常主动帮助社区里的一些有困难的人， 并且“我们总是让伦伦知道，还常常请他发表意见。”

(2) 家庭成员之间要互相关心。

埃丽认为，家庭成员之间要互相关心，特别是夫妻之间相互恩爱、体贴，这对于培养孩子的爱心，能够起着潜移默化的作用。

在餐桌上，在给孩子夹菜的同时，她和丈夫不忘给爱人也夹一筷；出门前，在给孩子整装的同时，他们也不忘叮嘱爱人一句；外出购物，在给孩子买玩具衣物的时候，他们也不忘和孩子商量给爸爸或妈妈买一样什么东西；一个西瓜切开来，总是一家人围在一起吃，偶尔一方不在，总是跟伦伦商量着，把剩下 1/3 留给爸爸或妈妈吃。

(3) 学会与人分享。

美国的父母认为，当孩子诚心诚意请家长分享自己的东西的时候，如果家长坚决推辞，哪怕只是象征性的分享，也不肯接受，谢绝孩子的一份好心，久而久之，孩子就会变得没有了谦让和与人分享之意了。因此，作为父母，在培养孩子与人分享的同时，自己首先要学会坦然地与孩子分享，成为孩子分享的伙伴。

(4) 让孩子了解一些生活的真实情况。

父母总是担心孩子受苦受难，担心孩子遭受挫折。这在中国和美国都是一样的。但是，美国人对此的看法却又有与我们不同之处。

他们认为，尽管我们自己面临着许多生活的曲折和坎坷，尽管我们有许多不快乐和情绪不稳定，但我们总是竭力在孩子面前保持平稳，好像生活没有风，也没有雨，总是一片艳阳天。如果父母总是这样做，其实也是错误的。让孩子学着承担一些父母的喜怒哀乐，这也是培养孩子爱心的一种途径。

基于这样的认识，在美国，一般来说，父母不会刻意地去掩盖生活的另一面，常常会让孩子从小学着和自己一起去分担生活的不容易。他们相信，哪怕只是让孩子了解一下生活的不易，这样也会促使他们学会懂得珍惜现在的生活，学会关心别人。

(5) 让孩子做一些力所能及的事。

美国人认为，不要让孩子养成衣来伸手、饭来张口的坏习惯，只有勤快的孩子才会懂事，知道关心体贴别人。所以，他们在培养孩子的爱心的时候，常常会循序渐进地教孩子做一些力所能及的事。

“一般情况下，勤快是培养出来的，所以家长要树立这种观念，并付诸行动。并且，大胆放手地让孩子做一些力所能及的事。我是这样想的，也是这样做的。”埃丽说。

教孩子学会分享

在美国人的眼中，孩子“小气”虽然不是什么大毛病，但是，如果什么都不愿意与人分享，独占意识特别强，那么他就很难有强烈的爱心。因此，美国人认为从小培养孩子与他人分享的意识是培养孩子爱心的关键。

如何教孩子学会分享呢？美国一些父母的做法是：

(1) 不要溺爱孩子。

美国的儿童教育专家指出，孩子吃独食，是与父母的溺爱密切相关的。很多家长出于对孩子的爱，把好吃好玩的东西全让给孩子，孩子偶尔想让父母分享，父母却在感动之余，常常说：“我们不吃，你自己吃吧。”长此下去，就会强化孩子的独享意识。因为，在他们的心目中，理所当然地把好吃的、好玩的据为己有，形成自私自利的不正确意识。

(2) 不能让孩子搞特殊化。

专家们认为，在家庭生活中，要形成一定的“公平”环境，这样才对防止孩子滋长“独享”意识有积极作用。

因此，美国的家长常常教育自己的孩子在想到自己的时候，还要想到别人，知道自己与其他人之间是一种平等的成员关系，自己有愿望，别人也有愿望，把好东西与大家一起分享，不能只顾自己，而不顾别人。

(3) 让孩子明白分享不是失去而是互利。

孩子之所以不愿与人分享，是因为他觉得，分享就是失去。

因此，美国的家长在理解孩子的这种“难割舍”的心情的同时，往往注意使孩子明白：分享其实不是失去，而是一种互利。

孩子独立心很强，遇到这种情况的时候，家长们要教导孩子：分享体现了自己对别人的关心与帮助，这样彼此关心、爱护、体贴，大家都会觉得温暖和快乐。

(4) 对孩子进行分享行为的训练从婴儿开始。

专家建议的做法是：让孩子拿着镜子，家长拿着匙，家长温柔而愉快地递给孩子匙，然后，又从他手中拿走镜子，通过这样的反复交换，孩子便学会了互惠和信任。

(5) 给孩子分享的机会。

a. 经常让孩子与小朋友开展生动有趣的活动。孩子与小朋友们共同活动，共同分享活动的快乐。

b. 经常提供孩子为家长服务的机会。如家里买了水果、糕点时，让孩子进行分配，如果孩子分配得合理，就进行表扬，强化他的分配和分享的意识。

(6) 不要矫枉过正。

美国人认为，家长在教孩子学会分享的时候，要注意分寸，因为孩子毕竟是孩子，不能勉强孩子什么东西都要与人分享，更不能因为孩子拒绝分享而惩罚他。

第三节
美国人对孩子的责任心教育

从小对孩子进行责任心教育

在美国，所谓责任心，也和中国的概念差不多，是指个人对自己和他人、对家庭和集体、对国家和社会所负责任的认识、情感和信念，以及与之相应的遵守规范、承担责任和履行义务的自觉态度。但是，美国人认为，责任心与自尊心、自信心、进取心、雄心、恒心、事业心、孝心、关心、慈悲心、同情心、怜悯心、善心相比，是“群心”灿烂中的核心。

美国父母非常重视孩子的责任心培养，他们认为责任心是孩子健全人格的基础，是能力发展的催化剂。但是，责任心又是以认识为前提，如果没有是非标准，责任心就无从谈起。

那么，到底什么是责任心呢?

在美国，具体来说，责任心有以下几个方面的内涵:

(1) 责任心与使命感紧密相连。

在美国，人们都认为，如果一个人对自己、对社会有一种使命感，并且他的价值取向以奉献为乐，那么，他就会有很强的责任心；反之，就会对人对事漠然置之，这样的人是难以有所作为的。

因此，美国的父母往往在孩子小时候就对他们进行人生观、价值观教育，帮助他们树立合乎社会规范的道德、理想和爱国之心，以培养他们的责任心。

(2) 责任心以情感为基础。

在几乎所有的美国人眼中，一个孩子如果对父母没有感情，那么，他就不可能对家庭承担任何责任。同样，他们也认为，一个对社会、对祖国、对人民没有情感的人，当外族入侵、祖国受难之时，他不可能有一种对国家和民族的责任感，不可能挺身而出，舍生忘死，甚至为国献身。

因此，作为父母，必须重视对孩子的情感培养，并且由此引发他们的责任心。

(3) 责任心靠意志来维持。

美国人认为，并不是一个人说得动听，就可能对人对事尽心尽力，只有在克服困难、抵制各种诱惑的行动中，靠意志力来维持，才能反映一个人的责任感。

因此，在培养孩子的责任心的时候，美国的父母常常是通过具体的事情，有意识去锻炼他的意志，磨炼他的毅力，同时，进行一些恰当的引导，使孩子成长。

(4) 责任心的强弱通过行为来体现。

美国人认为，从为家庭烧一顿饭、洗一次衣服，到报名义务献血、为社区服务、应征入伍，都是责任心的体现。这两种不同层次的责任心，都要通过行动来体现和检验。

☆ ☆ ☆ ☆ ☆

美国某企业在招聘员工时，在面试的地方，主考官故意放了一把倒在地上的椅子，用以观察应聘人员的反应，看他们是否把椅子扶起来。

这是应聘者能否进入复试的第一道题目，结果，几乎有80%的美国应聘者都这样做了，而相对来说，面试的韩国人、印度人这样做的却很少，中国人更是寥寥无几。

这样的事情说明，缺乏责任感，是很难在现代社会立足的。在美国，大多数家长都明白这个道理。因此，他们总是把培养孩子的责任心，作为孩子成长之中的必备课，甚至美国的父母常常是从孩子一出生就开始了这样的教育。

适当地让孩子承担错误的后果

70 年前，有位 11 岁的美国男孩踢足球，一不小心，踢碎了邻居家的玻璃，人家要索赔 12.5 美元。当时，12.5 美元可以买 125 只鸡蛋。闯了大祸的美国男孩向父亲认错后，父亲让他对自己的过失负责。

儿子为难地说："我没有钱赔人家。"

父亲说："这 12.5 美元借给你，一年后还我。"

从此，这位美国男孩开始了艰苦的打工生活。经过半年的努力，这位男孩终于挣足了 12.5 美元，还给了父亲。这位男孩就是后来成为美国总统的里根。后来，他在回忆这件事时说："通过自己的劳动来承担过失，使我懂得了什么叫责任。"

这就是美国父母的做法。他们认为，一般来说，孩子有了过失的时候，恰好是教育的良机，因为内疚和不安使他急于求助，而此时明白的道理就有可能使他刻骨铭心。所以，他们不论孩子有什么过失，只要他有一定的能力，就应当让他承担责任。

☆ ☆ ☆ ☆ ☆

在中国，我们常常听不少家长抱怨，平时自己对孩子照顾得无微不至，孩子病了，心急火燎地为其四处求医，而自己病了，孩子却连倒上一杯水都想不到，实在令人伤心。

为什么现在许多孩子都缺乏责任感呢？

仔细分析，原因还在家长这里。

为什么这样说呢？先来看看发生在我们身边的几组镜头。

镜头一：“赶紧上床睡觉，书包我来给你收拾。”母亲对上小学二年级的儿子说。

镜头二：“妈妈，今天该我们小组做大扫除，给我带块抹布吧。”8 岁的女儿对妈妈说。妈妈却说：“大扫除！你吃得消吗？又脏又累，那么多灰尘，吸进肺里要生病的。这样吧，下午让你爸爸请假去帮你打扫卫生，你就在操场上等他做完大扫除一块儿回来。”

镜头三：“妈，把我明天要穿的衣服给我拿出来，这套衣服赶紧给我洗了，后天上体育课要穿的。”这是已经上初中一年级的女儿晚上临睡前对母亲所说的。

诸如此类的话，可能对许多中国家长来说都习以为常了。

但是，美国人却不是这样。他们认为，作为父母，关心、爱护孩子是天生的本能。但是，如果父母在关心、保护孩子的同时，总是怕孩子辛苦，怕孩子为难，这样就忽略了孩子是需要学会负责任的方面。长期这样，孩子就不仅不知道怎样自己照顾自己，更谈不上照顾他人和对社会负责了。

所以，在美国如果孩子能够自己动手，家长决不会去替孩子做值日，为孩子洗衣服、袜子，更不用说是替孩子做家庭作业了。

美国父母认为，如果孩子在从小受到过多呵护的家庭环境中长大，他们就会不喜欢动脑筋，一方面，会变得自我意识很强，处处都以自我为中心；另一方面，对周围的人和事表现出漠不关心，缺乏基本的责任感。这是做父母的失职。

因此，教育孩子有责任心，美国的父母常常是从孩子一出生就开始，从日常生活的小事开始进行责任心的培养。他们的具体做法是：

一方面，让孩子从具体的小事做起，自己的事情自己做。如：

a. 让孩子自己照管自己的物品。

b. 早上起床后，让他们自己收拾房间。

c. 让孩子自己穿衣吃饭、刷牙洗脸。

d. 让孩子按时完成父母或老师安排给自己的任务，做完作业后，自己整理好书包。

另一方面，使孩子在一些原则性的问题上明辨是非。

父母常常教育孩子自己的事情，应该自己做；犯了错误，要勇于承认等。

在从小培养孩子的责任心的方面，针对以上中国一些父母的做法，美国父母的经验是："家长要注意：不要因为心疼孩子而事事包办代替，应让孩子通过自己的劳动，直接看到通过自己负责的行为所得到的回报。这样，你就会发现你的孩子渐渐开始有了责任心。"

给孩子一张进入网络时代的护照

时至今日，人类已经毫无疑义地进入了网络时代。随着 4G 时代的来临，新时代的挑战及教育改革，引起不少教育家和社会学家们的关注。许多专家提出了共同的看法：

a. 网络时代摆在我们面前的第一挑战，既不是新技术革命，也不是经济发展，而是青少年一代的道德问题。一个道德情感贫乏，缺乏责任感的人是不会真正关心他人，无法与人真诚合作的，也无法适应未来社会的。

b. 知识经济和信息时代的到来，对人才素质提出了愈来愈高的要求。如何使孩子学会学习、学会关心、学会合作、学会负责，培养他们形成健全人格和创新意识，已成为教育界的主流意识。

其中，儿童责任心的培养，如何从家庭起步，从小抓起，正在引起人们的关注。

面对网络时代的挑战，美国人认为，培养孩子的责任感是让孩子进入网络时代的护照。家长该如何让孩子获得进入网络时代的护照？这是当前家庭教育正面临的严峻的课题。

那么，作为爸爸妈妈，应该怎样培养孩子的责任心呢？

在培养孩子的责任心的时候，美国父母的做法，通常有以下几条：

(1) 孩子自己的事情自己做。

为了培养孩子的责任心，在家中，美国父母常常明确哪些事情是由爸妈来做的，哪些事情可由爸妈帮助孩子做，又有哪些事情则必须孩子自己做。对于孩子应当自己做的事，父母往往是给他一个明确的要领和范围，在不同的年龄，给他制定不同难度的目标范围。对于应该由孩子做的事情，父母绝不包办代替。

“父母不能总是替孩子承担责任。”这是美国父母常常挂在嘴边的一句话。

(2) 家里的事、别人的事，让孩子帮着做。

在教育孩子的责任心的时候，美国的家长认为，教孩子光做好自己的事还很不够，应让他明白他还是家庭的一员，是集体的一员，有责任协助做一些家里、集体的事，在力所能及的范围内对家庭、对集体尽责。这样做，才能培养孩子的责任心，使他将来更好地为社会尽责，对自己个人负责。

(3) 有意识地交给孩子一些任务，锻炼孩子独立做事的能力。

在实践中，美国人体会到让孩子去完成某一项任务，也是培养责任感的一种方式。因此，在家教中，随着孩子年龄的增长，爸妈常常会有意识地交给孩子一些任务。

做之前，父母往往会提出一些要求，鼓励孩子去认真完成。

这样，在完成任务的过程中，孩子的责任心也逐渐地培养起来了。

(4) 对自己行为的后果负责。

在灌输孩子的责任意识的时候，美国的父母们常常善于抓住生活中的点滴小事着手。

美国父母认为，无论事情的结果好坏，只要是孩子独立行为的结果，就要鼓励孩子敢作敢当，不要逃避责任，勇于承担后果。家长如果替他承担一切，就会淡漠孩子的责任感。

那么，他们是如何鼓励孩子勇敢地承担责任呢？

例如，孩子跟着爸爸妈妈到朋友家做客，不小心损坏了物品。这时，他们就会让孩子知道：是由于自己的过错，才造成了这种后果，应当给予赔偿。之后，他们往往就会带着孩子一起买东西，去朋友家道歉。

第四节
美国人对孩子的道德教育

智力加品质，才是教育的目的

有的人认为，在西方国家，特别是资本主义国家的美国是不重视德育的，认为道德教育是儿童可有可无的教育内容，其实这种思想是没有根据的。在国外，无论是国家政府，还是社会，都强烈要求加强学校的道德教育。在美国更是如此。

1980 年，美国前总统老布什一上台，就发表了他的《重视优等教育》的教育施政纲领。在这一文中，他强调说："学校不仅仅发展学生的智力，智力加品质才是教育的目的。"几十年过去，这句话仍然管用。

在美国人的心目中，传播人类文明，绝不仅仅是教授科学文化知识。在现今的世界，经济的发达、教育的先进，恐怕没有几个国家能超过美国。但是，今天美国人已经认识到，学校未来的成功与否，将取决于教授读、写、算以外的东西。伦理道德和品德的教育如果失败了，将意味着整个公共教育的死亡。

尽管如此，但目前在美国年轻人中，道德观的普遍下降已经成为了一个严重的问题。

(1) 青少年犯罪。

在美国，一半以上的恶性犯罪案件主犯是 10 岁到 17 岁的孩子，每 9 名少年中就有 1 人当过被告。美国国家犯罪委员会的研究表明，中产阶级家庭的孩子的犯罪行为已经和低收入家庭的孩子的犯罪行为一样普遍了。

(2) 蔑视权威。

在美国几乎所有的老师都承认，和他们过去相比，现在的学生很少尊重权威。孩子们公然和老师对抗，甚至辱骂他们。一位在富人区当过 10 年教师的代课老师说："所有能想到的污言都能从这些小学生口中说出，而这些学校并不是'坏'学校。"

(3) 校园暴力和破坏行为。

根据美国国家教育数据中心统计，2009 年到 2010 年度美国共有 33 名中小学师生死于校园暴力。早在 1995 年，美国参议院小组委员会决定，全国每年投入 6 亿美元的费用用于整治校园暴力和偷窃等不良行为，这相当于全美学校每年购买课本的费用。而暴力事件方面，每年大约有超过 10 万名的老师和数 10 万名小学生在学校被袭击。

(4) 孩子间的粗暴行为。

一位美国资深小学校长说："操场上，孩子们不再像以前那样做游戏了，他们成群结队地游来荡去，他们能够很快地发现那些弱小的、不合群的，或者衣着不合体的孩子，然后，追逐他们，奚落他们。我们一直试图制止这种行为，但是没有成效。"

(5) 作弊。

一个美国 15 岁的女孩说："我所有的朋友都在考试中作过弊。结果都得到了好的分数。"在一所中学，95%的被调查的初中生和高中生承认作过弊。

(6) 以自我为中心。

1981 年，卡耐基委员会关于美国大学的一项调查报告发现，在学生中，一种个人主义者、玩世不恭者的联合体，数量正在上升。一位普林斯顿大学的学生说："今天的大学生们没有集体方向，我们是为自己而生。"

(7) 青少年性行为。

现在，美国青少年开始发生性行为的年龄越来越小。15 岁以前，每 5 个孩子中就有 1 人有过性行为，有 25%的人感染过淋病，一半的私生子是由未成年母亲所生。

在美国，新闻媒体经常讨论本国教育的弊病，说美国孩子正受到不适当的道德影响已经成为当前公共的心理健康问题，他们疾呼："今天的孩子在道德方面存在的问题将会影响到我们的民主制度，影响我们能否培养出有竞争力、有责任心的下一代。"

甚至，《美国新闻与世界报道》杂志专门报道和探讨：如何在思想失控的情况下，培养出有道德的孩子？但是，效果也不太大。

在克林顿时期，美国政府就道德问题曾召开了 3 次会议，总统克林顿专门就此问题进行演讲。

美国教育部特意为道德教育投资进行实验性的项目。克林顿夫人希拉里以及前美国副总统奎尔等人纷纷著书，强调家庭和社会应该十分重视孩子的道德培养。

但是，据美国警方统计，从 1989 年到 1999 年的 10 年间，美国青少年吸毒、酗酒、抢劫和暴力等犯罪率比以往翻了一倍。为了督促家长管理好自己的孩子，不要造成社会危害，美国 17 个州和几十个社区开始实施《父母责任法》，未成年的孩子如果犯罪，父母要替他去坐牢。

这些法律措施到底能够起多大的作用？人们还不能肯定，并且，这引起了人们的争议，但是，这样的背景说明了美国人对于儿童道德教育的重视程度。

儿童读物的潜移默化

每个人都有这样的体会：一个难忘的故事可能会影响自己的一生，而那些呆板枯燥的政治说教即便当时背得滚瓜烂熟，事后也忘得一干二净。

在美国人看来，讲一个林肯走 3 里路去还人家 6 分钱的故事，远比他们口干舌燥地讲诚实守信的道理有效得多。孩子们最容易接受的也是他们最不容易忘记的。

基于这样的认识，在美国选择一部儿童读物丛书常常被视为道德教育的重要内容。家长们往往采取这种办法对孩子进行道德教育。

但是，1999 年，在美国，两套儿童读物丛书的发行却引发了一场争论。这次争论的焦点是怎样认识这两套丛书教育孩子的立场。

事情是这样的：

一套儿童家庭丛书，是原里根总统的教育秘书、共和党思想家威廉·贝内特写的《美德书》，其中收集了一些故事、诗歌，赞美诚实、勇敢、同情心等高尚的品德，成为教育下一代的最畅销的书之一。可以说，这套书代表的是传统的道德规范。

还有一套畅销的儿童家庭丛书是霍伯特·科尔和柯林·格里尔写的《培养性格》。这套书也收集了许多故事，教人怎样娱乐，怎样求得平衡和适应性。这一套书与前者相比，则是新派思想的代表。

在两套书中，仁爱、责任心等基本观点差不多都是一致的。

但是，在进一步探讨道德教育方式时，两套书就产生了分歧：

传统道德的教育方法是明确地指点、规劝和训练，认为采取比较严格的态度，才能使孩子养成良好的道德习惯，如纪律、孝顺和勇敢等。

新派思想的不同意见是，用指点、规劝、训练这三种手段作为培养孩子道德的先决条件是对人性的消极态度，妨碍了道德的自然形成，应该挖掘人的潜在能力。新派认为，当一个孩子仅 1 岁的时候，他看到另一个孩子受到伤害时，他会用一种动作或表情表示同情。对于这种同情心，大人的任务不是教育他，而是发现和保留他自身的因素；然后，随着他人的发展适当地进行培养。

但是，持传统思想的人批评这是主张本能主义或者习惯主义。

传统派认为新派的思想太强调自我尊重，太以孩子为中心，这样的教育会使孩子变得软弱。于是，新派指责在美国道德教育的复旧势力正在形成潮流，认为它使孩子不具备现代公民应有的品德，这是非常有害的。

这两派意见的分歧，实质上，正是美国在道德教育方面所遇到的问题。

对于这两派，更多的美国人却抱怨：价值观念的混乱使行为失去了准则。他们困惑：思想道德的标准究竟是什么？品行端正到底从何而来？同时，他们也质问教育家和道德专家们：下一代人能成为有道德的人吗？一个国家把下一代人凝聚在一起的东西是什么？

尽管一切没有结论，但是，美国社会对于孩子道德教育的争论和关注，是从总统到老百姓全方位地进行的。各界人士对道德教育的重视程度、参与的广度、讨论的深度，要远远超过其他一些西方国家对孩子道德教育的关注。

儿童的道德智慧

许多人认为孩子不懂事，在平时孩子做错了什么事情的时候，要么是不以为然，要么是一顿棍棒，而不是从道德和思想上去教育孩子。

他们常常认为小孩是没有什么道德感，或者道德思想的。但是，美国人却不是这样。

在美国，有一句话叫做“性格比知识重要”，它说的就是在不同阶段培养孩子性格的重要性。其中，最根本的问题就是儿童道德的问题。

罗伯特·库尔斯是哈佛大学的一名教授，他写了一本《儿童的道德智慧》。在书中，他讲了一个这样的故事。

有一次，他 9 岁的女儿因为不听话，到车库里玩一些玩具，结果把手弄了一个大口子，鲜血淋漓，需要做手术。他当时对女儿不听话惹下大祸，大为恼火。在他开车送孩子上医院的路上，天下着大雨，他把车开得飞快，把路上的水都溅到便道上了。

路口变成了红灯，他也没有看到，继续往前冲，忽然，女儿对他说：“爸爸，如果我们不小心的话，我们会遇到更大的麻烦。本来我们是想去医院，而不是去找更大的麻烦。”

他听了孩子的话非常惊讶，孩子用很尊重人的口气巧妙地指出了他的错误，他立即清醒过来了。

罗伯特·库尔斯认为孩子在受到伤害的情况下，并不只是想到自己，仍然能意识到别人的安全，这说明孩子是有道德意识的。所以，美国人很重视自己孩子的道德教育。“性格比知识重要”成为美国父母教育孩子的一项重要内容。

中美家庭道德教育方式的比较

在家庭道德教育的方法上，中国与美国各有千秋。

中国的传统思想更重视“家教”，但是，美国许多独特的教育思维模式更符合他们的历史，切合美国式的文化传统。

相对来说，中国的家教有这样的一些特色：

(1) 父母擅长历史教育。

a. 在道德教育的内容上，古往今来的圣贤多强调“厚德载物”和人际和谐，对国尽忠，对家尽孝。

b. 在道德教育的方式上，作为家训的书籍、篇章数不胜数。

c. 在道德教育的效果上，历代道德楷模在人们心中树立着不可磨灭的丰碑，世代相传的佳话激励着每个家庭和谐圆融，形成民族的社会心理积淀，用高尚的精神塑造人，用优秀的作品鼓舞人。

因此，可以说，在中国的孩子道德教育中，中国浑厚的传统历史文化熏陶着每一个家庭。

(2) 中国的父母善于说服教育。

在中国，做父母的往往是过分重视孩子，常常以忽视和牺牲自己为代价，他们甚至任劳任怨地承担着帮助孩子成长的责任。为了让孩子站在他们的起点上往前走，他们力图使孩子不走或少走他们的弯路。说服教育在这种动机下发挥得淋漓尽致。

可以说，在说服教育方面，中国父母是有着最高超的、为美国人远远不及的本领。他们非常懂得运用自己在家庭中的权威来争取孩子，也擅长“动之以情，晓之以理”的说教，甚至还发明了“循循诱导”“见缝插针”“苦口婆心”“熏陶教导”等各种各样的方法。

而中国的孩子，从小尊重长辈，尊重经验。

因此，在中国，父母的说教也多以家庭双方的一拍即合而获得成功。

(3) 中国父母在教育孩子的同时，也教育并检查自己的人格。

中国人认为，父母要把自己的好品质灌输到孩子身上，就必须严格地遵守自己的内心信仰，用自己强大的行为力量在孩子的道德观念形成中起着“润物细无声”的效力，因此，在中国，许多父亲母亲往往特别注意以身作则，以达到言传身教的目的。

☆ ☆ ☆ ☆ ☆

在不同的文化背景下，美国人的家庭道德教育和中国的教育相比，有着很大的不同。

(1) 在美国儿童道德教育中，宗教发挥着不可低估的作用。

美国是一个宗教大国，去做礼拜、在餐桌前祈祷，是大多数美国人的一种生活方式，因此有人说，“难以把它和被认为是这个民主国家中家庭的特殊责任的道德教育分开”。

在现代社会，美国人依然希望共同的上帝始终在内心深处把孤立的人类统一在一起，因此，他们常常用宗教来影响孩子，在道德思想教育中，各种各样的宗教规范成为孩子们道德教育的主要内容。

(2) 美国父母让孩子拥有选择的自由。

美国的父母不会代替孩子选择，而是坚持“Stand behind, don't push”——站在后面，不要推。给予孩子绝对的自由去选择他们的道路。使孩子真正变成社会人，是美国家庭教育的最终目标，正是这个目标，使孩子过早地拥有了家庭中的许多权利。

在对孩子们进行道德的教育过程中，美国人相信“交给他们开门的钥匙，比带他们进入房间更为合适”。因此，美国父母所做的、教给孩子的，就是把一把把开门的钥匙交给他们。

美国教育界基本上有一种共识，那就是父母、教师不应给孩子灌输某种既定的规范，每个人都可以根据各自的价值观去选择，教育的重要职能在于引导他们怎样进行选择。

但是，在美国，父母在给予孩子选择自由的同时，往往希望孩子不完全凭第一印象或直觉办事，因此，又注意对孩子选择的后果提供证据。其中，他们特别重视提供择友、订婚、结婚这类选择的后果。

在道德教育的过程中，中国父母鼓励孩子多去思考，美国的父母们往往是鼓励孩子去“付诸行动”“去做”“去试试”，因为他们坚信实践能缩短认知与行为的距离。

但是，当孩子去“付诸行动”“去做”“去试试”的时候，美国父母则永远是静然地站在孩子身后，给予信心，强调对待孩子应“用你的眼睛去观察”。

第五节
美国人对孩子的纪律教育

宽容与自我约束

美国教育心理学专家认为，除了爱心和宽容外，道德的第二根支柱是人的自我约束，即尊重纪律，对于儿童，也是如此。

1999年12月，《美国新闻与世界报道》杂志报道：现代人的生存有两个必不可少的基础，即包容与自我约束。文章说，这是美国心理学家经过近10年的研究才得出的结论。已故的哈佛大学教授劳伦斯·柯尔伯格认为：人的道德培养要经过几个阶段。开始的时候，道德水准很低，患得患失，就像孩子一样算计自己的利益；最后，能理智地思考和判断什么是对，什么是错，达到按照公正的原则来约束自己。这才是道德发展的理性和完善的境界。纪律观念的形成是道德观形成的重要内容。

美国人提出的自我约束有现代的尺度和理解。

美国儿童专家曾经做过一个这样的实验：

在幼儿园里，给孩子们发巧克力，事先说明他们可以有两种选择：一是马上吃，但是只能吃一块；等20分钟后再吃，可以吃到2块。

一些孩子选择了前者，当他们津津有味地吃着巧克力的时候，另一部分选择后者的孩子，他们有的故意哼着小调，有的看着天花板，有的干脆闭着眼睛睡觉，反正不看那些正在吃巧克力的小朋友。

后来，若干年之后，实验证明，这些耐着性子最后吃到2块巧克力的孩子长大后，都是有所成功的。对此，坦布尔大学的儿童心理学家劳伦斯·斯坦波克在他著的《课堂之外》这本书中，专门阐述了怎样培养孩子的自我约束性。

他认为，对孩子控制得紧，服从高于独立，孩子的想法不能得到表达，或者表达了也得不到尊重的家长，有损于孩子的自我约束力。但是，凡是能够接受别人的意见、充满热情、做事严守纪律的孩子，往往是成功的。

他的结论是：对孩子个性采取宽容的家长，一般也能够培养出心理比较健康、具有自我约束力的孩子。

☆ ☆ ☆ ☆ ☆

在美国，一般人都认为以下3种做法，是无法培养孩子的自我约束性，即纪律性的，必须尽力避免。

(1) 凌驾于孩子之上。

儿童学专家指出：在这一类家庭中，父母独裁，服从高于独立，孩子不能向大人提出质疑，孩子的想法得不到父母的重视，压抑和不被信任，这样的家庭气氛是对孩子自我约束性的破坏。

同时，如果父母对孩子过于严厉，或者进行体罚，这样也只能使孩子学会暴力。

(2) 放纵娇惯。

美国人认为，对孩子娇生惯养，对于孩子的宽容和自我约束性的培养也是不利的。父母疼爱孩子，却不在培养他们的艺术上下工夫，任其任性而为，对孩子来说，自我尊重、自我约束、宽容意识、社会责任感和社会活动能力等都会因此而缺乏。

(3) 在心理上加以控制。

美国人认为，如果是这样做，家长往往会造成驯服的孩子，这样的孩子没有主见。对他们来说，这样的纪律性也是不成功的。

学生的纪律是严格的

虽然美国是一个崇尚个人主义和自我约束的国度，但是，美国学生的纪律是严格的。这里我们摘引黄全愈博士《素质教育在美国》一书中对于美国学生行为规范的部分，以供参考。

美国学生的行为规范如下：

本学区的学生必须确认学校的规章制度，承认学校教职员工的权威并接受指导。教育董事会对其学生的违法犯罪行为或不适当行为只有“零度允许公差”。

任何学生不遵守学校的规章制度，或者不执行学校教职员工在学校的范围内或因与学校有关的活动作出的合情合理要求，均视为违纪行为。学区督导制定政策的策略是在预防错误和纠正错误的范围内规范学生的行为。

在学年开始时，学生和家长会接到文字形式的学校的规章制度和参加学校活动所要遵守的纪律。这些信息包括何种行为将遭到被暂时禁止上学甚至开除的处罚，以及其他纪律条例。

在学区董事会的指导下，学校负责校规的实施，使每个学生知道任何违反行为规范的举动都要遭到惩罚。

如果学生触犯校规，学校的教职工、学生或家长应报告给校长。学校根据俄亥俄州的刑事法或当地的法令配合任何可能的起诉。

学生表达自己的观点的基本宪法权利是得到尊重的，即使这些观点并不吃香。当不适当的行为产生时，应依据学区教育董事会的规章处理学生。

老师是执行学校纪律的关键人物。老师要竭尽全力去处理一般的问题以维护正常课堂纪律。当一个违纪的问题已严重到需要校长或校长助理过问时，老师应寻求他们的帮助。在这种情况下，老师和校长应依据学区教育董事会的规章处理学生。

(1) 严重的失当行为。

任何违反下列校规的行为将被纪律惩罚，包括暂停上学和开除。这一节的所有条款都将在学校开课期间强制执行，包括在学校范围内，虽在校外但属于学校的活动中以及校车上都有效。

a. 破坏学校。

任何学生不能用犯罪行为、暴力、噪音、威胁、恫吓、消极反抗或其他任何行为，企图引起物质的破坏，或阻碍执行法律的使命，或破坏学校的功能和运作。

b. 损坏学校的财物。

任何学生不应企图去损坏公共财物。

c. 损坏私有财物。

任何学生不应企图去损坏私有财物，包括学生、老师、管理人员和学校雇员的私有财物。

d. 行为的区别。

任何学生不能因为种族、宗教、肤色、国籍、性别、年龄或残疾等原因而对其任何学生、学校雇员或来校参加活动的人士采取骚扰、报复、强制、威胁等行动。任何人在学校见到上述行为应立即报告学校或学区教育董事会的有关部门。

e. 袭击。

任何学生不能骚扰、报复、强制、威迫、伤害他人（包括生理和心理的伤害）。

f. 口头攻击学校教职工。

任何学生不能用猥亵、肮脏、恶毒的语言攻击教职工。

g. 武器和危险的器械。

(a) 任何学生不能拥有、携带、使用、转移那些有理由被认为是武器的危险器械。

(b) ……（武器的定义，略。）

(c) …… （危险器械的定义，略。）

h. 享用烟草。

学生不能享用和拥有烟草和任何烟草制品，如香烟、雪茄、咀嚼烟等。

i. 麻醉剂、酒精饮料、毒品和仿制毒品。

任何学生不能拥有、购买、享有、转移、出售上述物品……7 年级到 12 年级的学生，如发现违犯此条，将被开除出学校。

j. 不道德行为。

(a) 禁止拥有淫秽物品。

(b) 禁止性行为。

k. 赌博。

学生不能参加赌博。

l.偷盗。

学生不能偷盗学校的财物和学生及学校员工的私人财物。

m.穿衣的规定。

(略。)

n.再犯。

学生不能重复违反老师、代课老师、教学辅导人员、校车司机、校长和其他学校员工的指导。

o.勒索。

任何学生不能勒索其他学生或学校员工的钱和财物。

p.毒品用具。

毒品用具不能携带到学校或学校的活动中。

q.违犯俄亥俄州的刑事法或少管条例。

(略。)

(2) 其他不适当行为。

下列不适当行为可能会受到纪律惩处。一般来说，这些行为还不构成开除或暂停上学的程度。但如不断地违犯，也会遭到这种惩罚。

a.逃学。

学生不应逃学。

b.过量缺席。

除非生病或得到学校的允许，否则学生不应旷课。

c.作弊。

学生不应作弊。

d.故意遗漏“早来校或晚来校”的惩处。

被给以“早来校或晚来校”惩处的学生，应报告惩处的时间。

e.迟到。

学生应按时到校和进课堂。

f. 学生驾车。

为了安全地控制校园，只有拥有有效驾照的学生允许在校园内停车。

g. 各种违纪。

纪律问题，诸如不做家庭作业、拒绝服从教职员工的指导，在学校乱扔杂物、使用水枪，如此等等被禁止的行为都可能构成纪律惩处。

从这些学生规范来看，美国的学校对学生的管理是严格的，也反映出美国社会对下一代纪律性的要求。因此，作为一个现代的文明社会，美国的老师们和父母们也把孩子的纪律教育放到了一个重要的位置。

纪律要基于相互尊重和合作

帕特·格兰特是一位友善而热心的教师。

她在纽约一所中学里教 7 年级的生命科学课，因为在激励学生和保持良好课堂纪律秩序方面卓有成效，她受到人们的广泛尊敬。

“我没有遇到过什么严重的纪律问题，”她说，“让学生主动维护良好的课堂纪律的首要途径，是与学生一起制定纪律。”

让·皮亚杰说过：“外部制约强加给学生的纪律停留在学生的精神之外，基于相互尊重和合作的纪律才能植根于学生的心灵。”帕特·格兰特就是根据这一理论与学生一起制定纪律培养学生的纪律性制度。美国教育专家评价说，这一方法是让·皮亚杰思想的具体妙用。

那么，帕特·格兰特是如何具体做的呢？她说：“开学第一天，他们来到学校的时候，我们就开始讨论课堂纪律，然后，他们制定一套他们自己的课堂纪律，我把这些纪律写在黑板上，他们再把纪律抄写在笔记本上，这样他们成为了纪律的制定者。”

帕特·格兰特认为，学生的主人感有助于纪律的执行。一次，一位男生扰乱了课堂讨论，格兰特很和善但是又以很严肃的口气问他：“丹，我们还需要回顾一遍纪律吗？”

“不用。”丹说，并马上安静下来了。

另一次，当格兰特正在解答一个学生问题的时候，两个女生在那里窃窃私语。格兰特一边解答着问题，一边走到她们的跟前，轻轻地做了个手势，提醒她们注意。

上实验课的时候，如果学生嬉笑喧哗，她只是端起橙黄色托盘——示意同学们安静下来的信号，学生们看见托盘后便会相互提醒保持安静。

☆　☆　☆　☆　☆

美国的教育学专家认为，帕特·格兰特的共同制定课堂纪律这个方法，对培养学生的纪律性有以下一些益处：

a. 能培养学生维护课堂纪律的主人感，培养学生遵守纪律的道德责任感。

b. 能促使学生思考道德问题，并帮助学生投入时间提高道德判断力。

c. 能帮助学生理解纪律背后的价值观，如尊重和责任等，并归纳出班级之外遵纪守法的责任。

d. 能帮助学生学会批判地思考纪律问题，提高自己制定纪律的能力。

e. 能强调学生对纪律的心悦诚服而不是被动地服从，这样可以培养出学生遵守纪律和法规的自觉性。

第六节
美国人对孩子的礼仪教育

从小对孩子进行礼仪教育

美国是一个很讲究礼仪的社会。在美国人的眼中，礼仪修养是一个人全部品德的基石，一个举止粗野的人很难会有高尚的品德。在美国，我们听得最多的话语可能是“谢谢”“对不起”之类的语言。礼貌，可以说，是美国人一个最大的特点。

在美国，一个人的礼貌反映出一个人的家庭出身、文化程度、社会地位，关系着一个人一生事业的成败，因此，美国的父母从小就注意孩子们的礼仪教育。

美国人认为，有教养的孩子是有一些基本的特征的。

(1) 守时。

无论是开会，还是赴约，美国人尽量做到不迟到。美国人认为，即使是无意迟到，对于准时到达的人也是一种不敬。

(2) 耐心倾听。

美国人认为，有教养的孩子同别人谈话的时候，从不随意打断，他们总是注视着对方的眼睛。他们认为，心不在焉会使对方尴尬。

(3) 尊重别人。

在美国，有教养的孩子对别人的观点，即使不同意，也从来不会说“瞎说”“疯话”“胡说八道”之类的话，而是冷静地陈述自己反对的理由。

(4) 信守诺言。

在美国，有教养的孩子是信守诺言的，不管遇到什么挫折，他对自己承诺过的事情都会竭力去办。万一办不到，也会首先致歉，决不为自己辩解。

(5) 谦虚。

在美国，谦虚被人们看作是有教养人的美德。有教养的孩子，在交往中，从不强调自己，不表现自己的优越感。

(6) 富有同情心。

在别人遭到不幸与痛苦时，有教养的孩子绝不袖手旁观，他们尽自己的力量和可能，给予同情和帮助。

进餐本身就是一种教育

在美国，人们常常把礼仪教育看作是品德教育的入门课，他们认为理想的楷模就是英式的绅士。

令我们想不到的是，美国儿童的礼仪教育始于餐桌。

美国家庭素有“把餐桌当成课堂”的传统。从孩子上餐桌的第一天起，家长就开始对他进行有形或无形的“进餐教育”，帮助孩子学会良好的进餐礼仪。

在美国，当孩子长到一定的时候，父母最常做的事情就是鼓励孩子自己进餐，孩子长到 1 周岁至 1 周岁半时，开始喜欢自己用汤匙喝汤吃菜。绝大多数美国家长认为，孩子想自己进食，标志着一种对“人格独立”的向往，完全应给予积极鼓励。

在进餐时，小孩受到的第一课礼仪教育就是要杜绝偏食、挑食。

美国人普遍认为，一个人偏食、挑食的坏习惯多是孩子时期家长迁就造成的。因此，他们特别重视孩子期的偏食、挑食。

如果孩子一个劲地只吃某种菜而对其他菜不屑一顾时，家长往往会把此菜收起来。他们还认定，餐桌上对孩子的迁就，不仅会影响孩子摄入全面、充分的营养，而且会使孩子养成任性、自私、难以自控等人见人厌的性格。

更为重要的是，偏食、挑食行为和这些性格，美国人将其认为是人际关系中最缺乏礼貌的表现。

美国孩子真正正式的礼仪学习，可能就是学习用餐礼仪了。

美国孩子一般 2 岁时就开始系统学习用餐礼仪，4 岁时就学到用餐的所有礼仪。稍大一些，5 岁左右的孩子都乐于做一些在餐前摆好餐具、餐后收拾餐具等力所能及的杂事。这一方面可以减轻家长的负担，另一方面也让孩子有一种参与感，对于礼仪教育来说，这更使他们学到了一些接待客人的餐桌礼节。

在儿童的餐桌礼仪中，美国人有一项很重要的内容就是进行环保教育。

在现代美国人的眼中，讲究环保，也是一个人有教养的重要内容。五六岁的孩子应知道哪些是经再生制造的环保餐具，哪些塑料袋可能成为污染环境的永久垃圾。外出郊游前，他们会在家长指导下自制饮料和食品，尽量少买易拉罐等现成饮料和食品，并注意节约用水用电，因为他们懂得“滥用资源，即意味着对环境保护的侵害。这是最不礼貌的行为”。

在这样的教育下，美国 10 岁以上的孩子吃饭时，就很文雅了。

对于这种餐桌教育，美国一位叫鲍尔的老师说：“文明礼貌对个人事业的成功极有帮助。大的商业交易或爱情往往是从餐桌上开始的。”

孩子讲粗话，父母怎么办

孩子讲粗话、脏话，无论是在中国还是在外国，都被认为是没有教养、缺少礼貌的表现。

但是，美国父母对于孩子讲粗话有他们独特的看法。他们认为，孩子讲话的用词、语气和腔调，多半是模仿周围的大人的。在一个良好的家庭环境中，一个孩子开始说脏话，通常也是进入幼儿园或者接触到家庭以外的人之后。

但是，当孩子讲粗话时，父母怎么办呢？美国父母会这样做：

(1) 装作没听见。

美国人认为，在这些社会性的接触中，当孩子听到别人用粗话、脏话来表达情绪反应时，常常会进行模仿。其实，他可能并不知道这是什么意思。所以，初次遇到这样的情况，大多数家长会装做没有听见，让孩子的行为因为引不起人们的反应，而逐渐得到削弱。

(2) 站出来进行纠正。

如果孩子仍然再三地讲这些粗话、脏话，父母便要站出来进行纠正。假如多次纠正，孩子仍然不改，父母就可能对他说：“宝宝，你再讲粗话，妈妈就不喜欢你了。”然后，再对他进行礼貌教育。

(3) 责罚。

如果屡次纠正无效，父母可能会因此对孩子进行一些处罚。在因此责罚孩子的时候，美国人认为，责罚要讲究方式，千万不能造成孩子的心理威胁。

例如，做父母的，最好不要这样说：“宝宝，你再讲粗话，妈妈就不要你了，也再没有人喜欢你了！”或“你再讲粗话，警察就要来了！”对孩子来说，“妈妈不要我”“没有人喜欢我”或“警察来抓我”，表示父母不爱他，人家也不喜欢他，警察也把他当做坏人，他整个人都坏了。这样可能造成孩子心理上的威胁。

美国父母认为正确的做法应该是：告诉孩子，父母和大家不喜欢的只是他说粗话的行为，要处罚他的是“错误行为”，而不是他“整个人”。

一般来说，如果孩子说粗话脏话屡教不改，美国父母采取的方法是“剥夺孩子的权益”，即告诉他因为他说了粗话，所以今天不能看卡通片或者不准吃雪糕。

美国儿童教育专家认为处罚孩子，在特定情况下是必要的，但是应注意以下几点：

a. 处罚必须在孩子犯了错误后马上进行。

b. 处罚要合理。

c. 处罚最好不要剥夺孩子企望了很久或者对他很重要的事物。

否则，说粗话、脏话的习惯改正过来了，却可能在孩子的心灵上产生不满，或者抗拒的心态。这不利于孩子的成长。

在生活中培养小绅士

北卡罗来纳大学心理诊所副教授盖里·彼得森博士指出：“如果父母不教他们注意别人的感受，今天的孩子将处于十分不利的处境。”他又说：“如果我们不教孩子礼仪，我们就是剥夺了他们一些行为语言。”

他的话，可以说是代表了一般美国人看待父母对于孩子的礼仪教育的态度。

在实际的生活中，美国的父母认为，激发孩子要有礼貌欲求的关键，使孩子意识到：无论是不打断别人的谈话还是为别人开门，父母都十分赞赏这种礼貌的举动。

教导孩子懂得礼貌的方法很多。一些美国家长成功的经验是：

(1) 做出榜样。

在美国人眼中，孩子在小的时候，可能还不能分辨好坏，因此，最简易的教导方法就是父母以身作则。

要做到这一点，父母就应该首先保证自己懂礼仪、讲礼貌，知道怎样尊重别人的尊严、荣誉。父母做出的示范往往是孩子们模仿的榜样。

对于父母的榜样作用，琼·莫尔在她的《培养小绅士》一书中写道："正确的示范很容易让孩子学到礼仪。也许孩子无意识地从我们用餐巾、切肉的动作，为别人开门的小事上学到礼节。孩子们听到我们说：'请''谢谢''对不起'，他们看着我们不打断别人的话头，然后心领神会，仿效如仪。"

(2) 激励孩子，而不是支使孩子。

琼·莫尔认为，激励胜过任何一切想操纵孩子的努力。激励孩子能够使孩子找到自己潜在的礼仪欲望，并且能够激发它。

对孩子的激励，在美国往往分为内在激励和外在激励两种形式。美国儿童心理学家认为内在激励更能使孩子产生积极的举动。

卡尔·采斯一直渴望到一个有名的美术学校去学习画画，在去面试的那天早上，妈妈告诉他一些面试的礼仪，然后使他形成一些这样的想法："去面试时，我要穿一件笔挺的衬衣、一条直直的裤子，而不是皱巴巴的外套，因为我想进入那所学校。"

卡尔·采斯妈妈的做法就是采取内在激励的方式。

那么，外在的激励是什么呢？

在家庭晚宴上，爸爸和妈妈对刚满 7 岁的孩子做出表扬："干得好!丹尼尔，你没有忘记把餐巾放到腿上，我知道这是很容易忘了的。但是，如果你在喝牛奶前，把嘴边的通心粉汁擦掉，妈妈会更高兴!"

丹尼尔父母的做法就是外在式的激励。

(3)开始时,应该多提醒。

美国人认为，对孩子进行礼仪教育，应该在事先多进行引导，提醒孩子该如何去做。例如，在拜访邻居时，妈妈往往会轻轻地提醒孩子：“汉克，你要向丝米司夫人说句‘你好’。”

对于这种教育方法，琼·莫尔说：“父母应该教导孩子向自己的客人问好。孩子进房间时看到妈妈的一位成人朋友，应说：‘你好，彼得夫人。’或者类似的问候语。当彼得夫人说道：‘你好，梅里萨!最近过得好吗?’梅里萨应该做出回答。如果梅里萨没有答话，妈妈应该温和地督促孩子：‘彼得夫人问你过得怎么样呢?’但是，父母不停地要求孩子表现良好的举止，会令孩子厌烦。当我们反复说‘在漂亮的希尔托帕夫人面前，笑一笑!’或者‘好好地抱抱玛蒂达阿姨，吻一吻她’之类话时，我们就走到了极端。”

孩子的礼仪教育要适龄

什么时候可以开始适龄孩子的礼节培养呢？哪一些规则应该从头讲起，哪一些则可以推迟再讲？美国著名的礼仪专家伊丽莎白·波斯特的观点是：“越早开始越好。”

如何适龄地进行孩子的礼仪教育？美国的儿童研究中心制订出了一个适龄孩子的现实礼仪目标指导方案：

(1) 3岁到4岁。

a. 会说“喂，你好!”和“再见”。

b. 会说“请”和“谢谢”。

c. 会握手。

(2) 4岁到5岁。

a. 会说“对不起”。

b. 会正确地使用叉子和勺子。

c. 会请人夹食物。

d. 会用餐巾。

e. 不会满嘴塞着食物讲话。

(3) 5 岁到 6 岁。

在公众场所，在一定时间内，举止得体。例如，不会大声嚷嚷或旁若无人地大声说话。

(4) 6 岁到 10 岁。

a. 不会打断别人的交谈。

b. 当必须打断别人讲话时，会说“对不起”。

c. 对残疾人很尊重。

d. 必要时会助人为乐。

e. 尊重老年人，诸如让老年人先进先退，恭敬地与老年人交谈，并不时帮助他们。

f. 不再做出伤人的评语，例如“你的耳朵太大”或者“这件衣服太丑”。

g. 在拜访客人时，举止十分得体。

h. 会铺床。

i. 会写感谢条。

(5) 10 岁到 12 岁。

a. 会分辨话题。小于 12 岁的孩子是很容易泄露家庭的秘密，因为表面上他们似乎不感兴趣，其实他们常常听进了大人的交谈。

b. 当被问时，会作出得体的反应。

c. 在叫某人听电话时，会轻声慢语地说话。

d. 得体地回电话。

e. 收拾自己的房子。

f. 既守时又有效率、愉快地完成分配的家务事。

g. 演奏乐器时会自觉降低音量。

h. 排队等待。

i. 撞倒别人时，会说“对不起”。

j. 对别人送的礼物等写感谢条。

k. 很守时。

l. 尊重司机。

m. 把垃圾分类放置。

n. 走路、骑车、滑冰时遵循安全规则。

o. 对动物很友好。

p. 尊重别人的隐私，包括兄弟姐妹。

(6) 12 岁到 20 岁。

a. 注意家居规则，例如不制造噪音，特别注意调低音乐音量。

b. 在家用汽车里留下足够的汽油。

c. 不堵塞车道。

d. 晚饭后自动收拾打扫。

e. 不接或不打深夜电话。

f. 父母不在时不接受朋友的拜访。

第二章

选择恰当的正规教育

第一节
美国的教育政策

重视中小学教育

教育，在美国，一般是指中小学教育。

与美国人一起谈论教育，大多数美国人会认为你是在谈论中小学教育，而不是中国人普遍更为看重的大学教育。因此，与美国人谈论学校时，他们往往顺理成章地把话题引向中小学校。

美国人之所以会这样，与对教育的重视和对教育的投入有关，更与对中小学教育相对于高等教育而言所处的地位的认识有关。

对于个人来说，高等教育固然重要，但是，中小学教育是人生的起点，是走向社会、获得成功所需要的基础中的基础。

在美国，大学文凭是重要的，但是，它并不代表实际的能力，不构成阅历，也不是就业的前提条件。

在美国社会“成功人士”中，有一些没有进过高等学府校门，或者大学中途辍学的，比如全球赫赫有名的首富、微软公司总裁比尔·盖茨。但是，在美国，不读中学或小学的文盲就能够成功的，几乎没有这样的例子。甚至，在比尔·盖茨的传奇中，有许多他在小学时好学的故事。

在美国人的眼中，对国家来说，社区所提供中小学教育是一种义务；对于个人来说，接受中小学教育则是一种“必需”。

所以，对于中小学教育的重视，根深蒂固地存在于美国人的国民意识中。

从摇篮开始，享有全面而富有竞争力的教育

不同的美国人，对教育的重要性有不同的表述。但是，他们共同的认识是：教育对个人乃至对一个国家和民族来说，并不是件可有可无、可重可轻的事情。

美国著名的黑人穆斯林领袖麦尔康说：“教育是踏入未来境界的护照。”他的这一名言在美国少数民族，尤其是黑人中广为传播，成为激励人民上进的动力。

在这里，麦尔康所希冀的，是追随者们不等待社会的“施与”而进行积极努力，从教育入手摆脱自身的落后因素，形成争取社会平等的客观条件。与他的这一理念相呼应，在美国黑人60年代为平等权利而抗争的“民权运动”中，最具有里程碑的事件之一，就是美国黑人儿童进入了早先被白人儿童独占的学校教育。

美国人认为，教育的目的首先在于提高个人素质，而后在于提高民族的整体素质。

在美国政府方面，有关教育的重要性的提法也一日比一日“拔高”。历任的美国总统在入主白宫之前，无不向人民陈述自己要做教育总统的决心。

2009年3月10日上午，美国总统贝拉克·奥巴马与教育部长阿恩·

邓肯出现在全国拉美裔商会年会会场，发表就任以来首次教育政策演讲，呼吁改革美国教育体制中的弊端，从而提高美国的长远竞争力。

在演讲中，奥巴马认为美国繁荣的根源从来都不只在于他们有多大的本事积累财富，而在于他们如何教育后代。在今天，事实更是如此。他说："在21世纪，工作机会可能随即转移到任何可以联网的地方，在达拉斯出生的孩子在跟（印度）新德里的孩子竞争，你最好的工作认证不是你能做什么，而是你知道什么——教育已经不再是通向机会与成功的道路，它已是成功的先决条件。"

奥巴马认为，美国曾经创造了世界上最好的教育体制，"毫无疑问，未来属于国民教育水平最好的国家，我们拥有成为这么一个国家的一切（资源）"。他呼吁改革美国教育体制的弊端，在2020年前使美国成为世界上高校毕业生比例最高的国家。

根据计划，美国政府在2010财政年度中用于教育的预算增加近两倍，其中教育部预算为1278亿美元，这一数字在2009财年仅为462亿美元。奥巴马的教育目标是：每一个美国人"从摇篮开始贯穿整个职业生涯"，均应该享有"全面而富有竞争力"的教育。他说："我们已经自甘失败太久，够了，美国的整个教育体制必须重新成为全世界羡慕的对象——这正是我们想要做的。"

对此，他的"教育新政"将覆盖所有教育领域，从早期儿童教育到研究生教育，不仅计划扩大学前和幼儿园教育，还拟通过改革助学金项目帮助更多学生实现"大学梦"。

美国前总统布什也说过："如果我们的国家在儿童教育问题上失职，我们在其他领域也将失职。"这并不是政治家的骇人听闻，而是政治家背后国民教育意识的深刻反映，奥巴马如此，其他总统也是如此。

因为在美国人的思维中，一个人如果缺乏远见，或许会影响个人的前程；而一个国家缺乏远见，则会使国家迷失方向，导致国家的衰落。在这一意义上，美国人认为，"教育是国家安全"。

美国人历来重视教育，可以预测在美国每一个孩子都应该受到教育，在“充分开发其潜力”的呼喊和号召下，一个新的儿童教育的时代即将来临。

教育是最长效和最高效的投资

美国人是以务实著称于世的。他们从金钱角度考察发现：教育既是个人的，也是社会的最长效和最高效的投资。

1642 年，早在美国还是英国殖民地的时候，即美国成立前 134 年，马萨诸塞州的居民就通过法律，实行义务教育制度，规定家长对敦促儿童入学负有法律责任。为了支持义务教育，1785 年，美国通过了一项全国性的法律，规定各地应专门划出土地供中小学校使用。

现在，全美有大约 8 万所公立中小学校，3000 多所私立学校，分为 3 万多个学区。每个学区都有为维持本地的中小学设立的专项税收。这些税收项目的税率依当地社区内居民房地产价值而确定，一旦税收不足以应付开支，需要增税，由学区内全体选民投票通过。

因此，在美国涉及中小学的议案是地方选举中最重要的内容之一。教育经费来源的地方化，使美国的家长对学校管理、课程设置、质量控制等，都有切身的利害关系和迫切的参与感。

美国的中小学是完全免费的。低收入家庭还可以申请学生免费午餐。在 1993 学年到 1994 学年，美国公立中小学校共耗费了国家近 2653 亿美元的国民收入，美国人均支出 2650 美元，相对于人均国民收入的 1/20，学生人均开支 6490 美元。

☆ ☆ ☆ ☆ ☆

美国的中小学教育体制建立在地方财政支持的制度之上，基本上是在地方的控制之下，由民选的学区管理委员会指导运行，它可以说是世界上最为分散的教育体制。

在学制上，美国的强制入学、免费教育制度已经延伸到了学龄前儿童，但是，适用年龄段在全国又大不一样，在50个州中，有的最低是5岁，最高为8岁，一般是6岁至16岁。

由美国教育家一个世纪前研究产生，并逐渐成为全球教育学主流的观点认为：

a. 教育的目的并不是追求课堂教学成绩，而在于促进儿童的身心全面发展。

b. 知识只是教育内容的一部分，培养受教育者的思维和探索能力与传授知识同样重要。

c. 学校不应该是一个枯燥的环境，而应该是激发学生兴趣、发现个人潜力的场所。

这些观点与传统的教育思想形成分野。

因此，在美国，中小学校不以升学率的高低为衡量教学质量优劣的标准，也不急于向学生灌输大量知识，尤其不注重需要记忆的知识。

为了适应这种教学目的的变化，从20世纪50年代开始，美国许多学校开始拥有所谓“开放式”教室，即教室墙壁可以活动安装，既适应班级大小的调整，又可以满足不同使用功能和课程内容的需要。教室内，讲台不再居高临下，课桌也不再成排安放，学生的位置可以随意组合，可围成圆圈。

美国人认为，在这样的环境下，教师和学生之间的关系也变得更加平等。教师也不再是“静态”地站在讲台上，而是不断地穿梭于学生的课桌之间，“动态”地提问、解答、指导学习。他们不会因为学生提出的问题显得“愚蠢”而拒绝回答或者加以阻止；相反，教师必须鼓励学生对讲课内容做出积极的反应，在课堂内进行亲身观察、思考、讨论和动手实践。

近年来，图片、教具、幻灯片、电视机、录像机、计算机和网络越来越多地进入到美国的中小学教室内，科学实验室的作用越来越大。虽然前任总统克林顿在政府计划中曾建议的“信息高速公路”在2000年年底已经接入了全美所有的公立中小学，但许多的学校还依靠社区提供的资金上网，通过网络图书馆资料，与其他学校、其他地区，甚至其他国家的同龄人交流信息，开展小型“研究”项目。

美国的中小学教育极具特色，它的基础是一个不同于其他大多数国家的教育体制和一支不乏硕士、博士人才的教师队伍。尽管许多国家对美国中小学教育的质量存在异议，但是，却不得不承认一个这样的事实：

每年产生出大量科学成果的美国高等学校的背后，提供其绝大部分学生来源是美国中学。

教育从阅读开始

美国教育界认为，教育是一项连续性的事业，贯穿于人的一生，而中小学是孩子一生中最重要的接受教育阶段。中小学必须教会学生掌握在以后离开学校后进行学习所必需的基本技能和良好习惯。而在这些多种的技能中，美国人认为，最重要的是阅读。

对于孩子的阅读能力的培养，可以说，从美国的政府到学校、教师，都非常重视。2001 年 1 月，美国新任总统小布什一上台，就提出一项发展儿童阅读能力的教育计划——《没有一个孩子落伍（B）——阅读优先》，作为新一届政府发展教育的重大举措。

《没有一个孩子落伍（B）——阅读优先》的主要内容如下：

(1) 全美教育管理部门必须致力于确保每个 3 年级的学生都有一定的阅读能力，并制定一个新的“阅读优先”计划，帮助实现这一目标。

(2) 阅读优先计划的目的是：通过提供该州发展学生阅读所需要的资金和设备，提高学生的阅读水平。

为了提高学生的阅读理解水平，现在美国所有的学校都可以利用全国各个部门在阅读领域的科研成果，并且，也可以将这些科研成果运用到课堂中去。

(3) 阅读优先计划是以低年级学生科学阅读指导项目研究结果为基础的。

这个计划要求保证更多的儿童受到有效的阅读指导，其意义在于：使儿童们在还没有落后很远之前，就能得到所需要的一切帮助。

(4) 阅读优先计划实施。

a. 建立全州范围内的全面阅读计划。

b. 州和地方将从阅读优先计划中获得资金。

c. 从幼儿园 2 年级开始实施全面的科学阅读计划。

d. 《阅读优先法案》将在执行阅读优先计划中得到加强。

e. 在继续支持全国范围内的家庭读写计划时，Even Start 家庭读写计划也将作为这项庞大计划的一个组成部分。

f. 通过早期儿童阅读行动对阅读优先计划进行补充参与阅读优先计划的州，可选择接受“早期阅读优先”基金，以便在参与计划的小学的现有学前课程和提前教育课程里开展阅读计划。

近年来，重视对学生的阅读能力的培养，是美国学校教育的一个重要的特点。可以说，《没有一个孩子落伍（B）——阅读优先》是一项全方位的发展学生阅读能力的计划。

分级阅读，给学生发一张不同颜色的卡片

美国教育界认为，如何有效地引导学生阅读和写作，是美国教师必备的素质之一。教师都必须能够使所有的学生都学会阅读，并且，应该把教会每一个在校学生熟练阅读作为自己的崇高职责。不能完成这个任务的任何一个教师，都是不合格的。

因此，在美国，在培养学生阅读能力做出成绩的老师，往往也大受尊重，备受青睐。

阅读是学生通向大千世界的桥梁。那么，美国孩子是如何进行阅读的呢？

美国著名的教育学家布鲁诺·贝特尔姆主张：小学生应该阅读古典神话故事。他说：“这些故事中有大量的信息和生动的情节，可以使学生丰富知识，开阔视野。”

但是，一般来说，在学校里，教师是把通过水平阅读作为主要的教学方法。

目前，美国在小学阶段规定了 7 级阅读水平，从 1 级、2 级……6 级，最后是高级水平，循序渐进，从易到难，标准一致，非常规范。

学生每通过一级阅读水平，老师就发给一张不同颜色的卡片。学生获得 7 张卡片就成为最优秀的学生。但是，如果学生的卡片少于 3 张，那么，他就不能毕业。

美国的老师指导学生阅读主要是在阅读的兴趣上加强研究和探索。

他们认为，一个不会指导学生阅读的教师，必定不是一个好老师。因此，他们常常在学生的阅读速度、阅读面上大花工夫，饶有兴味地对学生进行引导。

芝加哥有一位叫布朗的教师，专门钻研如何培养学生的阅读兴趣。在他的带领下，孩子们从阅读中找到了乐趣与知识。

布朗老师的方法是，在课堂上，首先以讲故事的方法向学生们介绍《伊索寓言》中的情节和人物，使孩子们兴趣盎然，然后，让学生自己去进行阅读；在每一个学生自己动手进行阅读时，他又具体地亲自进行指导，并辅导他们编写阅读提纲。

这样的做法可谓是一举两得，既提高了学生的阅读能力，又锻炼了学生们的写作水平；因此，在全美曾一度得到广泛推广。

在阅读教学中，许多美国的教师把阅读又区分为印象式阅读和创造性阅读两种。

所谓印象式阅读，就是仅仅要求学生理解并记住阅读材料中字面上的内容。创造性阅读，就是在此基础上，发挥想象，运用逻辑推理，得出一些直接从阅读材料上得不到的东西，如猜测作者的意图、区别人物的特征、为故事设想合理的结局等。

美国教师的阅读教学，主要是对学生进行创造性阅读引导。

家教阅读

除了学校重视阅读教学外，美国的家长也把孩子的阅读作为一项重要的事情来抓。他们从孩子还是婴幼儿时，就开始对孩子的读书兴趣进行培养。

为了培养孩子的阅读兴趣，美国的父母常常的做法是：

(1) 给孩子讲故事。

为了培养孩子的读书兴趣，美国的父母常常给孩子讲一些他们能听得懂而且有趣味的故事，讲完之后，告诉孩子这些有趣的故事是从书中看来的。

(2) 带孩子逛书店。

美国的父母常带孩子到书店里转，观赏书架上五颜六色的图书，告诉孩子书里有许多他不知道的事情，并且注意引导孩子明白读了它可以使人变聪明。为了激发孩子的求知欲，他们有时也顺便买上一两本。

(3) 与孩子一起阅读。

美国的父母经常拿出一定的时间和孩子坐在一起阅读书刊，一边看一边讲，从学翻页开始，一步一步，让孩子学会自己独立地看。

(4) 根据孩子的兴趣推荐书目。

当孩子自己能够阅读书之后，美国的父母开始让孩子觉得读书是一件快乐的事情。为了达到这一步，他们除了给孩子的书一定是好书外，还注意选择孩子感兴趣的内容，然后，经常根据孩子的兴趣推荐一些书目。

(5) 增加书的阅读难度。

为了让孩子更多更快地积累知识，美国的父母们常常选一些比孩子当前阅读水平有点提前的书。不少写给小学四五年级学生读的书，三年级的学生基本上也看得懂，只要喜欢，还可反复阅读。专家说，推荐一些有阅读难度的书，既可以提高他们的读书兴趣，又可以提高孩子的阅读能力。

惩罚逃学学生的父母

美国是世界上最早实施义务教育法的国家之一。

美国法律规定，孩子在美国享受 12 年制的义务教育。

美国的公立学校的学年基本划分为两种：6—3—3 制和 5—3—4 制。

a. 6—3—3 制多见于北方各州，即小学 6 年（1 年级到 6 年级），初中 3 年（7 年级到 9 年级）高中 3 年（10 年级到 12 年级）。

b. 5—3—4 制多在南方各州施行，即小学 5 年（1 年级到 5 年级），初中 3 年（6 年级到 8 年级），高中 4 年（9 年级到 12 年级）。

所有的公立学校为孩子免费提供所有课本、文具用品、桌椅板凳以及参考书刊。

在义务教育期间，家长不用交纳学费。

但是，法律同时也规定所有儿童到了法定的入学年龄，必须如期到校接受教育。

因此，在俄克拉荷马城，逃学学生经常被抓回来，安置在拘留中心，直到家长把他们领走。并且，长期逃学学生的家长可能被处以罚金，有些甚至被送入监狱。

现在，俄克拉荷马城使用一种严厉的“胡萝卜加大棒”方法，把对家长和学生给予义务教育咨询和对长期不服从的人实施严厉惩罚两者结合起来。由于入学率不断上升和退学率日益下降，这成为各个城市为了消除文盲、贫穷和犯罪等问题而做的工作的典范。但是，在美国各地，长期的逃学问题却一直很难解决。

尽管联邦法律规定对儿童实行义务教育，但是，很少城市把必需的资金和人力用于解决这个问题。更少城市像执法机构在俄克拉荷马城所做的那样，对逃学学生的家长提出刑事指控。

1999 年，在包括俄克拉荷马城在内的俄克拉荷马县，大约有 1800 名逃学的青少年被带到拘留中心。其中，21%的学生甚至没有注册入学。

在俄克拉荷马州，被指控违犯义务教育法的 66 位家长中：

——43 个案件被撤销了，因为家长遵守命令，把他们的孩子送回学校上学了。

——4 位家长受到罚款，罚金从 170 美元到 650 美元不等。

——1 位家长入狱 23 天。

——18 位家长没有到庭，他们面临着逮捕。

在这些事实和措施公布后，在俄克拉荷马城，退学率从 13.9%降到了 11.8%。全国的平均数为 5.7%。

俄克拉荷马城不是单独采取这些措施的。俄克拉荷马州的塔尔萨市对逃学的家长提出起诉已经有 10 年的历史了，这使退学率下降了 45%，使白天的破门盗窃案件减少了 22%。在得克萨斯州的科派斯克里斯迪，一些官员说，在过去 5 年那里的青少年犯罪减少了 35%。

减少辍学率，也是奥巴马政府的教育政策之一。奥巴马总统认为，为保持美国在全球经济中的长远竞争力，美国必须改革教育体制，尤其需要大幅减少中学辍学率。他把减少中学辍学率作为一项新的“国家首务”，呼吁对占全美一半辍学率的 2000 所中学予以特别关注。他说：“这是治疗经济下滑的一个药方，我们知道，今天在教育上比我们做得好的国家，明天将比我们更有竞争力……每一个美国人都应该拥有高中以上文凭，高中辍学不应该是（人生）选择之一，这不仅是自暴自弃，也是对国家的放弃。”

可以说，义务教育的入学率成为奥巴马政府的一个重要目标。

小班制的教学

在美国，一些研究证明，小班教学有利于大部分学生提高自己的学习效果。

美国政府的缩小班级规模计划属于教育部拨款法案的一个内容。在立法中，根据前总统克林顿的提议，国会两党同意拨出 12 亿美元用于帮助地方社区在今后 7 年中雇佣 10 万名教师，在全国范围内，把小学 1 年级至 3 年级的班级学生人数减少到 18 人。

2000 年年初，美国前总统克林顿向国会提出在这 7 年的基础上，追加预算投入 2 亿美元，使 2000 学年到 2001 学年的项目经费达到 14 亿美元，实现社区雇佣教师 8000 名，使全美教师总人数达到 37000 人。美国所有 50 个州，包括哥伦比亚大区和波多黎各，都将依照立法获得政府的巨额拨款。2000 年 7 月，每个州又可以得到由美国教育部又一项缩小班级人数项目所提供的 12 亿美元经费中的一部分。

1999 年，美国就已经有 20 个州开始了实施缩小班级规模的计划。

马里兰州实施缩小班级规模的计划称为“马里兰学习成功计划”。该计划在小学 1 年级至 2 年级中缩小班级规模到 20 人，重点学科是阅读。这个计划为期 4 年，要求学校制订特别计划目标，并完成招聘 1000 名教师的目标。

1999 年，明尼苏达州加大了缩小班级规模计划的力度。州政府决定在目前每年 9000 万美元经费的基础上，在未来两年内再追加投入 1 亿美元，力求把从幼儿园到小学 6 年级的班级人数降至 17 人。但目前计划的重点放在幼儿园和小学 1 年级。

在纽约州，小班化计划把幼儿园到小学 3 年级的学生人数减少到 20 人，计划预计在 3 年内实施。

在威斯康星州，小班化计划称作 SAGE 计划，按照这项计划，全州学校的数目从目前的 78 所将扩展到 400 所到 500 所的规模。

美国教育部从全国 46%的学区数据分析中预测，从缩小班级规模项目经费中可招聘 2.9 万名教师，近 170 万名学生在 1999 学年到 2000 学年中从缩小了的班级教学中直接获益。

在从这部分经费中招聘的教师教学的班级中，学校的平均班级规模已经减少了 5 人以上。

其中，42%的教师在 1 年级教学，平均班级规模从近 23 人降到了 17 人；23%的教师在 2 年级教学，他们的平均班级规模从 23 人降到了 18 人；24%的教师在 3 年级教学，他们学校的平均班级规模从 23 人降到了 18 人左右。

电子课本出现

随着电子阅读器时代的到来，美国一些喜欢创新的学校就利用其功能开始实验新的方式和手段教学。位于亚利桑那州图森市的帝国高中是首批完全采用数字课本的学校之一。早在 20 世纪 90 年代末，该校学生就带着手提电脑在课堂学习，上课浏览网页，下课查邮件，放学后带手提电脑回家做家庭作业。2001 年秋季开学时，佛罗里达大学的学生也可以选择使用从网上下载到笔记本电脑的电子版本课本，代替传统的书本。

电子课本已经引起了很多美国大学的兴趣，麻省理工大学也于 2001 年推广电子课本。学生使用电子课本已是必然趋势。出版商们也频频和大学高层人士、教授以及课本的撰写者接触，为学生的电子版课本签订供货协议。美国一家生产电子版课本的公司宣布，在 2001 年秋季新学年有多达 75 个种类的电子版课本可供大学选择。哈佛大学、俄亥俄州立大学都在使用这些电子版课本的供货名单里。

电子版课本价钱较为便宜，并有声音和画面。尤其是其版本更新较快，而且通过网络教师们可以根据需要随时下载最新的信息和补充材料到电子课本中。

随着网络和电子阅读技术的发展和逐步成熟，在大学之外，美国联邦和州政府开始尝试推进中小学使用电子课本。2004 年到 2008 年美国教育部实施德州技术融合实验项目，其主要目的是验证学生使用手提电脑学习是否可以有效提高学习成绩。为此，美国教育部投入了 2000 万美元，为每位参加实验学生购置手提电脑，并为教师提供长达 4 年的广泛培训。

2011 年，佛罗里达州的一项新法律要求该州所有学校到 2015 年要将学校一半的课本预算花到电子课本上。

奥巴马政府的目标是到 2017 年，美国的每位中小学学生手中有一本电子课本。无疑，无论是大学还是中小学，美国学生将率先进入一个电子课本的新时代。

美国学生具有 10 种能力才能毕业

美国人认为，为了培养一代优秀的人才，仅仅向学校提出要求是不够的。在孩子们考虑学校的时候，学校也应对学生提出要求。于是，美国部分著名教育学者经过研讨后指出，孩子们必须掌握和具备以下 10 项基本能力，才能中学毕业。

这 10 项能力是：

(1) 语言表达能力。

美国学者们认为，对于学校来说，对学生的口头和书面两方面能力都要重视。表达能力对学生将来从事任何一项事业都是重要的。因为经理人员表述必须清晰准确，决策者阐述决定必须将复杂的关系解释得一清二楚。作为合格的中学生必须培养和具备这一能力。

(2) 文学、社会科学，尤其是史、地的综合能力。

一个人基本能力的培养需要这些学科的知识。因此，学生必须掌握文学、社会科学，尤其是史、地的综合能力。这在美国教育界是没有疑义的。

(3) 数学的实际应用和理解能力。

教育界普遍赞成在帮助学生理解数学法则的基础上，要培养学生的实际应用能力。学生应学会利用统计数据，用代数方程式解决生产、生活问题。

(4) 理解物理、化学和生物科学与环境的关系。

在科技发展日新月异的今天，学生只有具备科学的头脑，才有资格做一个公民。美国学者认为，从设计新产品到修葺庭院，无一不需要科学知识。了解物质世界的运动规律，对做出正确的决策是有益的。学生必须具备这方面的知识和技能。

(5) 至少熟练掌握一门外语，了解一种外国文化。

现代美国教育学认为语言训练将带来双倍收益，学校培育的学生将来一旦置身于金融、贸易市场，外语能力将会使他获益匪浅。另外，外语的学习能锻炼记忆力，启迪思维，有助于人们接受新思想、新观念。

(6) 熟练运用计算机和其他技术。

美国人认为计算机课对于启迪学生的智慧同样重要。作为一名中学生，不能满足于会操作“文字处理程序”，应能解决较为复杂的问题。为了达到这一目的，在一些学校里，图书馆、计算机房晚上也开放，方便学生使用计算机，处理资料，完成作业。

(7) 艺术鉴赏能力。

最近科研成果证明，艺术素养可以使一个人的人格更加完善。学校应该鼓励孩子们在课余时间广泛参加艺术活动，诸如弹奏乐器、歌唱、绘画、雕塑，等等。

(8) 真正了解社会政治、经济体制。

美国的学校认为，孩子终究有一天要走向社会，让他们了解身边的现实社会是很有必要的。

(9) 注意身体健康，讲卫生，养成锻炼身体的好习惯。

美国学校规定：学生应该对烟、酒、毒品和艾滋病的危害有清醒的认识，了解饮食习惯对健康的影响。

(10) 培养分析、解决问题的能力和创造精神。

这些决定孩子的发展，影响孩子今后的事业和生活。

第二节
如何搞好孩子的学习

优秀中学的标准

美国一家周刊用两年多的时间，探索出一种评估中学教育质量的比较可靠的方法。他们与全美最有威望的教育研究机构芝加哥大学全国民意研究所合作，制订了大家公认为是迄今为止用于评估学校教育质量的最先进的方法。然后，这个周刊同全国民意研究所一起，对底特律、波士顿、芝加哥、达拉斯 - 沃思堡、亚特兰大、纽约等大都市区 1053 所中学的教育质量进行了评估，并以其中 96 所优秀中学——学生稳步升入高等学府，并且每个学生都受到重视的学校作为评估范例。

在评估中，一所中学被确定为优秀的条件是：针对学生不同的家庭情况，能够加以调整以便取得显著的教学成果。

这是一种“附加值”的评估方法。这家周刊和芝加哥大学全国民意研究所设计了一个统计模型，检验一系列措施对学校教育质量的影响。其中，优秀中学必须在各项考核中达到优秀。

根据这项研究显示，优秀中学有几个主要的共同特点，其中包括：

(1) 严格的教学标准。

优秀学校制订的教学标准将有助于毕业生在现实社会中发挥才干，而不是单单取得优异的考试成绩，鼓励每个学生选修能使他们踏上通往成功之路的课程，要求学生至少有 3 年时间学习一门外语，以便为适应全球化经济环境打好基础。

(2) 选一门主修课程。

优秀学校应该使毕业生为适应大学的各项要求做好准备。如果大学要求学生又有数学基础，学生们除了应具备基础数学知识之外，还应该学习高等代数和微积分等高等数学课程。

(3) 高质量的师资。

在学校中，所有教师应全面了解所教课程，愿意根据学生的需要，调整自己的教学方式，让学生知道他非常关心学生能否取得成功。

(4) 加强对新教师的指导。

优秀学校应该使新教师感受到学校的支持。在学校的工作和生活中，他们不感到精疲力竭。

(5) 学校与家长合作。

学校与家长是否经常交换学生的情况，是否重视与家长对孩子教育和成长方面的合作，也是衡量一所优秀学校的标准。

(6) 行政管理人员和教师了解每一个学生。

优秀学校应该让学生感到自己是学校大集体的一分子，不让学生掉队。优秀中学为学生制订辅导计划，让学生有机会在正式课堂之外定期接受老师有针对性的辅导。

(7) 高出勤率。

优秀中学都制订了奖励出勤和惩罚旷课的措施。并请家长参与实施。

目前，这家周刊和芝加哥大学全国民意研究所制定出来优秀中学的这一标准，已经成为全美父母和学生公认的学校标准。当他们选择学校时，往往按照这一标准选定他们理想的中学。

学校最重要的课程：语言课

在美国，中小学最重要的课程是语言课。

美国教育专家认为，如果想获得语言考试的好成绩，必须有很强的阅读能力。如果阅读跟不上，语言考试是很难过关的。因此，美国中小学特别重视对学生进行阅读训练。

语言课一般不讲语法和语言理论，主要是阅读，阅读又分为精读和泛读。精读课有些像中国学校的语文课，学生有统一的课本，由老师进行讲解，但主要不是讲字词句，而是着重对文章内容的理解，要求学生对所学文章加以分析和评论，进行概括和复述。泛读课学生有较大自由，没有统一的课本，通常由老师提出一个书单，供学生选读，有时也指定若干本书为必读。

美国小学 2 年级的语文课本，一课就有六七页，课文多是讲小孩子的故事，或是名人童年的故事，也有诗歌等，到 4 年级时学生就开始阅读中篇小说。纽约州规定，小学生每年必须读 25 本书。低年级可以读小人书，随着年级升高，读的书也随之加深。

美国学生读书面很广，虽然是以文学书居多，但是也涉及政治、社会、文化、历史、科技等方面的书籍。美国从事教育研究的学者认为，阅读课至少应从以下三个方面培养学生：

a. 词汇量。

b. 理解和概括能力。

c. 写作能力。

实际上，美国学生通过大量的阅读，掌握的是一种对他们今后工作很有帮助的综合能力，美国人普遍善于讲话，会写文章，公关能力较强，这都与他们在学校进行大量的阅读有关。

美国中小学的阅读往往与写作密切相关。一般来说，学生每读完一本书，都要写读书报告。

但是，美国学校很少要求学生做死记硬背的作业。老师不用照现成答案回答的考试把学生分成三六九等，而是致力于教会学生观察、实验和动手操作，让学生都学会独立思考，学会对陌生领域自己去收集和筛选资料，自己寻求答案。

这种做法旨在独立研究中发展学生的个性，提高学生的创造力，是对作业形式的重大改革。这是对孩子们今后一生都非常有用的宝贵素质。

与孩子的作业保持距离

做好作业有助于提高学习成绩，这是每个父母都知道的事情。

在中国，一些父母常常守候在孩子身边，防止孩子分心走神，又帮助孩子解答作业中的问题。但是，美国人认为，这样做，父母忽视了很重要的一点：做作业的真正价值应当是建立孩子的优良品格。父母陪读，不利于孩子的健康成长；作为家长，应该与孩子的作业保持距离。

美国人认为，让孩子独立去做作业，不仅可以让孩子养成独立思考的习惯，还可以在做作业时培养孩子的如下品格：

(1) 责任感。

做作业是孩子的职责，就像干工作是父母的职责一样。如果父母参与其中，作业是按时完成了，但是，孩子却没有感受到责任感。

(2) 独立感。

作业是孩子和父母以外的“另类接触”，是老师给孩子布置的一项显示自己能力的工作。这种完成每日必做的经常性作业的过程，是一个增强孩子独立感、建立自信心的最佳过程。父母参与其中，就变成了“合作作业”了。这对孩子的独立性培养是不利的。

(3) 控制时间。

美国人认为，作业是老师与孩子之间的事情，家长可以做的只是对孩子完成作业提出要求。家长给孩子提出的要求，应该是在多长时间内完成作业，而不是告诉孩子何时开始做作业，它们的区别在于：前者在培养孩子控制时间，后者在告诉孩子可以浪费时间。

让孩子自己决定何时开始做作业，还可以培养他的自主精神。

(4) 不屈不挠。

孩子在做作业当中，会遇到一些困难，如果父母陪读，他抬头就问，以后势必凡事都问家长。而父母有意让孩子自行解决，才能培养孩子在困难面前不退缩的毅力。

(5) 机智。

当孩子主要是依靠自己而不是家长解决难题时，他会懂得上课听讲的重要性，他会复习学过的知识，这样不仅可以树立自信，而且勤动脑筋会使他变得更加聪明和机智。

孩子的作业是孩子自己的事情，美国的家长们与它保持距离。

中学生必读的文学著作书目

在美国，中学生有一份必读的文学著作书目。

这是由美国国会创始的国家人文科学促进委员会制订的。

在这个委员会主席威廉·班奈特的主持下，来自全国多名教授、作家、史学家、新闻记者等文化界的领导人参加了一项民意测验，根据调查结果，列出了一份美国中学生必读的文学著作书目。书目所列的书有：

(1) 莎士比亚：《麦克白》《哈姆莱特》等

(2) 美国历史文献：《独立宣言》《美国宪法》和林肯的《葛底

斯堡演说》等

(3) 马克·吐温：《哈克贝里·芬》

(4) 《圣经》

(5) 荷马：史诗《奥德赛》和《伊利亚特》

(6) 狄更斯：《远大前程》和《双城记》

(7) 柏拉图：《理想国》

(8) 斯坦贝克：《愤怒的葡萄》

(9) 霍桑：《红字》

(10) 索福克勒斯：《俄狄浦斯王》

(11) 麦尔维尔：《白鲸》

(12) 奥威尔：《1984》

(13) 梭罗：《瓦尔登湖》

(14) 弗洛斯特：《诗歌》

(15) 惠特曼：《草叶集》

(16) 菲兹杰拉德：《伟大的盖茨比》

(17) 乔叟：《坎特伯雷故事集》

(18) 马克思、恩格斯：《共产党宣言》

(19) 亚里士多德：《政治学》

(20) 陀思妥耶夫斯基：《罪与罚》

(21) 福克纳：各种著作

(22) 赛林格：《麦田守望者》

(23) 德·道克威尔：《美国的民主》

(24) 奥斯汀：《傲慢与偏见》

(25) 爱默生：诗文

(26) 弥尔顿：《失乐园》

(27) 托尔斯泰：《战争与和平》

(28) 维吉尔：《伊尼德》

第三节
如何开启和提高孩子的智力（上）

构成智力的 5 种因素

现代心理学用“智力商数”，即“IQ”，来表示一个人的智力水平。智商通常的算法为“心理年龄÷实际年龄×100”。美国科学家经过研究划分，智力水平可分为 7 个等级：

a. IQ 值大于 140 的宝宝近似天才或已经是天才。

b. 在 120～140 的宝宝智力非常优秀。

c. 在 110～120 的宝宝智力优秀。

d. 在 90～110 的智力平常。

e. 在 80～90 的宝宝就有些愚笨。

f. 在 70～80 的宝宝智力就有些缺陷了。

g. 小于 70 的宝宝是低能儿。

美国的科学家认为，这个标准并不是唯一的，也不是一成不变的。许多天才儿童在学校表现得非常愚钝，但在某一方面他却是无可比拟的，因此，不必把智力测验看得太重，更不要靠一两次测验就轻率地给孩子定义为“神童”或“低能”。

但是，在美国人们普遍地认为，构成智力的因素有 5 种，它们分别是：

a. 观察力——观察力是指能发现别人从未注意过的问题。

b. 记忆力——记忆力是指能记住事物的外形和名称，以及该事物与以前学过的某物的相似点与不同之处。

c. 注意力——注意力是指精力的集中，只有集中精力，才有可能更好地观察事物，并记住该事物。

d. 思维力——思维力是指宝宝观察到各种事物以后，渐渐学会将它们归纳分类，并进行分析比较，从具体的区别上升到抽象的区别，进而产生总结和概括的能力。

e. 想象力——想象力是指由此及彼，通过事物的一点联想到许多点，通过联想加以想象就出现一种新的想法。

☆ ☆ ☆ ☆ ☆

在美国，人们把那些特别聪明、智力超出同龄人的孩子称为“天才儿童”，并且认为天才儿童有特点。和中国的父母们一样，每个美国父母都希望自己的孩子能够成为天才儿童。

最近，美国一些专家列出了学龄前天才儿童的一些特征：

a. 精力特别充沛，尤其是某种游戏特别使他感兴趣。

b. 好奇心特别强，喜欢每事必问。

c. 做事特别专注。

d. 观察力很强，而且会注意细节。

e. 喜欢收集小石子、瓶盖等东西，并能将收集的东西分类和比较异同。

f. 谈话时所用的词汇比较丰富，词句的组织也好。

g. 喜欢玩文字游戏，例如找出同义词、反义词等，也喜欢把听来的故事或经历过的事情，有声有色地告诉别人。

h. 喜欢阅读。

i. 有丰富的幻想力。

j. 幽默感较早成熟，知道被捉弄时如何还击。

k. 喜欢同年龄较大的儿童玩耍，也喜欢独自玩耍或研究新玩意。

l. 很早会数数，对时钟、日历等与数字有关的物件异常感兴趣。

美国专家鉴别天才儿童的方法

在生活中，我们如何鉴别优秀儿童呢？

美国学者利斯为家长和教师们提出了十几个项目，作为鉴别“天才儿童”的心理学准则，主要的内容有：

(1) 知识和技能。

具有基本技巧和知识，能够适当应用这些技巧解决具体问题。

(2) 注意力集中。

不容易分心，能够在充分时间内对一个问题集中注意力，来求得解决的办法。

(3) 热爱学习。

喜欢探讨问题和做作业。

(4) 具有坚持性。

能够把指定的任务作为重要目标，用急切的心情去努力完成它。

(5) 反应快。

容易受到启发，对成人的建议和问题都能作出积极的反应。

(6) 有理智的好奇心。

会从自己解答问题中得到满足，并且自己能够提出新问题。

(7) 对挑战的反应。

乐意处理比较困难的问题、作业和进行争论。

(8) 具有敏感性。

具有超过年龄的机灵性和敏锐的观察力。

(9) 口头表达熟练。

善于正确地运用众多的词汇。

(10) 思维流畅。

能够形成许多概念，善于适应新的比较深刻的概念。

(11) 思维灵活。

能够摆脱自己的偏见，用他人的观点看问题。

(12) 具有独创性。

能够用新颖的或异常的方法去解决问题。

(13) 想象力丰富。

能够独立思考，富有想象力。

(14) 富有推理能力。

能够把给定的概念推广到比较广泛的关系中去，能够从集体的关系中去理解给定的材料。

(15) 兴趣广泛。

对各种学问和活动都感兴趣，如艺术、戏剧、书法、阅读、数学、科学、音乐、体育活动和社会常识。

(16) 关心集体。

乐意参加各种集体活动，助人为乐，和他人融洽相处，对人不吹毛求疵。

(17) 情绪稳定。

经常保持自信、愉快和安详，有幽默感，能够适应日常变化，不暴怒。

加德纳教授：孩子的 7 种智能应受鼓励

美国波士顿大学医学院教授加德纳认为，孩子具有 7 种智能。如果受到应有的恰当鼓励，绝大部分孩子都至少可能发展其中一种智能。

这 7 种应该受到鼓励的智能为：

(1) 语言智能。

加德纳教授的研究证明，具有语言天赋的孩子说话很早，并且很爱说话，他很容易学会一些外来词语，或电视和书上的长句子。一有机会，他还喜欢写诗和讲故事，很早学会自己阅读。

对于这样的孩子，作为父母的教育方法，加德纳教授的建议是：

a. 孩子年龄很小的时候，父母坚持每天给他讲故事。

每晚临睡前，给他读一些文字优美的书。

b. 一旦他自己能够阅读了，就应该给他提供大量的书籍。

给他买一本好的字典，然后，为他办一个借书证。

c. 对他所写的和背诵的东西都要给予鼓励。

(2) 音乐智能。

加德纳教授认为，有音乐智能的孩子对声音很着迷，他甚至喜欢听散热器或洗衣机发出的声音。当他初学步时，他可能玩钢琴键，而且很入神。再后来，可能分辨出他熟悉的歌是否走了调以及不同的乐器演奏的声音。这样的孩子容易学会新歌曲，并且能够准确唱好。

如果发现自己的孩子有这方面的爱好，美国的父母常常会给孩子听一些音乐，让他参加课外音乐学习，并且参与一些以音乐为中心的活动和游戏。

(3) 逻辑——数学智能。

加德纳教授发现，这一类孩子对分类和形状着迷，喜爱抽象的东西，能很快掌握等量知识，常常爱琢磨如这幢楼房是这样，那座楼是那样之类的问题。

因此，加德纳教授说，作为父母，应该多同孩子玩，提供大量有关智力方面的活动、推理、迷宫之类的书籍，和他比赛，进行富有创造性的、能丰富想象力的游戏。

(4) 空间想象智能。

加德纳教授认为，具有这种智能的孩子想象力极其丰富。

但是，空间想象智能在美国的学校体制中没有受到很好的重视，因此，孩子们尤其需要受到这方面的实际的鼓励。

事实上，鼓励孩子发展这一潜能的方法也很简单。作为父母，只要给他提供绘画的颜料、各种黏土、做模型用的材料和工具，给他一个特定的空间，就可以达到鼓励他们这类智能的目的。

(5) 身体动觉智能。

现代生物和物理学认为，这种才能包括两方面：一是使自己的动作优美；二是熟练自如地操纵物件。

体育明星和舞蹈演员就具有这种智能，许多工程师也是如此。这种孩子觉得翻筋斗、游泳、双手离把骑自行车很容易，善于掌握运动技巧，善于组装钟表、收音机，或者电脑，等等。

引导这一类孩子的最好办法，加德纳的建议是：

a. 按经济能力给孩子买一套安装器，或如游戏机等电子装置，让他自由使用和玩耍。

b. 常带孩子到可以动手的科学博物馆。

c. 鼓励孩子积极参加体育训练和舞蹈组的活动。

d. 当孩子玩弄机器时不要太干涉。

(6) 人际智能——洞察自身的能力。

一般来说，父母难以认识到孩子具有这种智能，通常只会从孩子遇到的麻烦中，发现他缺少这方面智能。但是，具有这方面智能的孩子，有一些这样的特征：

a. 容易明确自己未来的目标。

b. 知道如何去计划事情。

c. 懂得如何最大限度地发挥自己的能量。

(7) 交际智能——了解别人的能力。

加德纳教授认为，具有这种智能的孩子，常常容易发现别人的变化，他可能很快地识别出小说或电视中的人物是否是反面角色。

对具有交际智能的孩子，作为父母，可以这样去做：

a. 支持他们演短剧和小品。

b. 看完一场戏剧或电视剧后，同他讨论戏中的角色。

c. 可以要求他以家中的每一个人为题写一篇生动的文章。

d. 当孩子的洞察力进行称赞。

加德纳教授认为，这种能力对孩子今后的生活和事业，都会发挥较大的影响。

智力培养要抓住最佳时机

美国著名心理学家布卢姆教授曾对近千名婴幼儿进行跟踪，一直到他们成年。他的基本结论是：5 岁以前是儿童智力发展最迅速的时期。

布卢姆教授认为，如果把 17 岁时的人所达到的智力水平定为 100%，那么，出生后的前 4 年他已经获得了 50%的智力，到 8 岁时已经获得 80%，从 8 岁至 17 岁只获得 20%。

目前，美国许多研究机构也得出了与布卢姆基本相同的结论，有人进一步指出：

a. 2 岁到 3 岁是儿童学习口头语言的最佳年龄。

b. 弹钢琴、拉小提琴必须从 3 岁开始。

c. 4 岁至 5 岁是开始学习书面语言的最佳年龄。

d. 学习外语应从 10 岁以前就开始。

e. 如果错过了言语、听觉和运动区域的大脑神经细胞发育的关键时期，再来开发其智力就没有什么指望了。

学艺术的孩子更聪明

在美国，人们普遍地认为，学艺术的孩子更聪明。他们往往是通过使孩子学习艺术去提高智力。

美国父母的这种做法，并不是没有道理的。

美国心理学家认为，音乐与美术不仅可以陶冶孩童的性情，更可以增加他们的学习能力，使他们变得更聪明。

美国的心理学家研究发现，音乐与美术有微调大脑的能力。

(1) 音乐和美术能够协助大脑更加专注于其他种类的学习，并且，无论年龄大小，孩子们都能够从音乐与美术的学习中受益。

一般来说，6 岁到 7 岁的孩子，即小学 1 年级的学生，在定期接触音乐与美术训练后，阅读与数学能力获得改善。大脑在学习音乐后，有可能将它的潜能运用于其他学习领域。

(2) 音乐与数学间彼此有逻辑关联，音符与数字都涉及高低阶概念。学习音乐可以提高数学能力。

(3) 学习音乐与美术能协助人类获得调节情绪的技巧。

这是音乐和美术对孩子更深层的影响。

因此，美国心理学家建议各级学校，尽可能地进行音乐与美术学习课程，否则，即是荒废人类一项有力的秘密武器。很多家长也是乐此不疲，美国孩子学习艺术成风。

☆ ☆ ☆ ☆ ☆

只是在出生后几个星期，埃丽格·泽德就整晚整晚地听父亲大声朗读。15 个月后，几乎每个晚上，埃丽格·泽德就拿着书对着父亲说：“爸爸，爸爸，书，书。”

埃丽格·泽德的父亲在朗读时，试着给埃丽格·泽德看图片，以便使他产生联想。三四个月以后，埃丽格·泽德就已经能够对一些动物的声音发出会心的微笑。9 个月时，他就能够说出鸟、冰淇淋等图片上的实物了。

埃丽格·泽德喜爱书是他的父亲参加“促进儿童朗读俱乐部”的结果。

这个组织在孩子们还是新生儿，或者他们的父母限制了孩子读、写能力训练时，为他们免费提供借阅图书或者私人教师，指导父母如何培养孩子这些方面的能力，甚至为孩子大声朗读提供帮助。

美国的研究显示，阅读能够帮助孩子形成大脑注意力长期集中的素质。幼儿不仅仅能从父母的朗读、说话声音中获益，更为重要的是，阅读还可以传递着热情和爱，并且能维系与父母的关系。这对孩子成长是一举几得。

针对任何收入水平的家庭，儿童读书服务在美国已经发展成为了一个国家计划。

发起这一活动的组织是全美儿童读书服务会。这个组织认为，即使是受过很好教育的人也未必懂得为新生儿朗读的价值，或者他们知道朗读的重要性，但是也不知道什么时候开始朗读最好。从1984年起，这个它下属的促进儿童朗读俱乐部就开始了对 7000 户低收入家庭进行服务，并且使他们获得了许多成功。

1998 年，美国某大学的一项研究显示，那些有规律地听故事的孩子在学校里的表现和学习情况比一般的孩子更好。

促进儿童朗读组织的早期建立者告诉那些身为父母的人说，如果小孩子坐立不安、抢书或者是嚼书页，甚至打断读者摇摇晃晃地走开，“即使这样，他们好像是在听你讲故事，但是，这种情况我们不鼓励。”

让父亲为孩子朗读，是美国教育专家吉姆·特里利斯一直致力和宣传的，他认为，这是至今为止最有效地提高孩子智力的秘诀。

吃早餐有助于儿童数学成绩的提高

美国马萨诸塞州综合医院的医师公布一项研究报告，他们以 100 位美国学校 3 年级到 8 年级的学生为对象，进行为期 4 个月的实验，以了解经常吃早餐、偶尔吃早餐，对儿童学业成绩的影响。

在实验期结束后，研究人员比较学业成绩变化发现，改变过去很少吃早餐习惯的学生，学习成绩进步最大，经常吃早餐的学生比偶尔吃早餐的学生的数学成绩高出一个等级。

在实验中，一些学校老师和家长反映，经常吃早餐的学生发生缺课、迟到等情况的比率大大下降。经常吃早餐的学生也认为，自己焦虑、不安的情绪大大减少了。

对此，营养学家解释说：

a. 人体脑部活动仰仗葡萄糖，早上起床后，由于一夜休息，血糖量会降低，早餐等于是人脑每天接受的第一份养料，不吃早餐就上学或工作，到近中午时，就很容易出现疲惫或焦虑。

b. 从营养学观点来说，没吃早餐的学生中，有 3/4 每天摄取的钙质不足孩子身体所需要的 1/3，每天应摄取的蛋白质也不足。

赖伯曼是华盛顿公益科学中心营养部门主任，他对孩子的早餐问题进一步警告家长说，早餐应该注意其糖分含量，宜选择低糖分、高蛋白质的早餐。其中，家长尤其应该注意市售谷类食品包装上糖分含量不宜超过 5 克，太甜的早餐不适合儿童。

第四节
如何开启和提高孩子的智力（下）

“噢，我真想不到，卡瑞会用剪刀了”

美国人在教育孩子的时候，非常重视孩子的动手能力培养，他们认为，孩子动手能力的强弱是他们智力优劣的一个重要体现。因此，在发展孩子的智商过程中，美国父母常常把孩子动手能力的培养作为重要的一课。

美国父母对于孩子的动手能力的培养可能令中国人吃惊。

有一个留美中国学生曾经讲过一个这样的故事。

一天，“我”的邻居萨丽兴奋地跑来告诉“我”：“噢，你想不到，卡瑞学会使用剪刀了，还会抹胶水呢!”

卡瑞是她 2 岁的儿子。“我”跑过去一看，卡瑞的床单、枕套满是窟窿，他的头发也被胶水黏在一起了。看到这些，“我”一头雾水，在中国，父母早就两巴掌把孩子教训一通了。

但是，面对这种情景，美国人的表现却不同。萨丽首先兴奋于孩子学会了某种小小的技能，而不是痛惜东西损坏而斥责他。

接着，“我”看到萨丽正耐心地告诉卡瑞应该去剪纸和粘纸。

美国社会和父母对儿童的关照可以说是无微不至，但是，他们绝不替代孩子做事情。因为除了培养孩子的自立性外，每一个父母还认为，这是锻炼孩子动手能力、促进他智力发展的好机会，于是，父母们都不放过让孩子去动手的机会。

卡瑞 2 岁了，其实还是很小的。但是，要洗澡了，妈妈帮他兑好热水，脱了衣服，就让他自己爬进澡盆。卡瑞在水中玩了一会儿，开始用香皂往身上抹，抹完香皂，他又开始用毛巾擦，然后坐下来用水洗净泡沫，爬出澡盆。

当“我”看到这一切的时候，不禁感慨：“真难相信，一个 2 岁的小孩竟能如此迅速而熟练地洗完澡！”

培养聪明孩子的家庭环境

家是孩子成长的摇篮，父母是孩子的第一任老师。近些年来，美国人越来越认识到培养聪明的孩子要有一个相应的家庭环境。

经过美国一些教育部门的研究和调查，培养聪明孩子的家庭环境也有标准了。

这些专家们认为，有益于孩子智商提高的家庭环境，应该是这样的：

(1) 家应该是一个知识性的环境。

智力不是“教”出来的，而是要靠孩子自身的力量发展获得。一个知识性的环境，能促使孩子多思多想，并且是走向正确方法的途径。为了增长孩子的智力，父母应该为此积极准备一个知识性的环境。

(2) 家应该是一个语言的环境。

孩子的基本能力是“语言能力”。幼儿期，孩子虽然有语言、知觉、思考、数字、运动、情绪以及其他社会性能力需要发展，但是，他最基本的能力还是语言能力。如果语言能力得到增长，认识数字、社会性的能力也能相应地获得增长。

因此，家作为孩子成长的第一环境，首先应该是一个语言的环境。

在良好的语言环境里，幼儿的语言能力才能够得到最优、最快和最好的发展。

(3) 家应该是一个能够激起孩子好奇心的环境。

美国一些儿童教育专家认为，只根据学习能力与别的孩子比较，是没有什么意义的，应该培养孩子学习能力，同时使孩子具备健壮的身体和独立的生活能力，但是，其中要做到这一点，培养孩子的好奇心是先决条件。家必须是一个能够激起孩子好奇心的环境。

在这个环境里，父母是关键的因素，他们应该不断地创造一些氛围，或者提出一些问题，引起孩子的好奇，引导他们去思考、探索。

(4) 家应该是一个训练的环境。

美国的儿童发育和健康研究专家发现，在儿童的成长中，目、耳、手指的协调训练极为重要。专家们说："幼儿期的有效教材，最好就是训练幼儿灵活运用眼、耳、口、手指等功能器官的教材。"

在家庭中，父母应该努力创造一些孩子可以在用耳听，用眼睛辨认，练习手指灵敏度等游戏环境，通过这样的环境，反复训练孩子的目、耳、手指的协调动作，刺激大脑，使其迅速发展。

(5) 家应该是一个有趣味的环境。

美国的教育专家认为，在孩子的智商发展的教育中，父母切忌使用强制手段，否则，就会压抑孩子的情绪和智力的发展。儿童教育必须具有趣味性。

因此，在家庭教育中，为了引导孩子智商的提高，美国的父母们常常想办法配备孩子喜爱的"有趣教材"，使孩子保持兴趣，然后，经过反复练习，使孩子有所收获。

过早的正规教育，实际上有害儿童的发展

现代教育学认为，童年期是人的智力发展的关键时期。因此，无论是中国还是美国，父母都十分重视孩子的早期教育。但是，在对待早期教育中，中美两国父母的一些做法可能大相径庭。

在中国，培养孩子时，父母普遍存在揠苗助长的现象。而美国父母则多是按照孩子发展的天性，自然地、一步一步地去促进孩子智力的发育和增长。

美国大多数教育家和父母都反对强迫学龄前儿童接受为较大儿童制定的学习和体育训练。美国心理学家埃尔金指出：孩子的早期教育不能揠苗助长。

埃尔金认为，过早的正规教育，实际上有害儿童的发展，会给孩子造成不应有的压力，有如下负面影响：

（1）不堪重负，对孩子身心成长有害。

过早教育的压力会使孩子的自信心、自尊心不断受到伤害，甚至造成一些病症，使孩子出现头痛、腹痛或者消化性溃疡和痉挛等。

（2）对成功与失败的焦虑，会使父母与孩子的关系蒙上一层阴影。

父母与孩子的关系不融洽，则会使孩子成长的家庭环境变得恶劣。这样的家庭环境，是不能培养聪明孩子的。

父母 10 种做法能够使孩子更聪明

在长期的实践中，美国一些儿童专家总结优秀人才成长的过程，认为父母 10 种做法能够使孩子更聪明。

a. 对孩子的新奇念头、想象力、别出心裁的玩法，给予称赞和鼓励。

b. 对孩子的成长与发育，不应用旧的观点或教条来作为孩子行动的准则。

c. 注意消除孩子的恐惧心理，防止恐吓孩子，防止禁锢孩子的智力发展。

d. 应当倾听孩子说话，了解他的内心世界，支持他积极向上的因素。

e. 尽量鼓励孩子对新生事物进行新的探索，不停留在已经明白的事情上。

f. 积极引导和鼓励孩子发问，把发问看作教育孩子的手段之一。

g. 使孩子懂得自尊、敢于提出自己的思想和对事物的看法。

h. 创造一种新气氛，使孩子在集体中受到人们的重视。

i. 培养孩子进行创造的勇气和信心，培养孩子的观察能力。

j. 鼓励和引导孩子积极动手，勇于参加实践。

如何发现孩子的天赋

儿童聪明与否，取决于三大基础：环境、教育和遗传。

美国科学发现，遗传因素往往表现出孩子特有的天赋。天赋高的儿童智商往往能高于同龄儿童的发育水平，还会在某一方面比同龄儿童表现出特殊的本领。这类儿童如果被因材施教，就会起到事半功倍的发展。

但是，一般来说，天赋是不可预测的，也难以一眼看出来，特别是幼儿的潜在天赋更是不易察觉。如果是这样，那么，父母就会失去早发现、早施教的机会。然而，最近，美国的父母们有了“绝招”，这是耶鲁大学心理学和儿童研究中心最新的研究成果。

如何发现天赋儿童？耶鲁大学心理学和儿童研究中心提供的方法是：

(1) 天赋较高的儿童会比同龄的儿童更早地掌握语言表达能力。

这些儿童甚至能够运用与他们年龄不相称的复杂句子。

(2) 天赋较高的儿童的记忆力一般都强。

这类儿童不仅记得快、记得牢、记得准，而且有时他还能够叙述发生过的事情的主要情节。

(3) 天赋较高的儿童有较强的观察力和想象力。

一般来说，5 岁左右的孩子对一只动物玩具观察半分钟后，一般只能记住 5个到 6 个主要特征，而观察力敏锐的儿童却能够记住 10 个以上的特征。

想象丰富的儿童脑海里不仅能把过去所见的事物形象很快地再现出来，而且还能够加以改造并合成新的形象。如让孩子玩积木、画图画等，看他的作品有没有新意。

这类儿童之所以有较强的记忆力，是来源于他们有较强的观察力和想象力。他们虽然年龄不大，但是，对周围的人或事，表现出浓厚的兴趣和好奇心。

例如，他们观察蚂蚁、蚯蚓等小动物时，时间往往相当长，超过他们年龄所具有的有意注意的时间界段。在观察的时候，他们还常常提出“蚂蚁为什么会搬家？”“蚯蚓吃什么？”等一类他们感兴趣的问题。

(4) 天赋高的儿童学习兴趣浓厚，求知欲望强。

一般来说，他们两三岁时就能够识字，对读书之类的学习和练习感兴趣。再大一些时候，就有很高的自觉性，并且喜欢探索问题。这时家长不要压抑他们的求知欲。

(5) 天赋高的儿童往往能够专心致力于某一件事。

他们不仅做事情很专心，而且会全神贯注地完成。这一类儿童往往会在音乐、美术等方面有所发展。

(6) 天赋高的儿童有丰富的思维能力和分析能力。

他们表现出较强的主见，很少受别人的暗示，并且能够自己想出解决问题的办法。对“用6根火柴棒摆成4个等边三角形”、“用刀切3次苹果分成8块”之类的问题，灵活性不强的中学生往往无法摆弄，而思维敏捷的六七岁的儿童却能解决。

(7) 天赋高的儿童还表现出良好的个性品质。

天赋高的儿童表现出良好的个性品质，常常是自律性强、有能力、不怕困难，等等。

(8) 天赋高的儿童做轻微家务活，或简单的生活自理时，其动作迅速、有序、正确、细致。

如果家长平时注意观察孩子的表现，这样就不会埋没天赋高的孩子，及时早发现，早施教，就可以使他们早成才。

☆ ☆ ☆ ☆ ☆

儿童的智力有强和弱的区分，甚至还会出现一些智力低下现象。那么，智力低下的幼儿又如何识别呢?

美国人认为智力低下的幼儿有如下一些特征:

(1) 特殊面容。

最常见的智力低下病是先天愚型，也叫伸舌样痴呆。这样的孩子头型短小，两眼较突出，两眼外侧高，两眼间的距离较宽，塌鼻梁，口常处于半张状态，舌经常伸出口外，口水不断。

(2) 畸形长相。

畸形长相有两种。

一种是头小而坚，前额及枕部平坦，形成向上的坡度，头围比新生婴儿头围（34 厘米）还小。

还有一种长相：耳廓低，眼球小，下颌短，腭弓高。

这些畸形长相都提示儿童有智力低下的可能。

(3) 动作不协调。

这类儿童坐不像坐，走不像走。开始走路时，两脚仍然相互乱踢，到了两三岁还是如此，即医学上称的“舞蹈步”。

(4) 五官不灵。

这类儿童对声音反应差，不注意大人讲话，常常被误诊为耳聋。视觉功能不良，对周围人或物注视差，咀嚼慢，喂食难。

(5) 反应迟钝，该笑不笑，该哭不哭。

正常婴儿从 2 个月后就会微笑，半岁后会大声发笑，智力低下的儿童到周岁才会微笑。刺激后，不能马上啼哭，要间隔一小会儿或者反复多次刺激后，才会引起啼哭，哭的声音也特殊，呈尖叫或高调或无力。

由于存在个体的差异，智力低下的儿童表现也不尽相同，程度也不一致。专家认为，儿童如果表现出一些智力低下的症状，需要经过仔细观察对照，才能真正地确定下来。其中，最好的办法是到医院做专门的智力检测。

发现孩子智商低下怎么办

在中国，一些家长把自己的孩子与同龄的其他儿童做比较，发现他与他们不同，人家的孩子一岁多一点儿就会走了，可是，自家的孩子连爬都不会，人家的孩子两岁就能说不少话了，可自家的宝宝连“爸爸”“妈妈”都不会叫……当已经确定自己的孩子是智力低下，或者发育迟钝的弱智儿童时，做父母的，有的感到震惊、恐惧，有的觉得羞愧，好像做了亏心事似的，有的觉得自己低人一等，终日以泪洗面，有的觉得对不起孩子，尽可能地满足他的一切要求。

其实，这些都是不正确的。

在美国，面对这样的情况，父母们往往采取的措施是：想尽一切办法，尽早对孩子进行教育补救。

对弱智儿童进行教育，美国多是采取家庭与训练中心相结合的方式进行。

这种教育方式是孩子每周一半的时间在训练中心接受教育，另一半时间在家里由家长进行辅导。其中，主要的训练内容和方法有：

(1) 大运动。

这主要是指俯卧抬头、独坐、独走、跑、跳等身体的运动。按一般的情况，这些动作随儿童生理成熟，稍加练习即可完成。可是，对于弱智儿童来说，却需要着意训练，方法是循序渐进、坚持不懈地对他进行重复练习。

(2) 手的精细动作。

这主要是指手的抓握、对指捏物和双手的协调技巧，这和大运动一样，也需要重复训练。在手的诸多动作中，对指捏物最为重要，任何精细的动作，如书写、协调技巧，都少不了它。有一位心理学家说：“如果一个儿童到 10 个月还不会用拇指和食指捏起小物件，就可以怀疑他智力有问题。”

训练手指的动作，可以用对指捏起大米、穿珠子、折纸、楔子等动作来做。

(3) 语言。

语言包括发音、懂话、说话三个方面。弱智儿童有语言障碍的很多，绝大部分弱智儿童能懂一些话，但说不出来。他们的听力和语言器官并无障碍。要训练弱智儿童的语言，儿童专家认为，必须做到先使他们能懂、会说。

要做到这一点，美国父母的做法通常是：

a. 创造一个语言环境。天天重复一些常用的字。

b. 对口形。

大人与小孩面对面地坐着，桌上放一些玩具，大人拿起一种玩具，对着孩子说玩具的名称，适当夸张口形，鼓励孩子模仿。

c. 利用卡片识字，鼓励孩子说话。

d. 说儿歌。

e. 讲故事。

(4) 认知能力。

这主要是指弱智儿童的适应性行为，如看、听、摆弄物体、手指协调等，和对颜色、形状、数的概念的认识。

这部分的训练有一定的难度，应先巩固一种再教一种，不要对比着教。比如认识红色，只认红色，会了，再教绿色，然后再混合，让他辨认。

(5) 个人与社会行为。

这主要包括与人交往的礼貌、适应新环境和生活的自理能力。这部分内容要专门训练。训练的方法与训练正常儿童的方法基本相同，在日常生活中训练，但是要多次进行反复，才能有效。

弱智儿童教育的 14 个忠告

在教育弱智儿童的时候，美国的专家和成功父母有这样的一些忠告：

a. 永远记住：早期训练的目的是使弱智儿童的潜在智力得到充分的发挥，而不是让他们成为正常儿童。

b. 对弱智儿童要有期望，但是要与他的智力水平相称。

c. 不管弱智儿童的能力起点多低，都要从他的起点开始训练。

企图跳跃起点而训练，难以有好效果。

d. 不要问病因，而要注意智力落后的程度。

对于不同程度的弱智孩子，应该有不同的教学目的、教学要求。教育并不因病而改变方法。

e. 教学内容应接近生活。

远离生活的内容不要教，因为他们缺乏想象力，不能理解。

f. 训练一开始，就不要停止，否则会前功尽弃。

g. 要特别强化正确的行为。

物质强化适宜于幼小儿童，如给一块小饼干等；对年龄稍大、智力有进步的儿童，可用精神强化，如拍一拍、亲一亲、给一朵小红花等。

h. 不要批评弱智儿童能力差，应保护他的自尊心。

i. 不要过分迁就和溺爱，否则会养成他的依赖性。这是学习的大忌。

j. 做观察记录。

这样会发现儿童的微小进步，也能加强家长的训练动机。

k. 家庭成员的态度和动机必须完全一致，否则孩子会无所适从。

l. 要倾听弱智孩子的心声，不要粗暴对待他。

m. 教弱智孩子的东西要少，循序渐进。

n. 对弱智儿童讲话速度要慢，突出重点。

因为他们理解慢，自己不会抓重点。

第五节
如何锻炼孩子的体魄

美国中小学的体育课

在美国，中小学的体育教育很有特点。一般来说，美国中小学的大多数学校体育场馆设施都很齐全，条件较好。

靠近圣荷西大学附近的一所捷姆斯台达高级中学，场馆设施十分优良，有 8 块网球场，6 块篮球场，2 块排球场，1 块足球场，1 块垒球场，1 块 400 米田径场，1 个游泳池，1 个健身房和 1 个体育馆。

一所叫山青的小学，有 1 块草坪大操场，两块篮球场，1 个体操房。

在美国，虽然中学的体育设施都相当好，多数小学有多处场馆，但是，有游泳池的却不多，学生游泳一般都是利用社区的游泳馆。

尽管如此，美国体育教学的水平一般不高。

一位中国体育教育专家专门观摩了旧金山市梅茜中学的体育课，他说，用中国的评课标准只能给他们打个及格分。

但是，美国中小学的体育课也颇具特点。一般来说，一个年级近 60 名学生上课，有 3 名体育教师，其中 1 名女教师，教学分 3 组，统一准备活动。其中，女教师带一组上篮球教材，另两组练习各种发展弹跳力的跳跃练习。上课时，学生练习很随意，教师无组织纪律要求；课上教师指导很少，无教法步骤。但学生练习很主动活跃，无一偷懒不练的。

这种较自由的体育教学课，虽不能代表美国水平，但为数不少。具有类似特点的小学在美国有不少。

☆ ☆ ☆ ☆ ☆

美国小学的运动场地，一般不勾画跑道，据说，当局一般不同意在小学搞正规竞技体育比赛，而主张多开展一些以游戏形式为主的发展学生全面体能的活动，因此，操场以大草坪为多。

在旧金山市，有一所小学名叫春谷小学，在市区，类似中国上海市里弄学校的小学。但是，它有 130 多年的历史，共 800 多名学生，教学质量在旧金山市里以高水平而出名。

这所学校只有一幢 4 层高楼，围绕楼周围是一圈水泥地的活动场地，十分窄小，没有草坪场地，更没有游泳馆。可以说比北京市东城区重点小学——史家胡同小学还要小。

由于旧金山市房地产十分紧张，学校无法扩展，因而该校因地制宜把围楼一圈的地方进行周密设计，建成一个儿童乐园式的小块场地，开展符合儿童特点的各种形式的体育活动。

在围墙上，装有 6 副篮球架，每副篮球架可打半场球；3 块地方接装上 3 个综合性的联合体育器械。在这套器械上有攀绳、滑梯、浪摆、天梯、钻网、铁索桥等，布置巧妙，能锻炼身体各个部位。学生练习兴趣很大，可练攀爬、悬垂、钻滚、引体向上等运动。

为了安全起见，联合器械下都铺上沥青和塑胶软垫，学生不慎掉下来，也不会受伤。

另外，体育教师用白色的乳胶在地上画上各种游戏图案，供学生游玩，如跳格、猜拳进蜗牛格，还有掷球出圈等，小学生在画格上常常玩得十分高兴。

春谷小学就是这样一所无操场的在“螺蛳壳”里开展体育活动和上体育课的学校。

这种充分利用地形开展各种体育活动，是一些美国学校体育教育的特点。

美国中小学体育基本目标

美国中小学体育统一课程的制定工作于 1992 年 4 月完成。1992 年 8 月 1 日，全国开始执行中小学生体育前 3 个年龄段的方案，第 4 个年龄段的方案于 1995 年 8 月 1 日起开始执行。

美国中小学体育课的内容，分为田径、舞蹈、球类、体操、户外和探险活动、游泳 6 类。

其中，球类运动向学生提供竞争与合作的体验，舞蹈与体操侧重身体控制和运作美学的练习，田径为学生提供取得个人优胜的机会，游泳主要是锻炼孩子们的健康体魄，而且它还是其他水上项目的基础，户外和探险活动则是着重于培养学生外出旅行和适应环境的能力。

在美国，第 1 个年龄段的学生必须学 5 类课程， 游泳类课程由学校自己决定是否安排；第 2 个年龄段的学生要求学 6 类课程；第 3 个年龄段至少要学 4 类课程，但必须有球类运动；第 4 个年龄段要求从 1 类到 2 类课程中选两个运动项目。

美国中小学体育的整个课程框架体现了循序渐进的原则，对每个年龄段结束时应达到的标准做了具体规定，分别为：

(1) 5 岁至 7 岁年龄段结束时，学生应能够做到以下几点：

a. 安全地完成针对给定任务的简单和有联系的动作。

b. 练习和改进动作。

c. 描述他人或自己的动作。

d. 认识体育活动对身体的作用。

(2) 7 岁至 11 岁年龄段结束时，学生应能够做到以下几点：

a. 完成、改进和记住一些顺序较为复杂的动作。

b. 有效地完成需要迅速作出反应的活动。

c. 独立或与他人一起针对挑战性的任务安全地作出反应，表现出一定的动作技能和理解水平。

d. 独立游泳 25 米，表现出水性。

e. 根据教师制定的标准评价自己或他人所做的动作，提出改进意见。

f. 体力充沛地参加有一定时间过程的体育活动，理解运动对身体的影响。

(3) 11 岁至 14 岁年龄段结束时，学生应能够做到以下几点：

a. 在所学运动项目范围内掌握一定的战略和战术。

b. 提高已掌握的技能，发展新技能。

c. 完成和改进在所学运动项目范围内由自己和他人设计的动作。

d. 理解和评估自己和他人的进步，发现优缺点，提出改进方法。

e. 理解运动对身体各系统的影响，选择对自己适合的终生体育活动。

(4) 14 岁至 16 岁年龄段结束时，学生应能够做到以下几点：

a. 对自己所选择的运动项目具备知识、技能，并能安全进行活动。

b. 理解和承担所选择的运动项目中的不同角色。

c. 形成和运用自己评价运动的标准。

d. 准备、实施和监视自己的终生体育计划，考虑到利用社区的条件和设施。

学生运动会是件举足轻重的大事

在美国学校教育中，体育占有很重要的地位。学校运动会的召开，对全校师生来说，都是件举足轻重的大事。

在学生运动会召开之前，各个学校都要大张旗鼓地在课内课外、校内校外做广泛地宣传和动员。

在美国，学校常常把运动会作为学生与社会交流的手段之一。一般来说，校方总是把运动会安排在节假日进行，以便家长和当地居民都来参加。

在运动会期间，一个学校的学生运动会往往成为本地区的一件大事，届时，几乎所有家长和众多居民都会临场观战助威。尽管学校学生人数并不多，但是，观众却是黑压压一大片，会场十分活跃，节日气氛非常浓厚。

全校师生、家长和当地居民，通过运动会，往往会产生一股强有力的凝聚作用。

在运动会的赛场上，最引人注目的往往是学生们，他们被分为穿颜色不同服装的两大群体，一看便可以想象竞赛将在两大集团之间进行。但是，运动会上场参加比赛的学生，并不一定是班级里的体育尖子，可能是全班学生，并且常常是不分男女性别。

在比赛中，往往是多种项目融为一体，如跑动中跳跃障碍物，鱼跃前滚翻，爬行过低网，等等，多是些综合性的项目。比赛完全不计算个人成绩，往往采用接力或其他形式的团体方式进行。因此，学生谁也不会因自己运动能力的低下而自卑，同样，也不会因为自己能力之强而居功自傲。

赛场上只强调各尽所能。胜利的喜悦和失败的挫折，总是以班级为团体去共同体验的。因此，在参与竞赛的过程中，学生常常形成一股很强的团体主义精神。

美国学校体育的任务是多方面、多层次的。虽然它还担负着培养体育运动后备人才的重任，但是，据美国学校体育界介绍，体育尖子的培养却不是通过校内运动会，而是通过建立“运动部”开展的。

美国各级学校都设有各种专项运动的“运动部”，如田径部、排球部、足球部、柔道部、棒球部等。各部配有专门的指导教师，参加部活动的学生，多对该项运动具有较大兴趣，有一定运动技能和身体条件。

一般来说，运动部的活动在业余时间进行，竞赛则在校际间展开，然后通过层层选拔参加地区乃至全国性比赛。美国大量优秀运动员都是通过这条途径培养出来的。

在美国，以全校学生为对象的校内竞赛活动和以体育尖子为对象的校际竞赛活动，这种竞赛活动各自具有不同的任务，二者不是一回事。

第三章

塑造完美的品格

第一节
如何培养孩子的自信心

主宰一个人命运的并不是财富，而是自信

复杂多变的现代社会充满着竞争和快节奏，它要求每一位社会成员必须具备较强的应变能力和适应本领。

而面对挑战和竞争，美国人认为，充满自信心的人更容易取得成功，自信心是一个人取得成功的前提。

美国一个教育家做了一个这样的实验。

他在一个学校选取了两个班级，把一个学习成绩较差班级，告诉一个老师这是一个优秀班级，于是，老师把这些学生当作学习优秀班的学生来看待。同时，他又把一个优秀学生的班级，告诉同一个老师，这是一个问题班，结果老师把他们当成问题班的学生来教。

一段时间之后，他发现原来成绩相距很远的两个班学生，在实验结束后的总结测评中成绩相差无几。

这位教育家分析其中的原因，就是差班学生受到不明真相的老师对他们自信心的鼓励，而原来的优秀班学生受到老师的怀疑态度的影

响，自信心被挫伤，学习态度发生转变，成绩受到了影响。因此，自信心对一个人一生的发展所起的作用，无论在智力上还是体力上，或者是在处世能力上，都有着基石般的支持作用。一个缺乏自信心的人，往往缺乏展示各种能力的主动性。

克劳蒂娅在《美国人的家庭教育——自信陪伴孩子成长》一书中也是这样的看法，她说："信心就像人的能力的催化剂，将人的一切能力都调动起来，将各部分的功能推动到最佳状态。而高水平的发挥在不断反复的基础上，巩固成为人的本性的一部分，将人的功能提高到一个新的水准。一个人的成长路线如果是沿着这样的积极上升式行进，可以想象其积累效果是十分可观的。"

美国人认为，每一个孩子都具有天然向上的本领和把事情做好的自信，爱迪生曾经遭受到老师的批评，就是因为母亲的呵护和鼓励，才使他重新拥有了信心，最后才成就了一番大事业。

因此，美国父母对孩子的自信心非常看重。他们认为，从许多伟人身上，可以看到这种超凡的自信心：他们敢于对自己提出高要求，并在失败中看到成功的希望，鼓励自己不断努力，获取最终的成功。

对此，克劳蒂娅说："在那些伟人、名人身上我们同样可以找到自信的催化作用，而且在我们周围的优秀人才身上，也不断地放射出自信的光彩。"

美国是 20 世纪涌现出来的最具实力的经济大国，它在短短的几百年中形成了一些特有的民族特性。其中，作为一个民族，它强烈地表现出自信心。

现在，这种自信心已经渗透在美国教育的各个方面。

例如，美国的家庭从小就注重孩子参加社区组织的垒球队、足球队、排球队等体育活动，在其中做教练的，大多数就是他们的父母，每次比赛，家长们忙着参加助阵，或做着像医务护理、输送饮料等比赛服务。

父母为什么这么热情地去做呢？因为美国人认为，体育不完全是一个锻炼身体的手段，而且它还可以教会孩子们如何迎接挑战，培养孩子的自信心。

在美国，父母们常常会引用华尔街证券交易所经纪人的事例来教育孩子。

在华尔街证券交易所中，最好的经纪人往往是运动员出身。

华尔街证券交易所选择运动员为经纪人，这不单单是因为他们具有一般人所没有的强壮体魄，可以应付高强度的精神紧张，还因为他们在心理素质上具有一般人所没有的因自信心所产生的反应灵敏、敢于做决断的品质。

在美国，人们认为，一个充满信心的人，他就会将幸福握在自己的手中，也会相信成功是自己努力的结果，没有自信心的支持，是很难培养出真正独立、有开拓精神的人才的。

因此，美国的父母从小就注意培养孩子的强者气质，让孩子充满自信心，在人生的道路上去迎接挑战，奋发图强。在他们眼中，主宰一个人命运的并不是财富，而是自信心。

过分保护会使孩子失去信心

5 岁的莎莎，在离家两条街的小公园里玩，她妈妈坐在一旁看着她。

莎莎高兴地问妈妈：“我可不可以坐秋千呢？”

妈妈说：“好，但是得让我拉着你的手，这样你不会被伤着。”

莎莎站起来，拉着妈妈的手。

妈妈又说：“我们要非常的小心，从后面绕过去，这样我们不会被别的秋千碰伤。”妈妈一边说一边拉着她，走向秋千。

一会儿，莎莎坐在了秋千上。

妈妈说：“要不要我来推你?”

莎莎小心地说：“能不能让我自己来?”

妈妈说：“不行，那样你会掉下来的。还是我来推你的好，你现在坐好了，抓紧。”

于是，莎莎非常安静地坐着，牢牢地抓着秋千，妈妈推着她。很快莎莎觉得厌倦了，就从椅子上滑了下来，

“小心!亲爱的，我真担心你被荡来荡去的秋千打倒。”

妈妈又领着她走过了单杠，莎莎又看见有些小孩在单杠上翻转过来，然后又倒挂在单杠上，她又高兴起来，说：“让我试试，妈妈。”

妈妈说：“不，莎莎，那样太危险了，还是去坐滑梯吧。慢慢走上去，小心不要摔着，我要在底下接着你。”

莎莎小心翼翼地爬上了滑梯，然后慢慢地往前蹭一蹭，坐到了滑梯边上，两只手紧紧抓住滑梯的扶手。这时，妈妈又说：“等一等!等其他的孩子滑完了，要不他们会撞到你的。好了，你现在可以滑下来了。”

滑了几次滑梯，莎莎扫兴地说：“我想回家了，我累了。”她拉着妈妈的手慢慢地回家去。

整个过程中，莎莎从来没有大声叫过，放开嗓子笑过，没有跑也没有跳过。

这样的故事，可以说，在中国每天都在上演。

美国人认为，莎莎的妈妈对孩子的过分保护，会使孩子失去信心，会使孩子害怕所有事情，认为自己缺乏能力，这对她的成长会造成障碍。

孩子们在生活中头上碰出的青紫色可以渐渐退去，但是，受了伤的勇气却难恢复。

同样是父母，美国人对待孩子和中国父母可能大不一样。

有一幅这样的图景：

去加勒比海的豪华游轮的乘客开始陆陆续续地上船了，人人都兴高采烈地背着旅行袋，在佛罗伦萨的阳光下，显得健康而有朝气。

在一群游客中，有一家人吸引了人们的注意。这是一对夫妇带着4个孩子，孩子都是中学生的样子，其中一个女孩是一个跛子，而且跛得很厉害，人们不禁多看她一眼。但是，让人触目惊心的不是她的跛，而是她背上背着的一个大包袱，里面都是她的旅行用品。

如果她一个人旅行，背一个这么大的包袱那是不奇怪的。但是，她身边的兄弟姐妹一个个都比她强壮高大，他们轻松地背着自己的背包，很坦然地跟着父母上船，没有帮她的举动。她旁边的父母也丝毫没有照顾自己弱女儿的意向。

为什么会是这样？原来这就是美国父母的做派。他们认为，一个残疾的孩子，由于身体上有缺陷，很容易对自己的未来产生畏惧之心，甚至悲观失望。家人如果对她特意呵护，只会加重她这些感觉，使她对自己失去信心。

在美国父母的眼中，孩子们需要一定的空间去成长，去试验自己的能力，才能去学会如何对付危险的局势。因此，美国的父母常常不会为孩子做太多他自己可以做的事。

内向是没有自信的体现

内向，在美国被认为是一种缺乏自信心的表现。

汀·希卡进入5年级之后，就变得沉默寡言了。他为什么这么闷闷不乐呢？当一个要好的朋友和他交心的时候，他沮丧地说："我是个中学生，学习成绩一般，唱歌、打球都一般，我的同学都比我强。唉，我一点儿希望都没有了。"

美国人认为，自信心强的人总对自己充满希望。汀·希卡觉得自己干什么都不行了，一点希望都没有了。这就是缺乏自信心的表现。

上课的时候，老师提问，一些孩子由于内向，即使会回答，也没有信心，不敢举手一试，虽然有实力，成绩却不见得理想。这种类型的孩子，总是畏畏缩缩的，令父母感到焦急。

美国人认为，这也是缺乏自信心的表现。

美国一些儿童心理学专家认为，当孩子的确非常内向与消极时，父母们有两种做法是不妥的：

a. 一些母亲为了纠正孩子的这种性格，就心急地再三责骂“你怎么这样死气沉沉!”或是“你就不能活泼一点吗?”

b，以鼓励的方式对他说“好好加油吧!”

这两种方式皆难奏效。因为愈加斥责，就愈容易使孩子畏缩、消极；反之，给予鼓励又会形成孩子心理上的负担，使他更为畏缩，尤其是以命令式语气，对孩子负面影响更加大。

对于性格畏缩且消极的孩子，有一位美国父母对待孩子晨的例子可供借鉴。

晨一贯是成绩优秀的学生，但他很腼腆，随着年龄的增长，这种性格上的弱点对他的成长表现出愈来愈多的限制。他很少参与课堂讨论，下课后也不大声张，显得很没有自信。他的父母注意到了儿子表现的这些障碍后，开始寻找克服的方法。

为此，晨的父母为儿子制订了一个锻炼性格的计划。

首先鼓励他实现每节课都发一次言的目标，即使提出一个问题也好，也让他习惯于在大庭广众之下听到自己的声音。然后，在他逐渐适应后，又鼓励他报名参加暑期演讲班。

结果，时间一长，孩子的性格发生了很大变化，变得活跃、自信起来，他似乎在自己身上发现了新大陆。

☆ ☆ ☆ ☆ ☆

羞涩，美国人认为也是自信心不足的表现。

美国著名儿童心理学家克劳蒂娅认为，孩子的羞涩一般有如下一些表现：

a. 上课时，即使他会也不敢主动举手发言。

b. 老师叫他发言时，则脸红、手足出汗，有时甚至声音有些发颤。

c. 课后，如果有不懂的问题从不敢找老师问。

d. 当老师委以重任时，总感到自己不行，想方设法推辞。

e. 想与别人交往，但又怕被拒绝、嫌弃。

这些种种羞涩的表现，实际上都是自信心不足的体现。美国一些心理学专家指出，缺乏自信心的表现还有如下一些特征：

a. 过分羞怯的人总是自觉不自觉地拿自己的短处与别人的长处进行比较，并愿意接受别人对自己的低评价。

比如，一个在唱歌方面有天分却被同学讥笑长得很胖的学生，往往不敢参加学校举行的歌唱比赛，担心当自己站在台上时会遭到更多人的讥笑。

b. 过分羞怯的学生总是过分注重自己的挫折体验，哪怕是一次挫折，就可使他们产生“我不行”的心理感受。

这种消极的自我暗示深入到内心，不断膨胀，就会使孩子丧失做事的勇气和自信心。过分羞怯会影响学生的正常学习、交往、身心健康。如果不及时消除，久而久之，就会成为人格的一部分，严重威胁孩子日后的发展。

那么，孩子如何克服过分羞怯呢？

第一，要教育孩子正确认识自己。

a.正确认识自己的长处，敢于正视自己的短处，发扬长处，弥补短处。

b.不要陷入总和别人比较的思维定式。

c.不过分注重别人的评价，把别人当成自己行为的法官。

第二，教育孩子增强自信心。

a.去掉“我不行”的消极暗示，应代之以“我能行”。

b.即使自己做得不够好，也要努力去做。

c.大胆尝试，不怕挫折、失败。

不要阻断孩子自信心的发展

“自信是儿童的天性。儿童从小就有自己动手做事、自己尝试的要求与信心。”诺里亚·卡蒙教授说。

诺里亚·卡蒙教授还认为当孩子能站立时，就甘愿冒着摔跤的危险学走路，都是自信心增强的表现，而以后儿童自信心的不足与丧失，多数情况是与家长和学校教育方法不当有关。

例如，家长常常不顾儿童心理发展规律和特点，对他表现出过高的要求与期望，这也常常影响和动摇孩子们的自信心。

在中国也有类似的情况。

当儿童几次考试失利后，一些家长和教师就开始怀疑他们的能力，不仅不帮助他们寻找原因，反而流露出失望，或者无可奈何，甚至打骂、斥责孩子。这样刺伤了孩子的自尊心，同时，也打击了他们的自信心。

自信心可使孩子不怕困难，积极尝试，奋力进取，争取更好的成绩。诺里亚·卡蒙教授认为，对于学习上有自卑感的儿童，父母应该及时地帮助他分析原因，有的放矢地教育、引导，帮助他树立自信心。这样的父母才是合格的。

要做到这一点，诺里亚·卡蒙教授有以下建议：

(1) 家长必须有信心和耐心。

诺里亚·卡蒙教授说："作为父母，要相信自己的孩子，相信他能够做好，这样才能还给孩子自尊心，给予他进步的机会。"

(2) 家长要设法多给孩子创造条件和机会。

家长应通过各种机会让孩子去体验学习成绩提高的喜悦和成功感。

(3) 家长应该充分认识到儿童情绪波动的不稳定性。

"在一段时间内，孩子面对取得的成绩，或许会沾沾自喜，而遇到挫折和困难，又会回到自卑状态，打退堂鼓。这些都是正常的。"诺里亚·卡蒙教授说，"家长要给予正确引导，让他们认识到困难并不可怕，失败和成功都是现实不可避免的。"

(4) 多让孩子读一些名人如何对待成功和失败的故事。

这既可以稳定孩子的情绪，又可以起到鼓舞孩子的作用。

第二节
如何培养孩子的独立性

从呱呱坠地之日起，他就被当作一个独立的人看待

在美国，孩子从呱呱坠地之日起，他就被当作一个独立的人看待。父母从不勉强孩子做什么，而是按照孩子的年龄特点，引导他们去做应做的事情。

在美国，常常会看到这样的情境：不满一周岁的孩子，当他们能自己捧奶瓶喝奶时，父母就鼓励他们自己捧着喝。喝完了，父母还向孩子道谢，并加以赞许。

一般来说，美国孩子完成高中学业，不管他们是进大学深造，还是走上工作岗位，这时就是他们离开家庭独立生活的时候了。美国绝大多数青年从此开始离开家，走上了自我奋斗的道路。

美国年轻人的这种选择，与他们自幼年起父母对他们的独立性培养和教育不无关系。

卡菲尔先生讲过一个这样的故事：

有一天，“我”从纽约到费城的途中，遇到一位年轻的姑娘。她拿着行李下了车，旅客陆续走完了，“我”等人来接，于是车站上就留下她与“我”。

“我”问她是否也等人来接，她摇摇头说不是，她还不知该往何处去。“我”接着问她从哪里来，她说她 14 岁，刚念初中，爸爸妈妈生活困难，她 4 个弟弟妹妹还在念书。她到了该独立生活的时候，所以离开家外出找工作，以减轻家庭负担。

听到这话后，“我”怀着同情心想给她以帮助。这时，接“我”的车来了，“我”请她一起上车，但是她婉言谢绝了。

她拿起笨重的行李，慢慢地向前走去。

这个故事可以说是美国孩子独立性的一个突出表现。在中国，当许多“小皇帝”还在爸妈的怀里撒娇的时候，独立已经成为了美国儿童最普遍的行为。

在美国，家庭教育是以培养孩子富有开拓精神、能够成为一个自食其力的人为出发点的。

因此，从孩子小时候起，父母就开始让他们认识劳动的价值，让孩子自己动手修理、装配摩托车，到外边参加劳动。即使是富家子弟，也要自谋生路。

在美国，中学生有句口号：“要花钱自己挣!”在农村，农民家庭要孩子分担家里的割草、粉刷房屋、简单木工修理等活计。此外，还要外出当杂工，出卖体力；在城市，一些孩子也常常夏天替人推割草机、冬天帮人铲雪、秋天帮人扫落叶等。

独立性，可以说是美国儿童的一大特色。

从婴儿期开始培养孩子独立生活的能力

大凡做父母的都会有这样的体验：当孩子 1 岁左右能独立行走时，常常不喜欢父母的扶助，表现出初步的独立意向行为。等到 2 岁到 3 岁时，这种“自我表现”欲望显得更为强烈，他们喜欢样样事都自己动手试一试，甚至还要干一些自己还力不能及的事情，如自己吃饭、自己穿衣等，这种行为表明孩子自我意识的初步萌芽，在幼儿心理学上叫做“第一反抗期”。

美国人认为，“第一反抗期”正是培养孩子独立性最好的开始时间，孩子的独立生活能力应该在婴儿期就开始培养。这一方面，美国人的育儿方式，可以说在全世界都是令人瞩目的。

一些美国父母在谈到自己培养孩子独立性的成功经验时，总结了要注意几个要点，我们引用这些诀窍如下：

(1) 不要轻易替代。

做父母的千万不要以为孩子反抗就是淘气，是一件坏事。正好相反，孩子的这种反抗行为是要独立的表示，是积极上进的表现。孩子成人后坚强的意志、独立承担任务的能力以及对人对事的决断能力都是由此发展而来。所以，父母应珍惜孩子的这种独立愿望，不要轻易替代。

(2) 讲究方法。

父母在培养孩子独立性时，应该讲究方法。

其中，最重要的是，先从简单的动作技能入手，然后，逐渐过渡到掌握复杂的生活技能。

(3) 创造环境。

父母应为孩子创造独立生活的环境和条件，引导孩子朝独立生活的方向去努力。

例如，到孩子该学吃饭、蹲盆的年龄时，父母应提前为他们准备小桌、小椅、小碗、小勺、便盆，等等。

(4) 要有耐性。

父母在训练孩子技能的时候，一定要有耐性，不要怕麻烦。

在孩子学习的过程中，父母一定要多表扬鼓励，帮助他们树立信心；同时，做到少对孩子批评指责，更不可苛求和操之过急，以免挫伤他们的积极性。

谁也不能照管孩子一辈子

美国人认为，父母应该让孩子去学会自立，不然，他们只能去照管孩子一辈子。

在美国有一个广为流传的笑话：

一位母亲为他 18 岁的孩子伤透了心，她不得不去找儿童问题专家。

专家问："孩子第一次系鞋带的时候打了个死结，您是不是不再给他买带鞋带的鞋子？"

夫人点了点头。

专家又问："孩子第一次洗碗的时候，弄湿了衣服，您是不是不再让他走近洗碗池？"

夫人称是。

专家接着说，孩子第一次整理自己的床铺，整整用了一小时，您嫌他笨手笨脚，对吗？

这位母亲惊愕地看了专家一眼。

专家又说道："孩子大学毕业去找工作，您又动用了自己的关系和权力？"

这位母亲更惊愕了，从椅子上站起来，凑近专家说："您怎么知道的？"

专家说，从那根鞋带知道的。

夫人问："以后我该怎么办？"

专家说："当他生病的时候，你最好带他去医院；他要结婚的时候，你最好给他准备好房子；他没有钱时，你最好给他送钱去。你去见上帝的时候，最好也把他带去。这是你今后最好的选择，别的，我也无能为力。"

这个笑话意旨是说明父母应该让孩子去学会自立，不然，做父母的只能去照管孩子一辈子。

为了避免出现笑话中的情况，美国父母非常重视孩子独立性培养，尤其是孩子自立性的培养。

那么，实际上，他们又是如何做的呢？

(1) 让孩子学着自己做决定。

任何一个人，要做一个正确决定总会有困难的，更何况是孩子。尤其是只有两三岁的孩子，既没有经验，注意力短暂，又喜欢新鲜的事，他们做出的选择和决定，难免不恰当或者错误。让孩子自己做决定，父母总会有点害怕、担心。但是，美国的专家建议说："无论怎样困难，也应让孩子自己做些决定。"

因此，美国的父母一般都很注意让孩子学会如何做决定。

(2) 不要给孩子太多的选择。

在培养孩子自己做主的能力时，专家们强调说还应注意，不能给孩子提供太多的可选择的方式。

例如，在孩子穿衣的时候，如果父母问："你想穿什么颜色的毛衣？"孩子可能会提出家中没有的东西，若父母不能顺从时，反而会使孩子对父母失去信任。因此，父母应该问："你想穿这件绿毛衣，还是那件红毛衣？"

(3) 不能让孩子选择做有害、不安全的事。

这是因为孩子不知什么有危险。例如，冬天一定要穿棉衣，这没有选择的余地，必须执行，但是也可以给孩子一些其他的选择："这棉衣由爸爸给你穿？还是妈妈帮你穿？"而不能说"要不要穿棉衣？"

(4) 孩子做决定时，不要给很大压力。

如果孩子的决定不太合理恰当，大人可以给些提醒。如果孩子做决定后，遇到挫折，产生了失败感，父母也要给予帮助。孩子做决定的机会不可太多，以免给他太大压力。

(5) 根据孩子的愿望，运用大人的经验和知识，帮助孩子做一些决定。

这是大人与小孩共同做出的决定，是帮助孩子做决定的好方式。例如，“要下雨了，在图书馆里避雨比操场上好些”，“如果我们不去看奶奶而去看电影，奶奶会伤心的”，这是大人帮助孩子做一些选择。

作为父母，应该让孩子知道做决定就是要负责任。在判断正确与错误的选择时，父母可以说：“我们已答应某某去展览馆，不遵守诺言是错误的。”

(6) 让孩子尝试。

美国人认为，孩子好胜心强，什么事都喜欢自己做，并且，他们往往不愿意接受大人帮助。家长应让孩子多花些时间进行尝试。

事实上，这并不是浪费时间。相反，他们是在花时间学做事情，作为父母，应该积极支持孩子的这种独立尝试精神。

(7) 指导孩子做没做过的事。

美国一些儿童心理学家认为，孩子想多做事是好事，学会自己的事自己做，可以使他的自我满足感及自信心得到提高。

因此，如果孩子喜欢做什么事，美国父母一般会给予鼓励。

但是，孩子还不懂得什么事自己能做，什么事自己不能做。如果大人越不让他做的事，他出于好奇心，就会越想去做，尝试自己的本领。当孩子偶然因为力不从心而未把事做好，甚至帮了倒忙的时候，在美国，做父母的，一般不会责怪他。

洛克菲勒育儿法：爱，藏起一半

据说，美国许多跨国财团、亿万富翁一般经数十年、一二百年后，其家族就衰落了，新的巨富又起来了。但是，洛克菲勒的家族却历经几个世纪而依然繁盛如初。

这是什么原因呢？

研究他们家族史的人们发现，洛克菲勒家族有着独特的育儿方式，教育子女特别认真，尤其注重培养孩子的独立能力，要求代代自立、自主、自强，这样保证了旺盛的家族里不出败家子。

有一天，老洛克菲勒把孩子抱上一张桌子，鼓励他跳下来，孩子以为跳下来就有爸爸的保护，谁知往下一跳的时候，父亲却走开了，他摔得很重，在地上哇哇大哭起来。

这时，老洛克菲勒严肃地对儿子说："孩子，不要哭了，以后要记住，凡事要靠自己，不要指望别人，有时，连爸爸也是靠不住的！从现在开始去学会自立吧。"

在若干年之后，被父亲从桌子上重摔过的小洛克菲勒也成家立业，生儿育女了。他有一辆漂亮的劳斯莱斯小汽车，每逢节假日，他常常带上全家人外出游玩。可是，每天上班，小洛克菲勒总是一个人驾车独往，绝不让10岁的儿子顺道搭车上学。

一天，儿子的气管炎又犯了，走路也有点困难，他央求爸爸送他一程。

"不行！"父亲斩钉截铁地回答。儿子只好背着大书包，沿着大街慢慢地向学校走去。

当儿子艰难地在十字路口正欲走上高高的天桥时，突然发现爸爸正站在天桥底下等着他。父亲见了儿子什么也没说，只是掏出手帕擦去自己的泪痕。

然后，他跑了上来，一手拉着儿子，一手为儿子提着大书包，缓缓地跨上一级级台阶，并说："孩子，不要怪爸爸，你现在是学生，不能坐车上学。将来你长大有出息了，自己一定能买辆比爸爸这辆更好的轿车。"

在洛克菲勒家庭中，孩子从小就不准乱花钱，每一个孩子自己支配的少量零花钱也要记账。在学校读书时，他们一律在学校住宿，大学毕业之后，都是自己去找工作，直到他们在社会中锻炼到能够经得起风浪以后，上一辈才把家产逐步交给他们。

现在，为了培养聪慧、勤勉、坚强的下一代，美国的家长们的做法常常是“尽可能藏起一半爱”。这一做法就是吸取了洛克菲勒家族的经验。

洛克菲勒这种特殊的育儿方式，不是丢失另一半爱，而是爱得更深沉、更科学。

第三节
如何培养孩子应付挫折的能力

美国人的挫折观

美国人认为，人生历程不可能一帆风顺，难免要遇到各种各样的失败和挫折，如何对待失败与挫折，对于每一个人都将是一次严峻的考验。

“现代人都是以追求业绩为自己行动的取向，哪个不希望取得一个又一个成功呢？”俄亥俄州的美国企业研究所高级研究员本·瓦坦白格说：“现代人崇尚开拓、创新，因此就不能害怕失败。畏首畏尾，终将难有作为。”

美国著名的发明大王爱迪生在发明电灯时，仅灯丝材料的实验就失败了1000多次，很多人见了都不以为然，也有好心人劝他算了，说：“你已失败了1000多次了！”

但是爱迪生却回答说：“不，我没有失败，我已经发现了1000多种材料不能用作灯丝。”

有一个这样的故事：美国著名男中音罗伯特·麦瑞尔，已经演出了近5000场，曾经为9位美国总统演唱过，他那震人魂魄、使人陶醉的美妙歌声，至今仍令千万人痴迷。可是，这位在纽约布鲁克林贫民窟长大的小男孩，却曾经有着严重口吃的毛病。

在学校读书时，他连回答老师的问题都害怕，他回忆说："那时，我最害怕在全班同学面前被提问，只要知道哪天我该被提问，我那天就逃学，万一我被提问了，我就背对着全班同学，站着回答问题。同学们都嘲笑我。"

而今，他站在万人大会堂，为歌迷演唱，赢得了如雷般的掌声。

"其中的艰辛有谁能明白，我经过的失败又有谁能数得清呢？"当他总结自己的成功经验时，他面对崇拜者说，"天知道我多少次地战胜自己啊！"

这就是美国人的挫折观。

对于人生中的挫折，美国人有许多名言警句，例如：

——青年人充满玫瑰色的幻想和美好的憧憬，谁又不希望自己有出息，前程似锦呢？但是，现实生活中往往事与愿违，难免会碰到各种各样的挫折和失败。

——世界上没有专门为我们铺设、准备好的乐园，人生的道路也不全是用鲜花铺就的，那么，我们又有什么必要去埋怨命运的不公、生活的坎坷呢？

——人生，就像一条奔腾的河，只有遇到礁石的时候，才会溅起朵朵美丽的浪花。

——当你步入社会，只要你有所追求，失败总会伴随着你，成为你人生中最深刻的体验。

——每一次失败对我们来说，都是一次考验，失败的结果可以导致一个人丧失斗志，也可能导致一个人奋发图强。面对失败，我们应该不怕失败，对失败有足够的心理承受能力；正视失败，不断认真地总结失败的教训，以利再战。

——世界上的事往往是这样：成果未就，先尝苦果；壮志未酬，先遭失败。可以说，一个人的生活目标越高，越是好强上进，就越容易敏锐地感到挫折。既然失败和挫折都是不以人们的意志为转移的生活内容，我们就不妨冷静面对它。

这些名言和警句常常成为老师和父母激励孩子战胜挫折和逆境的座右铭。

当然，美国人也认为，挫折对人有激励作用，但是，也存在消极的作用。以利而言，挫折能引导一个人产生创造性突进，即增强韧性和解决问题的能力。以弊而言，挫折会造成心理上的伤痕和行为上的偏差，甚至有可能造成成长环节的缺陷。

因此，当孩子面对挫折的时候，美国父母一般很注意正确地对孩子进行引导，避免对孩子的心灵造成伤害。

给孩子一些“劣性刺激”

在美国，父母们越来越发现，现代儿童身心日趋脆弱，常常表现出怯懦、孤僻、任性、自私等心理状态，究其原因，有些生理学家和心理学家指出：这些儿童普遍缺乏的是“劣性刺激”，即一定的挫折教育。

一些挫折性的刺激对儿童而言是必需和有益的，这在美国已经形成了一种共识。

美国人认为，“劣性刺激”主要有如下几种：

(1) 饥饿。

美国的儿童学专家强调说，为了增强儿童的食欲，有意识地让他们饿一点是有必要的。这一做法，与中国所说的“欲求小儿安，三分饥与寒”的育儿方法是一致的。

(2) 劳累。

现代儿童几乎与劳累无缘，“饭来张口，衣来伸手”。为此，大多数孩子不知道什么是累，什么是苦，肢体懒散，肌肉无力。因此，美国一些生理学家指出，这不仅妨碍了孩子身体的发育，而且会影响他们智力的开发，还不利于孩子艰苦耐劳品质的培养。而后者是形成脆弱自私和好逸恶劳习性的重要原因之一。

(3) 困难。

美国的一些儿童专家指出，有条件的父母应该为孩子有意识地设置一些困难，常给他们出一些经过努力可以克服的难题。在这其中要给予孩子克服困难的勇气，也要教给他们克服困难的办法。只有这样，才能培养出身心健康、在逆境中不屈不挠的有用之才。

(4) 批评。

一些父母认为，孩子也需要纪律约束和适当的批评。

阿拉斯加州的埃丽希·弗说："没有规矩不成方圆。因此，必须明确规定一些孩子不应做的事情，比如打人、骂人、偷东西等，这些是绝对不允许的。错了，就要批评，有时还要严厉些。这对孩子的身心健康成长是有益的。"

在进行"劣性刺激"的时候，美国的儿童教育专家认为，必须做到如下几点：

a. 适度，方法要对头。

b. 要循序渐进，让孩子能够承受得了，否则，反而会损害孩子的身心健康。

c. 当孩子克服困难取得成功后，要给予肯定、表扬和鼓励。

找出孩子不能受挫的原因

最近，美国天普大学心理系的劳伦斯·史坦白格教授在一项研究成果中指出：孩子不能面对挫折，表现为稍遇困难就退却，甚至发脾气，通过一些破坏行为“发泄”怨气。

究其原因，大致有以下几种情况造成的：

(1) 生性懦弱。

这类孩子在遭受挫折时，由于经验有限，意志薄弱，往往容易产生焦虑、自卑，对自己丧失信心。

(2) 娇生惯养。

如果父母一味赞扬孩子，有时对孩子的缺点也津津乐道，生活上包办代替一切，这是不恰当的。因为孩子受到过多的保护，自以为是，就容易产生“自我优越”心理，养成坐享其成的习惯，稍不称心就发脾气，或畏缩逃避，且听不得批评，甚至称赞别人他也受不了。

(3) 期望不当。

成人的压力大、要求高，孩子遭受的失败和责备多，成功的体验少，因此，他们做事往往有始无终，稍遇挫折就放弃或退却。

孩子如果出现这些情况怎么办？劳伦斯·史坦白格教授对症下药的药方是：

(1) 对生性懦弱的孩子，父母应注意以下几点：

a. 帮助孩子正确认识“挫折”。

要做到这点，父母可以通过给孩子讲英雄人物成功前受挫折的故事，或爸爸妈妈小时候遇挫折的故事，使孩子懂得生活中随时可能会遇到挫折，只有通过克服困难，本领才会越来越大。

b. 教会孩子对待挫折的方法，和孩子一起分析挫折原因。

父母应该教给孩子一些对待挫折的方法：

①自我鼓励，如：“这次虽然没得到第一名，但比在中班有进步了。”

②补偿法，如：“我跳舞不行，可画画不错，要努力画，争取参加书画比赛。”

(2) 对娇生惯养的孩子，父母不妨让他受点冷落。

对此，劳伦斯·史坦白格教授有如下的建议：

a. 父母要注意用一些机会赞扬别的孩子的优点，慢慢让孩子习惯“有人比他更行”的事实。

b. 对孩子的缺点，不管他如何吵闹不听，也要坚决制止，帮助他克服。

c. 在日常生活中，父母有意识设置一些困难，如让孩子自己穿衣、系带、铺床、收玩具等，鼓励孩子自己的事自己做，不会的事学着做。

这样，可以让孩子得到一些磨炼。

(3) 应为孩子提供获得成功的机会。

美国人认为，作为父母，要根据孩子的个性特点、能力水平，提出适当的要求，让孩子做力所能及的事，使孩子通过成功的自我激励，体验成功的喜悦，获得信心。

同时，父母还要根据孩子实际水平，设置一些经过努力能够克服的困难，使孩子在克服困难中不断前进，正视“挫折”。

另外，不管什么原因，当孩子不能面对挫折时，父母应以乐观的情绪感染孩子，如“哟，这点小事，怕什么，让我们一起来想办法”。鼓励孩子自己动脑动手克服困难，才能不断提高抗挫折能力。

(4) 还要培养孩子对受挫的恢复力。

劳伦斯·史坦白格教授认为，对孩子进行挫折教育，不仅要给他提供受挫的机会，让孩子体验受挫，而且，还要培养孩子对受挫的恢复力，让他从挫折的痛苦中解脱、振作起来，有信心重新开始生活。

做到这一点，劳伦斯·史坦白格教授要求父母做到以下几点：

首先，父母要理解孩子，要有进入孩子内心世界的能力。

其次，要寻求解决的办法。

最后，父母和孩子交谈时，要认真、耐心地听取孩子的想法，让孩子感到家长对他的理解和支持。

如果家长用自己的权威，以咄咄逼人的架势堵住孩子的嘴，孩子就会把委屈和痛苦憋在心里，这样每一次挫折都会增加他的自卑感。

“无论对错，我们都不要急于对孩子指手画脚地评头论足，否则孩子会因为担心受到批评和攻击而中止谈话，把自己封闭起来。”劳伦斯·史坦白格教授建议说，“理解是爱的语言，父母的爱会温暖孩子受挫的心，他会从中汲取力量，树立战胜挫折的信心。”

☆ ☆ ☆ ☆ ☆

人们在学习、生活中会遭遇各种各样的挫折。

面对困难和挫折，许多人常常痛苦、自卑、怨恨，甚至失去希望和信心。尤其对孩子来说，如果出现挫折，引起心理失衡，不仅影响他的学习、生活，还会严重影响一生的健康，引起各种疾病，甚至使人丧生。

那么，怎样才能走出挫折时心理失衡的泥潭呢？

俄亥俄州的米尔·格兰太太的经验很值得人们去借鉴。

在美国20世纪60年代发生了一个真实的故事。女儿6岁了，久住医院的米尔·格兰太太病情越来越复杂，在绝望的等待中，米尔·格兰不愿蹉跎女儿的童年岁月，暗暗地下决心：要给女儿买一架手风琴。

于是，米尔·格兰躲开医护人员和病友的视线，每顿饭节省0.05元的菜钱，终于，米尔·格兰攒足了买琴的钱，让丈夫清晨排队买琴。但是，手风琴供应紧张，市中心的专卖店一天只卖13架琴。前面两架60贝司的没赶上，结果买回了一架48贝司的手风琴。

哪知道只用了1个月，老师就要求换60贝司以上的琴。

那么，首要的任务是卖掉这架琴。

这对米尔·格兰一家是一个大难题，因为米尔·格兰太太下不了楼，没法儿到市场上去卖琴；米尔·格兰的丈夫是一个连问路也不好意思的腼腆男士，站在马路上吆喝着卖琴实在难为他。

米尔·格兰在病床上张罗了两个月，也没有个着落。女儿每天从幼儿园回家，第一件事就是跑到琴盒跟前看一眼，她失望的眼神使米尔·格兰不能泰然相对。

在万般无奈之际，一天，米尔·格兰想起自己曾经瘫痪的母亲，她总是信任地把家庭的重任交给自己的子女们，米尔·格兰的二姐6岁时，就开始给全家做饭。米尔·格兰13岁时，就带着4岁的侄儿往返于芝加哥和帕萨迪拉之间。母亲鼓励的目光、大胆的使用，使米尔·格兰6个兄妹在早年丧父、母亲瘫痪的困境中，优异地完成了大学学业，而且都办事能力强，人际关系好，孝敬母亲，令亲朋四邻视为楷模。

是否也让女儿去担此重任，让家庭的不利因素在女儿身上变成积极因素呢？米尔·格兰记得与女儿的谈话是这样开始的，她说：“任何人的性格都有自己的特点。父母不是万能的，孩子，我们也需要你的帮助，我相信你能帮助爸爸上街去卖琴。”

母亲没想到女儿却说：“我早就想去，又不敢跟你们说。我们明天就去卖琴吧。”

随即，米尔·格兰太太为他们写了一张招牌：“减价销售”。

头一天出去，父女俩在寒风中站了五六个小时，也没有人买。为什么呢？米尔·格兰全家一块儿分析：第一，地点没找好；第二，人家看那么新的琴就卖，还以为是坏琴呢？为此，第二天，他们换了地方，找到了买琴的那个商店，在商店门口女儿还拉起了《卖花姑娘》插曲。

“小小姑娘，清早起床，提着花篮上市场……”，那熟悉的带点儿忧伤的乐曲吸引了人们驻足观望，人们夸赞女儿勇敢懂事。女儿受到鼓舞，拉得十分动情。很快，琴被一位小学教师买走了。

这时正赶上手风琴涨价，那个教师认为按原价买到就已经是减价销售了，心满意足地交了钱就走。女儿拦住他说，这是旧琴不能按原价卖，又退给人家70元钱。那个教师感动得再三和米尔·格兰的丈夫握手。

女儿和父亲一路唱着笑着回到了家。女儿得意地跟米尔·格兰太太说：“妈妈，以后你们有什么办不到的事，就交给我！”

从此以后，为父母分忧成了米尔·格兰女儿的一大快事。

她六七岁就担当了家庭生活用品的采买工作，还负责往医院给生病的妈妈送饭。在生活中，她能做到自理，从不给家长添麻烦。

就是在这样的逆境中，米尔·格兰女儿长大成人，后来成为了哈佛大学的一位优秀毕业生。

吉姆·本森5招培养孩子顽强的毅力

田纳西州有一位叫吉姆·本森的家长，他为了锻炼他的孩子小亨利的毅力，总结了5招，颇有成效。

第1招——精神激将法。

一次，小亨利的妈妈叫他把家里的几扇窗户擦干净。本来小亨利是完全有能力完成这个任务的，可是，他擦了几下就不想干了。于是，吉姆·本森便故意对小亨利说：“我不相信小亨利能把几扇窗户擦干净!”

小亨利听了爸爸的话一下子跳起来说：“我就是能擦干净!”好像硬是不认输似的，一边说一边高高兴兴地擦窗户去了，而且把几扇窗户擦得非常干净。

事后，吉姆·本森表扬了小亨利，小亨利也十分高兴。

第 2 招——诱导鼓励法。

一次，吉姆·本森叫小亨利做一道数学题，小亨利只稍微想了想，便认为做不出来准备打退堂鼓了。这时，吉姆·本森一边要求他再仔细反复地读读原题，琢磨题意，一边启发诱导鼓励他深入钻研。结果，他终于把那道题做出了。他为自己的胜利所鼓舞，情不自禁地露出了喜悦的笑容。

第 3 招——榜样示范法。

为了培养孩子的毅力，不管做任何事情，吉姆·本森总是以良好的榜样去影响孩子。

一次，为了完成一项上级交给吉姆·本森的写作任务，吉姆·本森连写了好几遍，交给领导审阅，领导都说不够理想。后来，吉姆·本森又反复修改多次，终于写成功了，而且见了报。

晚上回家，吉姆·本森就根据切身的体会现身说法，把这件事讲给小亨利听，小亨利见父亲对写作那样认真，很受感动，便对爸爸说：“我以后也要像爸爸那样，不怕困难，不把事情做好决不罢休!”

第 4 招——故事熏陶法。

小亨利很喜欢听故事，为了培养小亨利做任何事情都有毅力的优良品格，吉姆·本森经常有意识地给他讲一些古今各国的名人故事。结果，小亨利从这些故事中受到了启发，渐渐养成了顽强的毅力。

第 5 招——竞争比赛法。

有时为了要小亨利去完成一项任务，吉姆·本森经常和儿子开展竞争比赛，以此鼓励他坚持把任务完成得更好。

有一次，吉姆·本森带着小亨利到农场参加割麦子的农务劳动。

小亨利那时才 10 来岁，而且从未割过麦子，吉姆·本森便把着手教他，结果，他很快就学会了割麦子。但是，割了没多久，他就不想再割了。于是，吉姆·本森又要求小亨利振作起精神来，和爸爸比赛割麦子。

为了鼓励小亨利劳动的积极性，比赛中，吉姆·本森故意割得慢一些，让他超过了自己，吉姆·本森抓紧时机表扬了他，小亨利很高兴。

后来，小亨利不小心把手割破了，吉姆·本森叫他休息，但怎么说他也不肯，把伤口包扎好后又和爸爸比赛起来，直到完成了任务才去休息。

通过上面几招的引导和教育，小亨利做事再也不像以前那样怕困难了，顽强的毅力也逐步培养起来。看到小亨利的进步，吉姆·本森很高兴。

第四节
如何培养孩子应付紧急危情的能力

教孩子识别歹徒

社会上，一些歹徒往往利用孩子没有社会经验的弱点，设计一些圈套诱骗他们，然后对他们进行抢劫、毒打、蹂躏，甚至一些人公开劫持儿童进行敲诈勒索。对此，美国父母采取的对策是：教育孩子不为陌生人的花言巧语所迷惑。

为了告诫孩子不要上当，他们常常把歹徒接近孩子的借口归结起来，对孩子进行教育。

美国父母认为应该告诫孩子识别歹徒。歹徒一般的伎俩有：

a. 借问路，或者请求帮助，骗取孩子的同情心，让孩子跟他们一起走。

b. 谎称孩子家中有急事，把孩子骗离公共场合。

c. 谎称同路，邀请孩子坐他的车一起走。

d. 先给孩子一些喜欢的东西，如糖果、画册、文具等，获得孩子的信任。

e. 借口自己是警察、修理工等特殊身份，要求进入孩子的住处。

识别歹徒，是防止孩子上当受骗的前提，在美国，父母们认为，这是孩子们必备的知识，要牢记在心。

☆ ☆ ☆ ☆ ☆

儿童属于人群中缺乏社会经验、体力又比较弱的群体，在美国常常成为一些歹徒攻击的对象。美国一些专家认为，在一般情况下，有三种中小学生更容易成为被抢劫的对象。

(1) 打扮时髦、出手阔绰的孩子。

一些富有家庭的孩子，身穿名牌服装，佩戴耀眼的金银首饰，外出时，一副小绅士、小公主的样子。平时他们常常带有几百甚至上千元的钞票，动不动就买进口食品，喝的是名牌饮料，用高档手机，打游戏机。

打扮时髦、出手阔绰的孩子往往容易引起歹徒的注意，成为他们抢劫的对象。

(2) 无心上学、惹是生非的孩子。

这一类孩子平时无心学习，在校内外拉帮结派，与别人抢女朋友，甚至与社会上的一些行为不端的人混在一起，参与一些不正当的活动。

这样的孩子也常常会因为种种纠纷或其他原因遭到别人的报复。

(3) 身材较小、性格内向、胆小怕事的孩子。

这一类孩子从外观上给人以胆小怕事、软弱可欺的感觉，因此常常遭到一些大孩子无端的骚扰和搜身。并且，这类孩子由于生性懦弱，在挨打受气之后，还不敢向家长和老师申诉， 这更加增加他们频遭抢劫的可能。

遇到劫匪，应该让勇敢和机智来说话

美国的社会治安不尽如人意。孩子遇到劫匪也并不是天方夜谭的故事。万一孩子真的遭到劫持怎么办呢？美国人认为，孩子自叹倒霉是没用的，应该让自己的勇敢和机智来说话。

那么，如果一旦遇到这样的情况，孩子该如何做呢？

父母们的建议是：

a. 如果有形迹可疑的人跟踪，要伺机摆脱，或者寻求其他人的支持或保护。

b. 如果遭到劫持，除非确定附近有人可以求援，否则，不要惊慌大叫，不要激怒歹徒，以免遭到毒手。孩子甚至可以假装配合，伺机再动。

c. 不和劫匪“硬斗”。

一旦遇上歹徒，要做好自我保护，珍爱生命，破财消灾，不和劫匪硬斗，以免生命受到威胁。

d. 记住歹徒的特征，如容貌、衣着、语言、年龄等。

e. 逃出或事情过后，立即向父母或老师报告，或向警方报告。

爸爸妈妈不在家时怎么办

在美国，当父母不在家时，为了应付一些紧急危情，父母常常会事先告诉孩子应付危急的办法，主要有下列一些常用的情况：

(1) 钥匙不见怎么办？

从学校回到家门前，孩子发现钥匙不见了，而且没有人在家。这时候该怎么办？父母的建议是：

a. 到同学家或邻居家，等家人回来。

b. 打电话到办公室给父母，告诉他们自己在哪里。

c. 为了避免下次又被锁在门外，可以和家人商量把钥匙藏在隐秘的地方。

d. 把钥匙寄放在很熟的邻居家里。

e. 每天早上出门前，记得检查钥匙带了没有。

(2) 陌生人来访怎么办?

当孩子一个人在家时突然有陌生人来敲门。这时候，该怎么办?父母的建议是:

a. 不要开门，把门锁好。

b. 问他是谁，并让他知道有其他人在家。

c. 不要告诉他任何事，尤其是当只有自己一人在家时，就说爸爸妈妈在忙，没有空来开门，请他下次再来。

d. 如果他还不离开，打电话给邻居或报警。

(3) 有陌生人的电话怎么办?

a. 不要让人知道只有自己一个人在家。

b. 告诉他，爸爸妈妈现在不方便来接电话，请他留言。

c. 如果他坚持一定要爸爸妈妈来听电话，跟他说，很抱歉，爸爸妈妈真的不方便接听，并请他以后再打来。

(4) 水管破了怎么办?

当孩子做完运动回家到厨房找水喝时，却发现厨房地上有好多水，原来是水管破了。这时候该怎么办?父母预先教导的应对方法是:

a. 因为水会导电，所以当站在潮湿的厨房地上时，不要打开任何电源开关，如果厨房很黑，用手电筒。

b. 到水槽下面看看水管破洞在哪里，然后，再把自来水的总开关关起来。

c. 如果破洞在总开关的上面，把开关朝顺时针方向拧紧，直到水不再流为止。

d. 如果破洞在总开关的下面，打电话给大楼的管理员或是请邻居帮忙关水；还可以拿几条抹布放在厨房门口，以免地毯或木头地板被弄湿。

e. 用拖布或海绵把水吸起来。

f. 打电话告诉爸妈，请他们叫水电工人来修水管。

(5) 插座着火了怎么办?

当孩子在烤面包时，突然插座里蓝光一闪，冒出了黑烟，这是插座烧坏了。这时候该怎么办?

a. 把烤箱开关关起来。

b. 如果安全的话，把插头拔下来。

c. 用灭火器灭火，如果火灭了，就离开厨房，把门关上并且打电话请消防队叔叔来看看现场。

d. 如果火越来越大，赶快离开厨房跑到屋外，打电话给消防队，把家庭住址跟消防队的叔叔说清楚。

e. 厨房内的微波炉、烤箱、电锅等电器，耗电量和功率都是非常大的，不应将他们的插头同时插在同一插座上，否则容易造成电力跳脱或发生危险。

(6) 突然生病了怎么办?

a. 打电话给爸爸妈妈，让他们知道自己不舒服。

b. 如果爸爸妈妈没有告诉自己如何处理，决不可自己吃药。

c. 多喝水或果汁，补充水分。

d. 上床休息，拿一条湿毛巾折好敷在前额上，并试着睡一下，等爸爸妈妈回来再去医院。

(7) 停电了怎么办?

晚上，爸爸妈妈有事出去了，家里突然停电了，房间里黑漆漆的。这时候该怎么办?

a. 如果只有自己家没电，那可能是保险丝坏了或是跳闸了。不要自己换保险丝或是开变电器，等爸爸妈妈回来再说。

b. 留在家里较亮的地方，比如：窗户旁边……

c. 如果整条街都黑黑的，那就一定是停电了。电还没来之前，可以打开手电筒，平常记得爸爸妈妈在家里放有几个手电筒以备不时之需，如没有，千万不要自己点蜡烛或火柴。

d. 预先记下停电时三个自己可以玩的安全游戏。

(8) 家里失火了怎么办?

睡梦中，当孩子被浓烟呛醒，眼睛热得睁不开，又被浓烟呛得直咳嗽，大叫却没有人回答，每个人都还在睡觉。这时候该怎么办?

a. 大声地把每个人叫起来，并慢慢地摸到房门口，先试试门把手的温度，再把门打开，如果太热就不要打开。

b. 如果自己可以从房门口看到火苗，千万不要出门去，把房门关起来；如果在一楼，赶快从窗户爬出去；如果不在一楼，待在房间等待救援。

c. 把毛巾、衣服或床单塞在门缝，以防浓烟跑进来。

d. 如果房间有电话，赶快打电话报警。

第五节
如何培养孩子的乐观性格

乐观的性格是可以培养的

特约卡·帕尔生活在一个不幸的家庭里。她的母亲患有精神病，特约卡·帕尔从小就寄居在亲戚家，每天她穿梭来往在各个家之间。

在她念高中的时候，她三个哥哥中有两个由于吸毒，被关进了监狱。但是，她仍然以非常高的学分高中毕业，准备进入著名的斯坦福大学。她的组织能力和领导才能也颇受老师和同学的赞扬，1996 年，她有幸被选入《今日美国》的全优生名单。

一些美国的心理学家分析特约卡·帕尔的经历后，认为她成功的秘诀在于决心坚定，做事乐观。

那么，什么是乐观呢？

美国人有他们自己的看法，归结起来，有以下一些观点：

a. 乐观是一种性格或个性倾向。

一个人如果具有乐观的品质，他往往精神愉快，能看到事物比较有利的方面，对事物的发展充满信心。

b. 乐观的态度是高情商的一个重要的具体表现或指标。

c. 乐观的性格在行为上主要表现为对有利和不利事件的解释抱有

一种乐观情绪和看法。

美国著名的心理学家马丁·塞利格曼还认为，乐观是一种“迷人”的性格特征，它对一个人的成长有如下的作用：

a. 能使人对生活中的许多困难产生免疫力。

马丁·塞利格曼经过研究发现，乐观的人不容易患忧郁症，在学习和工作方面都更容易成功。

b. 乐观者的身体比悲观者更健康。

最后，马丁·塞利格曼最重要的发现是：即使孩子天生不具备乐观性格，这种性格也是可以培养的。这成为美国父母重视培养孩子乐观性格最重要的理论根据。

☆ ☆ ☆ ☆ ☆

据美国报刊报道，美国中小学生患抑郁症的情况日渐普遍，并且已经形成两种趋势：人数越来越多；患病年龄越来越小。

由于很多实际上患有抑郁症的青少年，不愿意暴露出来，更不愿意求医，所以，一般来说，很难真正发现到底是因为哪些具体原因而造成了他们的抑郁症。

美国心理学专家们分析，孩子还没有成年，他们不具有生活稳定的恰当概念和意识，一旦正常的生活遭受到某种破坏，他们的心理常常就会感受到压抑。这是儿童患抑郁症的主要原因。在日常生活中，造成孩子抑郁的具体原因可能有：

a. 父母离婚。

b. 从小多次更换阿姨。

c. 上学期间多次搬家，或者换学校。

d.经常看到暴力行为发生。

以上情况，都有可能破坏儿童的生活。其中，破碎家庭的孩子，则最有可能患上抑郁症。

有些美国心理学家说，抑郁症多产生在那些有问题的家庭中，家长互相虐待，或者虐待子女，或者在家里压制子女表露感情。孩子们长大以后，到了高中时代，自我独立感强烈起来，就会越来越觉得难以忍受，结果形成自伤。

自伤是孩子抑郁最严重的后果，造成儿童自伤，归纳起来可以有三大方面:

(1) 自伤是对幼时受虐待的痛苦回忆，同时又是对那种虐待的反抗。

儿童在遭受虐待时，没有丝毫反抗能力。大人想打就打，想骂就骂，这样就会形成青少年的自伤。

(2) 自伤是过分敏感的体现和结果。

美国青少年特别敏感，很多中国高中生不太注意的事，甚至是非常细微的事情，美国高中学生往往会当作天大的事，觉得受到无穷无尽的伤害，痛苦得不得了。

比如，穿件什么衣服，上衣和裤子颜色是否搭配，穿双什么鞋子，有跟没跟，跟有多高，背个什么颜色的书包，头发剪多短，这些对中国人来说是鸡毛蒜皮的生活琐事。可是，美国高中生们却常常把它们当作性命攸关的大事情。如果衣服穿得不对，鞋子穿得不对，头发梳得不对，书包背得不对，就会觉得自己一下子完了，同学们就看不起自己了。

(3) 自伤是孤独的结果。

美国高中学生，最要命的就是要交朋友，不要孤独，不要让人笑话成“Outsider”（外人）。如果整日孤独，没朋友，没友情，他们就会内心抑郁，家人一冷淡，最后就会走向极端。

例如，科仑拜高中血溅校园，枪杀十数人的两名枪手，就是最典型的学生感到孤独进行报复的例子。

因此，父母培养孩子乐观的性格，已经成为刻不容缓的事情。

保持婴孩愉快的情绪

美国俄亥俄州立大学儿童教育研究所希拉克·苏茜教授经过对500名儿童成长的跟踪研究，结果发现：让婴孩保持愉快的情绪，对他的发展是极为重要的。

为此，她告诫家长们说：“孩子的情绪不好，经常哭吵，不利于孩子的身心健康。”

那么，如何使婴孩有一个愉快的情绪呢？

希拉克·苏茜教授的观点是：孩子在1岁前的情感比较简单，主要是与满足生理需要相联系，只要给他吃饱、睡好、逗逗乐，就可以使婴孩停止哭闹和发怒，引起愉快的情感。1岁以后，孩子能独立行走了，认识的事物也增多了，与人交往也开始多起来了，多数孩子都是消极情绪减少，积极情绪增多。

若是父母能正确地引导，合理进行教育，孩子就会感到快乐。

但是，要保持婴孩的愉快情绪，对于父母们来说，还要做到如下几点：

(1) 了解孩子情绪和情感的特点。

一般来说，一两岁孩子的情绪有三个特点：

a. 易变性。

这体现为孩子的情绪像“六月的天”，一会儿“晴天转雨”，一会儿“雨过天晴”，极不稳定，常常随着情境的变化而变化。

因此，当孩子哭闹时，希拉克·苏茜教授认为，父母最好的方法是使婴孩转移目标到感兴趣的事物上去，使他的情绪变得愉快。

b. 易感性。

这体现为孩子的情绪极易受周围人感染，父母之间谈笑时发出笑声，孩子在旁虽不了解父母笑的原因，也会莫名其妙地跟着笑。母亲为某事伤心而哭，孩子见了也跟着哭。

因此，希拉克·苏茜教授认为，父母要常以自己愉快的情绪去感染孩子，使他快乐。

c. 冲动性。

这体现为孩子的情绪是外露的，易激动，高兴时就大笑，不高兴就哭闹，生气时大发脾气。这时期孩子的情绪和情感调节能力差，冲动后不易立即安静下来。父母要了解孩子的这一特点，不要对孩子发脾气，更不能打骂，让孩子安静一会儿，再来诱导孩子慢慢稳定情绪。

(2) 满足孩子生理上的需要。

希拉克·苏茜教授认为，孩子身体健康，才能经常保持愉悦的情绪。因此，父母要根据孩子的年龄特点，安排有规律的生活，供给适龄的营养饮食，搞好清洁，保证环境卫生，预防感染疾病，使孩子不生病或少生病。

(3) 建立亲子之间亲密的情感。

希拉克·苏茜教授的研究表明，父母遇事争论，或者情绪不好时，拿孩子出气，随意打骂小孩，使孩子受委屈，都会使孩子产生不愉快的情绪，时间长了，还会影响孩子情绪和情感的正常发展。

因此，她认为，作为父母，要正确地对待孩子的情感，不要使他受到心理上的伤害，尽量使家庭气氛和睦、安宁，父母之间感情要融洽。

(4) 丰富多彩的生活环境。

希拉克·苏茜教授认为，丰富多彩的生活环境可以激发孩子的好奇心、求知欲和愉快的情感，使孩子的社会性需要得到满足，从而使孩子性格开朗、积极向上，愉快地成长。因此，父母要注意以下几点：

a. 充实孩子的游戏活动。

b. 注意婴孩的娱乐生活。

c. 经常带孩子去接触社会生活和大自然。

和谐的家庭气氛是孩子欢乐的源泉

一位美国学者曾走访了 20 多个国家，对 1 万多名经济条件不同的儿童进行了调查。反馈的结果使他始料未及——当孩子们被问到他们最大的心愿和要求是什么时，绝大多数的孩子对吃、喝、穿、用、玩的东西都不太感兴趣，他们普遍重视的竟然是家庭气氛和精神生活！

他们的心声是：

a. “父母不要吵架。”

b. “对待孩子要一视同仁。”

c. “大人说话不要失信。”

d. “爸妈要相互谦让，不要彼此责备。”

e. “我们的小朋友来做客时，要表示欢迎。”

f. “爸妈对我们少发一点脾气，多一点笑。”

这位学者通过调查还认为，孩子的精神生活、心灵需要比他们的物质要求更强，他们需要有一个充满亲密和谐、宽容民主、活泼快乐的家庭；如果家庭环境沉闷、感情淡漠、嘈杂烦躁，那么，生活在其中的孩子们不会有快乐的性格。

因此，他指出，家长要有意识地为孩子创造良好的家庭环境，形成一种愉快的氛围，让孩子在快乐中成长。

在对儿童长期的观察中，美国著名心理学家皮特森也发现，孩子的习性、语言、行动及世界观的形成同父母极为相似。他认为，家长用微笑和闪烁的眼睛对待孩子，能使孩子得到非常好的愉快教育。

因此，父母在日常生活中，应当心胸宽广，精神愉快。即使工作繁忙，也要抽空与孩子玩玩，沟通彼此之间的感情，密切相互之间的关系。这样，孩子才能生活在欢快的环境中。

☆　☆　☆　☆　☆

美国儿童心理学家经过多年的研究发现，注重培养孩子乐观的性格，有利于孩子的健康成长。

那么，如何培养孩子的乐观性格呢？美国父母的招法有：

(1) 密切同孩子之间的感情。

美国人认为，在乐观性格的培养中，友谊起着重要的作用。作为父母，他们不仅注意加深自己同孩子的感情，密切彼此间的关系外，还注意让孩子经常同其他小朋友一起玩耍，让他们在愉快的外部环境中接受熏陶。

(2) 给孩子提供决策的权力。

儿童心理专家说，乐观性格的养成与指导和控制孩子生活的方式有着密切的联系。基于这种联系，美国的父母往往设法为孩子提供机会，让他从小就知道如何运用自己的决策权力。

(3) 教孩子调整心理状态。

对于这一点，专家们的建议是：应该使孩子明白，有的人一生快乐的秘诀，即在于他们有很强的适应力，这样的适应力使得他们的心理状态比较稳定，这种心理状态可以使他们能很快从失望中振作起来。在孩子受到挫折时，可以帮他找出其中的一线光明，并教孩子注意调整心理状态，最好是到能恢复快乐心情的环境中去寻找慰藉。

(4) 限制孩子的物质占有欲。

给孩子太多的东西会使他产生这样的心理：获得就是得到幸福的源泉。因此，美国父母的思想是：不让孩子觉得人生的快乐就是占有物质财富。

(5) 培养孩子的广泛兴趣。

在美国，父母们常常为孩子提供各种选择，并注意培养、引导，使他们拥有广泛兴趣和爱好。

(6) 保持家庭生活的美满和谐。

家庭是孩子成长最重要的环境。和谐美满的家庭生活是孩子快乐的源泉之一，有助于孩子无忧无虑地生活，可以培养孩子积极、快乐的人生态度。

第六节
如何培养孩子的情商

情商 VS 智商——哪个更重要

天才里面往往有许多性格怪异的人，这样的例子非常多。天才在某一方面造诣精深，不同一般。但在其他更多方面，比如在生活能力或者情绪的控制上，他们却往往不可思议地表现出相当的“低能”与古怪。正是因为如此，他们尽管事业辉煌，但自己的人生却无法真正完满和幸福。

这些天才往往具有相当高的智商，但是，他们的自制力、热忱、毅力、自我激励能力以及处理人际关系的能力很弱，美国人认为，这就是他们在情商上存在缺陷。

美国的许多研究表明，影响儿童成长乃至成熟的两大心理因素是智力因素和非智力因素。广义的非智力因素包括身体素质等生理因素，甚至包括情商。在儿童成长过程中，智力因素作为操作系统，每时每刻都在起作用。可是在关键时刻，非智力因素或情商也可能起着决定性的影响。

美国心理学家认为，儿童的情商比智商更重要。因为情商高的人，生活比较快乐，能维持积极的人生观，适应能力比较强，不管做什么，成功的机会都会比较大。

因此，专家们建议家长，不要光忙于让孩子上这个班，上那个班，早早地在智力上进行投资和开发，以为这样才能保证不让孩子“输在起跑线上”。其实，从长远的眼光来看，重视对孩子良好的心理品质和生活能力的培养，对孩子将来的人生将有更重大的影响。

那么，孩子的情商包括哪些方面呢？

情商不像智商那样通过测试可以计算出来。最早提出情商概念的，是美国心理学家彼得·梅耶教授，他在 1990 年把情商描述为由 3 种能力组成的结构。1995 年，美国心理学家格尔曼对情商作了更明确的说明，他认为儿童的情商包括 5 个方面的能力：

a. 了解自己情绪的能力。

b. 控制自己情绪的能力。

c. 以自己情绪激励自己行为的能力。

d. 了解别人情绪的能力。

e. 与别人友好相处的能力。

格尔曼还通过实验证明，在情商的这 5 个方面的能力中，培养孩子情绪的控制能力是关键。

高情商孩子有这些特点

现代西方一些杰出的科学家通过大量研究表明，在人的智力商数以下，还存在着另一个超越人类智力的参数，即情商，也称情绪智慧，简称 EQ。美国心理学家认为，情商比智商更重要。为此，推出的计算方程式为：20%×IQ+80%×EQ=100%成功。

较高水平的情商，有助于孩子创造力的发挥，它是所有学习行为的根本。一项研究显示，要预测孩子在幼儿园，在学校表现的标准，不是看小孩子积累了多少知识，而是看其情感与社会性的发展。例如，是否具有足够的自信，是否具有好奇心，是否知道何种行为较恰当，是否能克制不当行为的冲动……这些都是情商的基本成分。一般来讲，高情商的孩子都具有以下特点：

a. 自信心强：自信心是任何成功的必要条件，是情商的重要内容。自信是不论什么时候有何目标，都相信通过自己的努力，有能力和决心去达到。

b. 好奇心强：对许多事物都感兴趣，想弄个明白。

c. 自制力强：善于控制和支配自己行动的能力，有时是善于迫使自己去完成应当完成的任务，有时是善于抑制自己不当行为的发生。

d. 人际关系良好：能与别人友好相处，在与其他孩子相处时积极的态度和体验（如关心、喜悦、爱护等）占主导地位，而消极的态度和体验（如厌恶、破坏等）少一些。

e. 具有良好的情绪：情商高的孩子活泼开朗，对人热情、诚恳，经常保持愉快心情。许多研究与事实也表明良好的情绪是影响人生成就的一大原因。

f. 同情心强：能与别人在情感上发生共鸣，这是培养爱人、爱物的基础。

培养高情商的孩子

美国心理学家认为，情商不是与生俱来的，而是在后天的环境与教育中逐步发展和提高的。因此，情商的早期培养有着重大的意义。在情商的早期培养过程中，家庭和学校起着重要的作用。

那么，如何培养情商高的孩子呢？可以从家庭和学校两个方面来进行。

(1) 家庭——情感发展的基石。

家庭是孩子学习情商的第一所学校。在家里，他们将学到许多基本信息知识，如他们的自我观察、别人对自己的反应、如何看待自己的感觉、如何判断别人的情绪与表达自己的喜怒哀乐等。美国许多儿童科学研究显示，父母对待子女的方式，对子女的情感世界有长远而深刻的影响。

因此，想要孩子具有高情商，美国人认为，家长必须力争做到：

a. 加强自身的情感训练，提高自身的素质，具备基本的情商。

b. 对孩子细心一些，发现孩子情绪不佳时，要懂得理解孩子的感受，努力去了解引起孩子情绪不佳的前因后果，进而协助孩子以适当的方法抚平情绪。

c. 帮助孩子建立自信心，培养他们的同情心，促进其情商的发展。

(2) 学校——情商发展的关键。

情商教育是近几年才出现的一个新名字，家庭是培养孩子情商的一个基地，可以为孩子打下稳固的人生根基，但是，社会也是矫正孩子情绪与社会能力不足的重要后盾。由于孩子大多数生活在幼儿园或者学校，因此，学校更有机会教导孩子人生的基本道理。

作为孩子的直接教导者——老师，在培养孩子高情商方面，专家们认为应该做到：

a. 注意自身素质的提高。老师每天都应带着高昂的情绪走入校园和课堂，给孩子一种积极向上的情绪的感染。

b. 要公平、公正地对待每一位孩子，不能偏爱其中一个或某一部分孩子。一些研究资料表明，忽略孩子有时比虐待更糟糕。被忽略的孩子易冲动，看问题易偏激。

c. 要积极地通过讲故事、做游戏等方式，培养孩子的自信心、自尊心、好奇心。这是情商教育的主要内容。

第四章

消除成长的隐患

第一节
如何处理孩子的叛逆

孩子顶嘴就不好吗

在中国，孩子顶嘴，在父母看来常常是不听话的表现，在外人看来，常常被认为没教养。但是，美国人却并不这样认为。

“顶嘴是不是坏毛病，不能一概而论，但我以为孩子也有表达自己意愿的权利和机会。”明尼苏达州的弗朗西斯夫人坦率地说，“顶嘴，常常是孩子表达自己意愿的一种方式。”

一般来说，孩子表达意见时会情绪激动，声音也可能很大，常常使大人恼火。因此，许多孩子常常因为顶嘴吃苦头。

但是，当这样的情况发生后，在美国，父母们往往会认为是自己造成的，他们常常会反问自己：你教会了他们表达意见的正确方法和途径了吗？

“在教育孩子时，无论是家长还是老师，首先应该学会自我克制，如果自己情绪激动，被‘都是为了孩子好’所蒙蔽，热血沸腾，甚至在不知不觉中说出一些伤害孩子的话，这是不应该的。”弗朗西斯夫人说。

美国人认为不恰当的教育如果成了一种常态，就会产生三种结果：

a. 孩子因为受到伤害，情绪失控而以不恰当的方式申诉，父母会越来越多地尝到“顶嘴”的滋味。

b. 孩子表面上很驯服，但是内心里不服气，父母不久就会发现孩子学会了阳奉阴违来进行自我保护。

c. 孩子因此变得谨小慎微，沉默寡言，甚至失去独立思考的能力。

因此，对于孩子的顶嘴，美国大部分家长的做法是：鼓励孩子说出自己的想法，并且引导孩子学会发表自己意见的方式。在教育孩子的时候，他们往往采用以尊重换取尊重的方法，心平气和地与孩子进行交流。

每当孩子顶嘴时候，父母们往往会对孩子说：“如果你有什么不同意见，也等我说完再谈好吗？”话说完后，甚至还会不忘记问问孩子：“对于爸爸的意见，你有什么看法呢？”

美国的家长通过鼓励孩子说出自己的真实想法，并且引导孩子采用学会发表个人意见的恰当方式，这样最大限度地避免了被“顶撞”的尴尬局面，同时又达到熟悉、了解和引导孩子的目的。

孩子能够打好吗

电话铃响了，话筒里传来一个愤怒的声音：“我的孩子又偷东西了，今天我非打他个半死不可！”说这话的是一位年轻的母亲格玲娜太太。

孩子才 7 岁，刚上二年级。什么叫“偷”，可能他还理解不了，可是他已经犯了 3 次了。每次犯了之后，格玲娜太太打他一顿，他立刻求饶，可过不了 3 天，他又故态复萌。母亲再打，孩子再检讨，如此恶性循环，问题还是没有解决。

打骂孩子，是父母们教育子女最常见的一种方法，在中国尤为普遍。

某市对500名6岁到12岁的儿童进行调查，发现有67%的孩子受到打骂。考试不及格的学生中，有80%的挨过父母的打骂。同时，对108名少年犯进行犯罪分析，发现其中有87%是经常挨打的。有一个父亲因为女儿错误出走，竟用开水烫，致使她受到2度烧伤。她对管教人员说："父母动不动就打我，每当看见父母挥舞棍棒，我的心就扑通乱跳，我就想外逃，到外面去寻求快乐。"

打骂孩子，简单易行，但是，一般的美国父母认为，这会影响孩子的心理健康，会造成孩子性格上的畸形发展。

孩子是不能打好的。事后，格玲娜太太后悔地说："打骂孩子，使孩子表面上服从，而内心里反感，甚至也学着父母的做法对待别人。用这种方法不但不能把孩子教育好，反而会伤了他的自尊心，让他养成自卑、胆小、孤僻、撒谎等不正常的性格。"

逆反是孩子成长中不可避免的

所谓逆反心理，是指人们在一定外界因素作用下，对某种事物或结论所产生的一种相反的反应情绪。逆反心理是孩子反叛的主要原因。

那么在什么情况下，孩子容易产生逆反心理呢？

在美国，儿童教育专家们认为，孩子的叛逆行为不是一朝一夕的事，在这个过程中，父母往往有意无意地起到了推波助澜的作用。

美国心理学家帕里特夏·赫斯指出，主要有以下一些情况容易使孩子产生叛逆心理：

(1) 家长与孩子相处发生偏差。

美国人认为，人与人的相处，你尊重我，我尊重你，你待我好，我待你好，这个作用是相互的，父母和孩子的相处也遵从这个法则。很多时候，孩子并不是叛逆的，当孩子说一句话，如果父母不满意，就大声呵斥，甚至臭骂一顿，孩子受到刺激，也会变得大声对抗，或者用沉默抗议。久而久之，孩子就会产生一种逆反的习惯心态。

(2) 孩子不满父母偏心。

美国的教育专家认为，如果一个家庭里有几个孩子，因为某个孩子的行为不良，经常犯错误，父母的责备或批评比别的孩子多，孩子可能就接受到这样一些信息：爸爸不喜欢我，妈妈偏心，等等。这样，在他不能言说的情况下，也可能会产生反叛，以不听父母的话等行为表示自己的不满。

(3) 父母无原则地让步。

美国的父母认为，管教孩子要早，不能因为他们只有两三岁，不懂事，而不纠正他们的错误。长此以往，也会形成孩子的反叛心理。

(4) 父母专制管教。

一些父母常常以专制的方法管教孩子，用命令的语气说话，要孩子顺从一切。

美国人认为，这并不能在每个孩子身上行得通。个性比较温和的孩子，会顺从父母的权威。但是，个性刚强的孩子则会反弹。反弹的结果便是形成所谓的叛逆行为。

(5) 家庭出现问题。

如果家庭出现问题，父母感情不和，或者时常争吵，孩子或心理受损，或产生厌恶，对家庭失望，也会以逃避或者叛逆的行为寻求解脱。

(6) 孩子受朋友的影响。

青春期的孩子，喜欢受到同龄人的认同，很容易受到怂恿，甚至做一些不应该做的事情。

例如，孩子在学校和老师顶嘴，往往在同学中被认为胆大、勇敢，受到部分同学称赞；在家里勇于反抗父母定下的规矩、习惯，也常常会受到一些坏学生的认可。

这样一来，孩子就会产生错觉：我扮演的角色会受到称赞，我是英雄。

(7) 孩子自以为是。

做父母的一般都有过这样的经历：许多孩子在成长的过程中，常常站在妈妈身边比高低。当他们发现自己和妈妈一样高或者超过妈妈的时候，就会产生明显的成人感。这时，孩子便可能认为自己已经长大了，有能力自己管理自己了，于是，着意强调自我。这样，他们就会拒绝父母，不服从他们的管教。

孩子叛逆的心态和行为，对于父母来说，确实是件头痛的事情。

在中国，如果孩子不听话，或者蛮横无理，一些父母为之焦虑不安，甚至会失望地放弃自己对孩子教育的责任。但是，对于孩子这样的反应，美国人的共识是：其实，这是孩子不满情绪和自以为长大心理的一种发泄。

对于这一观点，美国的一些教育家也是持赞同态度的。他们认为：

(1) 孩子有了不满，便就有可能产生逆反心理。

孩子的不满，可能起因于家长没有同意去看一次电影，也可能是家长没有对孩子给予足够的欢迎和尊重，还有可能是孩子没有得到一件漂亮的衣服或玩具。美国儿童教育专家认为，孩子如果有了不满理由时，不是在这件事上，就会在那件事上寻找机会发泄，找不到发泄的时候，便会产生逆反心理。

(2) 逆反心理是孩子思想发展变化中不可避免的一个区域。

当孩子们不适应某种法则和规范的时候，就会产生反抗约束或者禁锢，在心理上形成逆反。

因此，美国家长能接受孩子的逆反情绪，认为这是孩子成长中不可避免的。

如何面对孩子的叛逆

针对孩子以上几种可能产生反叛的情况，帕里特夏·赫斯教授指出："总的来说，要从孩子的身心特点出发，施教要符合教育规律。父母要在信任和尊重孩子的前提下，做到小事不苛求，大事不马虎，宽严要适当，适可而止；教育方法应该先动之以情，然后晓之以理，做到情通理达。"

当孩子一旦产生了逆反心理的时候，在美国，父母们会这样做：

(1) 保持冷静，寻求意见。

当孩子反叛的时候，急躁的父母经常会提醒自己保持冷静，同时，也等孩子冷静，然后，他们才再去和孩子进行沟通。

儿童教育专家们认为，这一方法不无道理。

因为孩子叛逆的时候，不懂得控制自己，言语和行为常常犹如暴风雨，但是，父母已经成熟，应该懂得戒躁冷静。事实也表明：以冷静的态度去处理问题，比急性子效果常常要好得多。

对于一些不知道如何与孩子进行沟通的父母，美国的儿童教育专家总结了一些父母行之有效的方法，归纳如下：

a. 可以去寻求别人的意见，看看周围的父母是如何处理类似的问题。

b. 可以去听听教育孩子的讲座。

c. 请辅导员来协助，使自己的思想更开阔。

家长所采取的方法更多样，管教孩子才会更得体。

(2) 从第三者的角度看待孩子的反叛。

美国人认为，孩子发生反叛，许多时候，问题不一定全在孩子身上。作为父母，一般会认为自己是对的，因此，当孩子不顺从自己的时候，便认为孩子叛逆。身为父母，有时必须超越自己的角色，放弃自己的执着，给孩子一定限度的迁就。

因此，当意识到孩子反叛时，美国父母往往会想一想自己的教育方法是否有不正确的地方，对孩子的要求是不是有不恰当的地方，有些情况是不是自己还没有弄清楚。他们绝不会认为孩子逆反伤了父母的尊严，而对孩子采取“高压”手段。

(3) 分析。

在思维形式上，逆反心理用的是求异思维。这种思维形式是一切科学创造和发明者所具备的。因此，当遇到孩子有逆反心理的时候，美国的父母们往往会分析孩子言行中的闪光点，寻求他们思维中的创造因素，然后，进行因人施教。

在分析之后，对孩子的错误思想和行为应该进行一定的教育。

这时，美国的父母们往往会注意以下几个方面：

a. 对孩子不满意的某种行为具体地说出，不对孩子的人格进行指责。

b. 告诉孩子自己担心的心情，不带批评的语气。

c. 以担心的语气交谈，不武断。

d. 坚持原则，不一味迁就。

美国人还认为，对孩子的管教是要经常改变方式的。孩子小的时候，父母讲孩子听；上了中学后，就应该尝试双向沟通，也听听孩子的建议。一旦发现某种方法不通时，就随时改变方式，不断实验，直至发现有效的方法。

这样，以孩子的朋友身份进入孩子的内心世界，了解孩子的所思所想，就能够与孩子相处得融洽。成人与孩子关系融洽，孩子自然就不会反叛了。

第二节
如何处理孩子的嫉妒

新生儿的出生是产生嫉妒的原因

美国纽约大学著名的心理学家和教育家海门·G. 金诺特认为，在正常的情况下，年龄和性别的差异会引起孩子之间的嫉妒。他在《父母与子女》的小册子中说：“弟弟嫉妒哥哥，因为哥哥享有较多的特权和较大的独立性；哥哥嫉妒弟弟，因为弟弟得到较多的庇护；女孩嫉妒男孩，因为他们是男孩，似乎有更多的自由；男孩嫉妒姐妹，因为她们得到特别的照顾。”

海门·G. 金诺特教授还认为，下列情况会加剧孩子之间的嫉妒：

a. 有些父母常常在年龄和性别上对孩子有所偏爱，在不能自理的幼儿和可以自主的孩子之间，父母不论偏爱哪一个，都会使孩子的嫉妒加剧。

b. 对孩子的性别、相貌、智能、音乐才能、社交技巧做过多的评论，同样会加剧孩子之间的嫉妒。

c. 父母对孩子某种品质或天赋的过分赞扬。

美国一些最新的科学研究发现，一个家庭中，第二个婴儿的出生，对第一个孩子来说，是一次最大的危机。

这不是没有道理。因为妈妈对他的照顾少了，甚至他依偎到妈妈怀中也不可能了，孩子的空间运行轨道突然改变，孩子就会感觉到母爱少多了，就像分吃一个苹果或一块口香糖一样。这对孩子来说是一件痛苦的事情。因此，新生儿的出现，总会使孩子产生心理上的嫉妒和感情上的创伤。

海门·G. 金诺特教授也举了一个这样的例子。5 岁的沃伦在他妹妹出生后不久，突然发起一阵阵的哮喘。他的爸爸妈妈还以为沃伦很爱护妹妹，“他爱妹妹爱得要命。”父母几乎逢人就说。但是，当他们把沃伦送到医院的时候，医生却发现，沃伦的哮喘并不是生理上的原因引起的，于是，建议送他到心理保健医生那里去诊治。结果，爸爸妈妈被告之：沃伦的哮喘是因为对妹妹的嫉妒情绪被压抑所引起的。

为了减少孩子对自己兄弟姐妹的嫉妒，在美国，一些明智的父母常常对自己的孩子都表达出自己的爱。在表达自己的爱意时他们往往会告诉孩子，虽然父母并不能做到对每个孩子绝对的一视同仁和毫无区别，但是，他对自己的孩子都很钟爱。

在美国，当父母们同某个孩子待在一起的时候，他们常常是一心一意地和他在一起，男孩常常会感觉到他是父母唯一的儿子，女孩感觉到她是父母唯一的女儿。

妒忌有常态和变态两种

一位同学叫凯·金特，他与同桌在学习上一直并驾齐驱，可这个学期却拉开了距离。他暗下决心一定要追上同桌，并把他甩在后头，但从目前彼此的学习状况看，他依然落在后边。

他不愿承认，却又不能不承认，为此他妒忌了，他实在忍受不了这种人前我后的状况，临近考试，这种妒忌的感觉越来越强烈，他甚至想采取一些报复手段。

这个事例涉及“常态妒忌”和“变态妒忌”两个心理学概念。

在现实生活中，毫无妒忌之心的孩子，其实是很少很少的。因此，关键的问题不是妒忌心的有无，而是妒忌心的性质和对待它的方法。

美国心理学家指出，从性质上说，儿童的妒忌可分为常态的和变态的两种。

(1) 常态的妒忌有这样一些特点：

a. 这种妒忌是由别人的优势引发的“纯洁的隐痛”和轻微的不安感。

b. 这种妒忌不给自己和他人造成伤害。

c. 这种妒忌能够转化为孩子心中催人进取、适应竞争的积极力量。

(2) 变态的妒忌有这样一些特点：

a. 这种妒忌是常态妒忌恶性发展的产物，是由于孩子不能容忍别人超过自己而导致的内心伤痛。

b. 这种妒忌会使儿童自己的心境陷于灰暗和迷茫。

c. 这种妒忌扭曲孩子正常的人际交往。

两种嫉妒，对于孩子的作用是不一样的。作为家长，美国人常常是对“常态的妒忌”加以合理引导，同时，注意预防和及时控制孩子的“变态妒忌”。

美国人是如何对待孩子的妒忌心呢？

他们的具体的做法是：

(1) 既鼓励孩子拼搏进取，也教育孩子承认别人奋发向上的权利。

“人生一次，谁不想有所成就呢？如果因为别人的成绩而痛苦，今生今世就算只干这一件事怕也是忙不过来的，因为世上奋发进取的人实在是太多太多。”默利斯可尔先生对有嫉妒心的儿子说，“如果你学会了承认别人的权利，尊重别人的努力，在一夜之间，就会变得轻松许多。”

(2) 让孩子的目光越过左邻右舍，向更高的目标学习。

“生活中出类拔萃之辈数不胜数，而妒火却最容易从身边燃起。浓烈的烟火遮住孩子的视线，于是把眼前的对比看成是整个的天。倘能‘放眼看世界’，孩子会发现无数比身边的‘强者’更强的人。这样，渺小的妒火全在孩子开阔的视野中止熄，余下的问题只是如何向更高的目标看齐、向更高的目标努力。说实在的，有谁见过因为妒忌牛顿或爱因斯坦而‘心如火烧’呢？”海门·G.金诺特教授对前来咨询的家长授以方法时说，“让孩子的目光越过左邻右舍，向更高的目标学习。这才是父母们应该做的。”

(3) 让孩子跟自己比，在塑造自己的过程中不断发现自我、完善自我。

“妒忌的诱因是别人超过自己。可是换个角度看，他有他的优点，你有你的潜力，承认自己，才能不断发现自己、完善自己。”在谈到自己的育子方法的时候，3个儿女都已经是美国著名企业家的卡门·希尔太太毫无保留地把自己的窍门告诉别人说，“家长可以想想看，你的孩子与昨天相比是不是一直都在进步呢？如果能让孩子把花在妒忌上的心思用来发现和开发自己的潜力、提高自己的能力，他的进步会更快。”

在美国，大多数的父母都相信一位哲人说过的话语：“妒忌是一种热心追求痛苦的激情。”作为家长，他们都不希望自己的孩子是一个扑向妒火的飞蛾，因为那样既不能照亮别人，却又无谓地焚烧了自己。

因此，对于孩子的嫉妒心处理，父母们往往是非常认真和严肃的。

判断孩子是否嫉妒的妙法

“嫉妒心理的产生是差别和比较的产物，属于一种内心情绪体验。”

纽约大学心理学研究部的海门·G. 金诺特教授认为，“差别和比较的结果是：从差别和比较中形成心理不平衡，基于此而想平衡这种不平衡心理，但是，孩子们所采用的方式往往是消极的。嫉妒总是与不满、怨恨、烦恼、恐惧等消极情绪联系在一起，构成嫉妒心理的独特情绪。”

事实上，对于儿童来说，不同的嫉妒心理有不同的嫉妒内容。对于成人来说，嫉妒主要是在 4 个方面表现得尤为突出，这就是名誉、地位、钱财、爱情。但是，儿童的嫉妒有时却表现为一种综合性的笼统内容，即只要是别人所有的，都在他嫉妒的范围之内。

如何判断孩子变得有嫉妒心了呢？根据嫉妒的具体特征，美国人认为下列情况可以作为判断孩子是否有嫉妒心的一些依据：

(1) 孩子具有明显的对抗性。

例如，迪奇卡的弟弟出生后，他总是问妈妈小弟弟会不会死，并常常建议妈妈把他送回医院，或者扔到垃圾堆里去。美国一些儿童教育心理学家认为，迪奇卡的心态往往就是妒忌心的一种体现。

嫉妒心理的对抗特征具有明显的攻击性，往往会把被嫉妒者作为攻击的目标。总是挑剔别人的毛病，甚至不惜颠倒黑白、弄虚作假。孩子具有嫉妒心，也有这样的反应，作为父母应该注意到这一点。

(2) 孩子的心态上具有明确的指向性。

嫉妒心理会使儿童对被嫉妒者产生抵触和对抗。如果一个孩子有了嫉妒，胆大的甚至会采取“军事行动”来对付“入侵者”，他们无情地折磨他，不管什么时候，只要有可能，他们就会像蛇一样紧紧地纠缠他，推他，或者用拳头狠狠地揍他。

(3) 孩子具有不断发展的发泄性。

一般说来，除了轻微的嫉妒仅表现为内心的怨恨而不付诸行动外，绝大多数的嫉妒心理都伴随着发泄性行为。美国的心理学家认为，儿童的发泄行为主要有三种方式：

a. 言语上的冷嘲热讽。

b. 行为上的冷淡，疏远被嫉妒者。

c. 采取具体行为，或是攻击性强的行为。

(4) 妒忌具有不易察觉性。

虽然孩子不会以隐晦的方式来表现他的嫉妒心，但是，父母们一般不会想到孩子的一些行为是因为嫉妒所致，嫉妒具有不易觉察性。

根据以上方法确定孩子是否有了嫉妒心之后，父母就可以对孩子对症下药了。

第三节
如何处理孩子的撒谎

你的孩子诚实吗

著名的美国儿童教育家艾克曼说："诚实是家庭生活的重大事件之一。但是，无论你如何教养孩子，他们迟早会对你说谎，孩子越大，谎言越高明，而且如果他说谎得逞又逃过处罚，那么他撒谎的次数会越来越多，虽然他每次说谎都会犹豫，还会问'该不该'，但是，恶例一开，原来三思而行的能力就渐渐丧失。"

儿童还小，他们知道撒谎不好，但是，并不知道撒谎是什么。美国人认为，他们撒谎有时是善意的，有时是社交性的，有时也是为了获取利益，有时或是为了逃避惩罚。但是，不管是什么理由，对于父母们来说，都应该进行适当的引导。

杰伊·凯斯乐夫人是这样对待自己的小儿子撒谎的。

一天，杰伊·凯斯乐夫人正在外面给母亲打电话交代一件事情，儿子赞迪正由母亲带着。打电话时，她问母亲："赞迪在干吗？"

母亲说他正在看卡通书，并且问外甥："妈妈的电话听不听呀？"

"不听，不听。"

小赞迪好像很不耐烦。

小赞迪 3 岁了，不知道从什么时候起，开始变得喜欢卡通游戏，他常常自称为老师，给同伴们讲卡通故事，或者自称医生，给卡通小动物“打针”，每每这个时候，他都相当投入。

杰伊·凯斯乐夫人想象出他的头摇得像拨浪鼓一样，她想自己可能打扰他的“故事情节”了，于是对母亲说算了，别叫赞迪接电话了。

可是，这时候，外婆已经把话筒递到了小赞迪手里。于是，耳边马上传来了儿子甜甜的声音：“妈——你好，我正想你呢。”

杰伊·凯斯乐夫人一愣：“他正想我？瞎说八道。”她脱口而出：“不对，儿子，你刚才还说不听不听呢。”

小赞迪不好意思了。

对于一般中国人来说，儿子说想妈妈，作为母亲的肯定会回答：“那妈妈太高兴了。”但是，杰伊·凯斯乐夫人却有自己的看法。

事后，她说：“分析这件事情，小赞迪并没有说谎，至少是没有刻意说假话，也就是说小赞迪这么做，绝对是无意识的。可是，这种无意识的行为却隐藏着一种‘有意识’的心理，那就是：要讨好妈妈，希望得到妈妈的夸奖或者表扬。孩子想得到表扬，这是好事，关键是要实事求是地得到它。作为母亲，我所能做的就是及时地戳穿‘诡计’，不让谎言得逞，不让孩子尝到‘甜头’。”

杰伊·凯斯乐夫人的做法，可以说在美国父母中是很有代表性的。因为他们认为，这会无形之中助长孩子心中不真实的东西，久而久之，从萌芽就会发展为谎言。因此，如果孩子撒谎，他们往往就会及时地点破。这样，慢慢地，孩子就会觉得骗人的目的达不到，撒谎的缺点自然而然地就纠正了。

但是，为什么孩子会撒谎呢？

根据美国一些社会学家的看法，一般有下列一些情况：

(1) 小孩子怕父母或教师的打骂。

有些做父母的，每逢小孩子做错了一件事，便要骂小孩子或打小孩子一次。孩子怕骂怕打，便用说谎来掩饰自己的过错。如果这种掩饰得到父母或教师的宽恕，于是第二次、第三次做错事时，孩子便会再求助于说谎来求得宽恕。

(2) 逃避现实。

有时小孩子为了不愿意做或不能做某事时，便叫头疼呀!肚子疼呀!用各种谎言去欺骗父母或教师，这种谎言又往往得到父母或教师的同情，因此，以后小孩便会常说谎以推托自己做不了或不想做的事情。

(3) 好虚名，要面子。

这导致儿童说谎，美国社会学家认为有两种情况：

a.一件事本来不是他做好的，但说是他做的，可以得到奖赏，面子光彩，于是孩子说谎。

b.一件事本来是他做的，但做得不好，怕丢脸，于是他说那件事不是他做的，也说了谎。

(4) 贪利。

很多小孩子口馋，为了要吃东西，便说谎。也有些小孩子为了要得到很高的分数或奖品，便在考试时作弊，还硬说自己的本领高人一筹。这都是贪利的缘故。

因此，在美国人眼中，孩子撒谎，可能不诚实，这虽然是件坏事，但是，却并不是什么不正常，因为美国人认为，关键在于家长应该对孩子们的想法和行为进行正确的引导。

不诚实，我们的社会将变得多么可怕

对于孩子的诚实，美国人历来看得非常重要。

美国得克萨斯州品德教育研究所所长马耳吉说：“欺骗作为一种

习惯性行为，在课堂上撒谎的学生将来就会对同事、上司或妻子撒谎，如果一个国家不珍视诚实，把品德看作无足轻重的小事，我们的社会将变得多么可怕!”

在圣路易斯地区，阿布尔先生当了30年的校长，他说：“我们要把重心放到怎样培养学生在没有别人监视的情况下，自觉地保持优良品行。有人说，学校无法教会学生不去撒谎。什么时候教育也变得有争议了。”

在他的学校里，高年级学生比拉德尔考试不及格。一天下午，他抄了另一位同学的数学作业，当他被请到校长室时，他十分惊讶。

“我们已注意到你欺骗我们了。”阿布尔校长说。

美国人认为，撒谎和欺骗，如果得不到惩罚，成为一件轻而易举的事情，不仅会强化这些撒谎的孩子的不诚实行为，而且事实上，是“惩罚”了那些诚实的孩子，使他们的道德观发生动摇。所以，美国的学校里，对于孩子们诚实品质的培养抓得尤为紧要，对于不诚实的行为，比如考试作弊等，处罚也相当严重。

怎样纠正孩子撒谎的习惯

说谎是作弊与欺骗在言语和行为方面的表现。这种欺骗与作弊是不可取的。

美国人认为，孩子偶然说谎，时间一长，必定会养成一种说谎的习惯。一个人说谎的习惯，大多数往往是从小养成的。

因此，纠正孩子说谎的习惯，对于一个人的成长尤为重要。

那么怎样纠正孩子说谎，而培养诚实的习惯呢?

美国父母的做法常常是以下几招：

第一，了解自己的孩子。

美国人认为，家长要弄清楚自己的孩子愿做什么，能做什么，希望得到什么。了解了小孩子的心理与能力后，再让他去做。在做的过程中，父母们帮助孩子去发现问题，克服困难，将事情做成功。这样，通过了解孩子，鼓励他诚实地去做每一件事情，从而就能达到消除他说谎的动机和目的。

第二，暗示。

暗示，有正的暗示和反的暗示两种。

面对说谎的孩子，美国父母在运用暗示时，常常选择前一种方式，即正的暗示。

譬如，有两个小孩子在一起，一个是诚实的，另一个是喜欢说谎的，父母往往是嘉许、奖励那个诚实的小孩子，使那个说谎的小孩子明白诚实是一种人们赞赏的行为，从而使他走上诚实之道。

暗示的另一种是反的暗示。譬如，孩子跑来向父母报告一件事时，爸爸或者妈妈说："真的吗？你不要骗我呀！"

这样做，父母不能让孩子纠正撒谎的习惯，而是应该采取一种信任他的态度。

有一天，华盛顿在园里砍了一株樱桃树，他的父亲知道了，非常气愤，华盛顿急忙跑去承认，说是他砍的。这时，他的父亲不但不责备他，反而嘉许他，鼓励他处处要像这样诚实。以后，小华盛顿事事做得诚实，决不说谎，终于成为了一个伟人。

美国人认为华盛顿的父亲如果不这样做，就可能在小孩子的心灵上种下一个说谎的种子。孩子会认为，诚实还要受到惩罚，不如去撒谎，或许可以蒙混过关。

第三，做出榜样。

因为孩子的模仿性最大。身边人的言行，他们都会效仿。因此在美国，无论是父母或是教师，都往往很注意以身作则，自己去做诚实的事，不在小孩子的面前说谎。

除了自己以身作则外，在美国，父母和老师还非常注意讲一些诚实的故事给孩子听，譬如华盛顿砍樱桃树的故事等，拿故事中的人物去做他的榜样。

打骂只会让孩子经常撒谎

曾经有一位家长向儿童心理学家马克·汀姆询问说："我那孩子老撒谎，我简直没办法了，你看是怎么一回事？"

马克·汀姆回答说："是因为你经常打他。"

家长很吃惊，因为心理学家一语中的。

原来，马克·汀姆博士曾经在小学对100名差生和100名优秀生及其老师、家长进行过一次调查。调查的结果表明：在优秀生中，只有7%的孩子有撒谎现象，10%的家长打骂孩子；而在差生中，却有77%的孩子经常撒谎，71%的家长经常打骂孩子。

孩子为什么撒谎？马克·汀姆在调查中发现孩子们的回答是："我怕挨打或挨说。"

马克·汀姆博士认为，孩子来到这个陌生的世界，直到上学也不过六七年的时间，对世界充满好奇，但也充满恐惧。恐惧感是他们的年龄特征之一，也是孩子撒谎的心理原因。

他说："孩子在成长过程中，孰能无过？于是招来家长劈头盖脸的训斥、无情的打骂，老师的冷言挖苦，众人面前罚站。他们左躲右闪，无法逃脱，撒谎是他们一时解脱的法宝，事情败露后又是一阵急风暴雨。为遮掩错误，免遭折磨，接着撒谎，久而久之，成了顽症，老师嫌弃，家长无奈。"

马克·汀姆劝诫这位家长千万不要打骂孩子了。可是，家长说："你不知道，你要是不打他，他又上脸了。"

对待这样的孩子，马克·汀姆建议说：

a. 老师和家长首先不要嫌弃他，更不能对他丧失信心。

b. 不要轻易断言他是品德不好。

c. 作为教育者，要控制住自己的情感，不能一见孩子有错就气不打一处来。

d. 当孩子撒谎的时候，要深入了解他，分析他撒谎的原因。

e. 要向孩子保证：说实话，不惩罚。

f. 在改变教育方法的同时，加强与孩子沟通感情。

第四节
如何处理孩子的忧虑

孩子也会有忧虑的时候

苏珊忘不了全家人等待 12 岁的尼克拉斯接受心理测试结果的那一天。当得知诊断结果是临床忧郁症时，苏珊终于松了一口气。

8 年多来全家人过着自责、担心和怀疑的日子。10 岁的时候，尼克拉斯曾经拿着玩具枪对着头，满面忧伤，发着脾气说："这支枪是真的话就好了。"苏珊和丈夫虽然为孩子焦急和伤心过，但是，谁也不知道孩子得了什么病，更没有注意孩子在精神方面会有疾病。

美国儿童心理专家说，忧郁情绪是人类经历共有和普遍存在的，任何年纪都会出现忧郁，原因各不相同。忧郁是精神疾病的一种形式，它对整个感觉、思维和身体行为都有影响。儿童忧郁时，可以说出来，或者表现出不愉快、悲伤或急躁。大部分儿童患了忧郁症之后，能够从短暂的不佳情绪中恢复正常。但是，也有些儿童的忧郁如果不及时发现或进行治疗，会越来越严重，长期存在，就会影响日常生活。

据美国一些精神健康专家统计，每 8 个 13 岁至 19 岁的人中就有一个人得临床忧郁症。经历过丧失亲人、学习紧张、有压力或行为不良的儿童更容易患上忧郁症。

一般来说，儿童患了忧郁症是很难发现的。专家指出，原因有二：

(1) 人们一般很少考虑小男孩、小女孩也会有压抑感。

因为忧郁与愉快、无忧无虑的童年相违背。

(2) 童年忧郁与成年忧郁不一样。

事实上，美国精神病专家指出，忧郁儿童很可能有两副面孔。

一些孩子像乌龟一样，不愿意交际，安静听话，父母们却认为他是敏感和害羞。这一类孩子很依赖大人，总担心自己有病，或者害怕父母会死去。

另一些孩子则像饿虎一样，喜欢争强好斗，爱发脾气，家里常常被他搞得乱七八糟。这一类男孩常常被误归类于多动症。

苏珊的儿子尼克拉斯的问题有了答案之后，她开始从书店到图书馆，查阅了大量有关儿童忧郁症的资料，咨询了许多位精神健康方面的专家、内科医生以及父母们，并且还询问了众多的儿童，收集了令人惊讶的情况。然后，对孩子进行了治疗。

教孩子拒绝诱惑

一些美国家长发现，孩子在欲望得不到满足时也会产生忧郁。

“我常带儿子到超市，一进门他就东张西望。一次，他看得眼花缭乱之后，选择了一种果仁巧克力。可是，巧克力刚一落肚，他又后悔了：不买果仁巧克力就好了！他又眼热足球巧克力。”事后，年轻的费秀·萨拉穆太太对丈夫这样讲道，“可是，如果给他买了足球巧克力，说不定也会后悔，他还会喜欢一种汽车造型的巧克力。”

费秀·萨拉穆太太坚持不给儿子再买足球巧克力了，但是，不久她却发现儿子闷闷不乐，久而久之，孩子变得整天忧忧郁郁。她只好把他送到了精神健康医生那里。

“这不仅仅是巧克力，还有多少吃的、玩的、用的，让人贪恋不已呀！现在进了商店便会发现，无论是成人还是小孩，种种的欲望都会被调动起来，因为每一种欲望都是诱惑。”西斯·科教授看见费秀·萨拉穆太太的儿子感叹地说，“‘吃冰淇淋中大奖’‘吃方便面欧洲游’……这种公开的诱惑太多了。现在的孩子是在欲海里挣扎。就像这样大的小孩，玩过小汽车之后又可怜兮兮地说：‘妈妈给我买赛车好吗？’赛车跑起来比小汽车更激动人心。你说孩子不动心吗？多次这样的欲望得不到满足，孩子的心灵就充满失望，变得不安、烦躁，久而久之，就会形成一种忧郁病。”

因此，专家们劝告美国的父母们，要防止忧郁，必须教育孩子从小拒绝诱惑。

防止孩子忧郁的“药方”

美国加利福尼亚大学儿童精神健康研究中心公布了一份治疗儿童忧郁症的“药方”，其要点如下：

(1) 要耐心倾听孩子的话。

通过倾听孩子的心声，指导孩子把各种情绪：爱、恨或者烦恼，全部发泄出来。注意一定要用健康的方式方法。

(2) 帮助孩子树立信心。

对于好斗、发脾气的儿童，父母可以赞扬他有责任心、豁达、有毅力和敏感；对于离群孤僻、安静和喜欢抱怨的儿童，大人可以赞扬他刚毅、自信的性格。

(3) 对孩子要倾注爱心。

一些儿童喜欢消极抵触或者大发脾气，而另一些孩子却表现出迟钝、没精打采的样子。无论他们的行为举止怎样令人厌恶，每一位忧郁的孩子的心灵深处都渴望得到温暖、爱和关注。因此，对于患有忧郁症的孩子，父母更要付出比一般孩子更多的爱心。

(4) 及时进行鼓励。

当小孩大发脾气、孤僻消沉、紧张状态出现频率较少，较能听话时，这说明他们有进步了，已经能够应付小失望和挫折了，这时父母要及时给予鼓励。

第五节
如何处理孩子的暴力倾向

暴力行为充斥校园

2001 年，美国纽约艾尔弗雷德大学研究人员进行的一项调查显示，美国 3/4 的中学生担心自己的学校发生校园枪击案。这些研究人员调查的对象包括了 2017 名 7 年级至 12 年级的学生。调查结果还显示，20%的学生说，他们曾亲耳听到有的同学说过要枪杀某个同学。

事实上，美国校园暴力案件层出不穷。

1993 年，16 岁的高中生维特和两名同学带着利刃和铁管走进教室，准备报复一个同学，但是，正好这个同学不在，另一个同学罗伯特刚刚进门，突然维特将满肚子的怨气发泄到他的身上，对他毫无缘由地进行谩骂。

一阵激烈的争吵之后，两人开始扭打起来。维特忽然抽出利刃，猛地向罗伯特的要害部位刺去，结果对方立即鲜血直流。罗伯特“哎哟”一声，就结束了年轻的生命。

类似这样的校园暴力案件在美国屡见不鲜。在 20 世纪 90 年代，美国校园内恃强凌弱成为风气，以致不少孩子把这看成是校园生活的一部分。艾莫里大学的心理学家马歇尔·杜克曾在课堂上对 110 名学生进行调查，了解他们在中学里是否受到暴力威胁时，令他大吃一惊的是：所有的学生都举起了手。

在美国的报刊上，也常常见到“因为不给学生及格，老师险遭枪杀”“3 名学生围攻在枪口下的老师”“校长辅导学生招来杀身之祸”等诸多报道。

美国全国教育联合会估计，全美约有 10 万学生经常带枪上课，13%的校园枪杀案发生在小学和幼儿园。

1994 年 12 月，美国司法部对加州、新泽西州、伊利诺伊州和路易斯安那州进行调查发现，20%的学生说自己有枪，12%的学生经常带枪上课，16.2%的高中生自称在最近 1 年内与人打过架，7.2%的高中生说自己在校园内受到过武器恐吓。

1998 年美国人口普查局公布，全美每天有 30 名学生受到枪伤，10 人死于枪口下；每天有 211 名儿童因与毒品有关而逮捕。

2006 年 10 月 2 日，宾夕法尼亚州兰开斯特县一所社区学校发生校园枪击事件，造成包括劫持者在内的至少 4 人死亡、7 人受伤。2007 年 1 月 3 日，华盛顿州塔科马市的福斯高中一名 17 岁的学生被另一名学生射杀。4 月 16 日，弗吉尼亚理工大学发生美国历史上最严重的校园枪击事件，至少 32 人死亡。由于孩子越来越充满暴力倾向，美国校园变得越来越不宁静。

这成为美国家长们担忧的事情。

孩子的攻击行为根源——小霸王情结

在心理学上，儿童的攻击行为被称为“攻击破坏性行为”，一些美国的心理学家认为，攻击行为是一种目的在于使他人受到伤害，或者引起痛楚的行为，是儿童心理异常的表现之一，具有这类行为的孩子应视为问题孩子。

儿童的攻击行为，美国儿童心理学家认为，具有如下一些特点：

a. 在幼儿园阶段，主要表现为吵架、打架。

b. 稍大一些，如 6 岁到 7 岁，孩子会更多地采用谩骂、诋毁等方式，故意给对方造成心理上的伤害。

c. 攻击行为形成的关键是婴幼儿阶段。

d. 攻击行为存在着明显的性别差异，男孩的攻击性比女孩突出，男孩受到攻击后，会急切地想去报复对方。

e. 如果任其发展，到成年后，儿童的攻击性行为就可能转化为犯罪行为。

这些心理学家通过研究实验后认为，父母千方百计满足子女的各种要求，家庭中的玩具、食物优先“供应”，这样容易导致孩子占有欲旺盛等不良心态，如果还加上娇宠、放纵使孩子更容易为所欲为，稍不如意，就会以“攻击”的方式，来发泄自己的不满情绪，甚至发展到以攻击他人为乐。因此，对这类孩子应尽早进行教育。

破坏性玩耍也是一种暴力表现

一位父亲刚买回了一块金表，结果不到 5 分钟就被他 5 岁的儿子拆得七零八散，父亲怒不可遏，为此狠狠地揍了儿子一顿。

美国的一些心理学家认为，孩子的这种破坏行为也是一种暴力倾向的表现。但是，孩子的这种破坏行为却是他们探索世界的开始，也是他们创造性思维的萌芽。为此，作为家长，应该正确对待和引导孩子这种“破坏性玩耍”行为，保护孩子智慧的火花。

那么，该如何保护孩子智慧的火花呢？专家的建议是：

(1) 父母应了解孩子这种行为的真正意义所在。

孩子的这种行为，其实也是玩，是儿童的一种学习方式。孩子在玩中学习，增长知识，培养能力。父母如果强行中断孩子感兴趣的活动，只让孩子学习课本上的东西，就会使孩子的活动范围过早地局限在窄小的领域里，影响孩子智力的开阔性与广泛性，特别是创造潜能的发展。

(2) 为孩子选择好适当的“玩具”。

对孩子的破坏性玩耍，作为父母，不应用禁止的方法，而应正确加以引导。

首先，父母应告诉孩子有些玩具可以拆，有些玩具不能拆，家中非玩具性物品，特别是贵重物品不能拆。

其次，要为孩子选择可拆装性玩具。家长可以将家里准备淘汰的东西让孩子去拆，如坏钟表。还可以给孩子买一些缀合模型，如航模、船模等。

(3) 引导孩子将拆开的玩具组合起来。

许多孩子对玩具或物品只知拆，不知装。组装玩具能帮助孩子更透彻地了解物品及玩具的操作原理。但是，组装玩具的难度要比拆散玩具更大，孩子经常是因为装不上而放弃尝试。在这种情况下，父母应对孩子给予指导、启发。

引导孩子将拆开的玩具组合起来，可以有以下几个方面的作用：

a. 当孩子组合完一个玩具或物品时，他们会体验到巨大的成功，了解到具体的内在价值。不仅学到了知识，增强了自信与探索欲，也知道珍惜玩具或物品了。

b. 教育孩子将拆坏的物品重新组装好，可以纠正孩子的破坏性行为，使知识教育与品德教育有机地结合起来。

☆ ☆ ☆ ☆ ☆

对于孩子的暴力倾向，有些父母往往采取硬碰硬的方式，对孩子进行体罚。

美国儿童中心一份研究报告表明，被父母体罚的儿童成年后吸毒和酗酒的可能性是未被体罚儿童的 2 倍。那些被体罚的儿童日后产生焦虑症、反社会行为倾向和抑郁的可能性增加。受调查者的年龄介于 15 岁到 16岁。研究人员根据接受调查者的反应进行研究，在偶尔被打的受访者中，患上各种病症的比例为：

a. 21%患上焦虑症。

b. 70%患上抑郁症。

c. 13%酗酒。

d. 17%嗜毒或患上其他病症。

“不是每个童年被打的人都会日后引起身心失调。”哈丽雅特·麦克米伦医生说,“有些人可能会引起身心失调。由于我无法预测谁会有失调的问题，家长应该采用别的处罚，以避开此危险。”

据该中心过去的研究报告，约 70%到 75%的美国家长体罚过他们的孩子。在受访者中，有 41%在童年时“很少”被打，34%说“有时”被打，21%说“未被打过”，5%表示“经常”被打。但麦克米伦医生说，实际的体罚现象比数据所反映的更为普遍，这是因为孩子在三四岁时经常被打，许多人长大后都记不起来了。

她希望调查结果会使家长避免体罚孩子。

如何淡化孩子的攻击行为

“攻击行为是孩子宣泄紧张情绪的消极方式，对孩子成长危害极大。”科蒙教授说，“因此，对孩子的攻击心态必须加以淡化。”

当孩子出现攻击性行为倾向时，美国父母的一般做法是：

(1) 进行正面教育。

美国人认为，爱欺负人的儿童，多半来自父母喜欢打骂孩子的家庭，孩子从父母解决问题的方式中，学会了攻击性的行为。因此，当孩子做错了事时，儿童专家们建议，不可动不动就打骂，而应该注意与孩子讲道理，进行正面教育。进行正面教育，要做到 3 个方面：

a. 使孩子知道自己错了。

b. 使孩子知道自己错在什么地方。

c. 鼓励孩子自觉改正错误。

(2) 采取转移注意法。

转移注意法，就是对有攻击行为的孩子用一些有趣的事转移他的注意力。

转移孩子注意力，美国父母的主要方法常常有：

a. 能量消耗。

例如，在孩子情绪紧张或者怒气冲冲的时候，父母往往带孩子出去跑步、打球，或者进行其他户外活动，目的是减少孩子“攻击”能量，转移其注意力。

b. 培养兴趣。

例如，绘画、音乐是陶冶性情的最佳途径，父母常常引导孩子经常从事这类活动。通过兴趣转移，帮助孩子恢复心理平衡，逐渐消除攻击行为。

第六节
如何处理孩子的不良嗜好

提供酒水的聚会

伽仁·阿德勒搬到了美国中部一个只有 500 人的小镇，他很惊讶他 16 岁的女儿劳拉被频繁地邀请参加一些提供酒水的聚会。

“如果我们对之放任，”他说，“劳拉每个周末都可以去参加一个这样提供酒水的聚会。”

在美国，一个孩子如果想要得到毒品，他往往得从朋友或毒品贩子那里偷偷摸摸地想办法，但是，对于酒精，他却很轻易地得到。一位 16 岁男孩的母亲说：“我们都在期待着那一个晚上，父亲开着车把孩子带到一棵大树旁，给孩子们举行一个聚会，谁知他们却准备了很多桶酒，这似乎是不可避免的，但是对我来说，却是无法理解的。”

由于人们酗酒，美国人常常把酒精看作是一种毒品。事实上，美国孩子酗酒也确实是一个严重问题。根据美国国家酒精滥用和酗酒机构统计，美国孩子酗酒已经令人触目惊心了。

a. 14岁到 17 岁的美国青少年中，已经有 3 万多的孩子存在严重的饮酒问题。

b. 美国高校学生中，有 1/3 的人至少 1 个月醉酒 1 次。

c. 最近 5 年中，被抓住醉酒开车的孩子数量是以前的 3 倍。

d. 每 10 个死于醉酒开车事故的人中，有 4 个是孩子。

一位母亲的女儿叫贝齐，今年 17 岁，是高中高年级学生。在一次足球比赛后，她去参加一个聚会，在聚会后，她开车把她的朋友们带回了家，一个个醉醺醺的。

“这种事情是第一次发生，”这位母亲说，“我很生气，几乎无法和她交谈。”

后来，她平静下来，才问女儿：“贝齐，在这种情况下，假如你是父母，你会怎么做？”

贝齐说：“我不知道会怎么做。”

母亲继续问道：“我确实想知道你认为怎样处理才公平。我知道，我对你喝酒很生气，但我打算做出一个公平的决策，因此我想知道你的想法。”

贝齐回答：“好吧，假如我是父母，我可能不让她参加任何这种形式的聚会，因为聚会上喝酒是不可避免的。”

尽管美国人都认为，饮酒能解除道德对人的束缚，会让孩子做出他们冷静时永远也不会做出的事情，但是，贝齐说出的情况在美国的孩子中确实是普遍地存在。

在美国儿童中，酗酒是与吸毒同样严重的另一个社会问题。

饮酒能够解除人对道德的约束

有一封这样的信：

亲爱的安·兰德斯：

如果我的母亲知道我所做的这些事，她会痛不欲生的，而我的父亲则可能会杀死我。上帝也帮不了我。自从1月1日起，每晚我都哭得两眼红肿，我把这个丑恶的故事说给你听，希望你能帮助我。

我们4个十七八岁的好朋友在同一个学校，决定一起度过新年之夜。其中有一个独自在家，家人都离开了。我也被从家里赶出来和我的女朋友共度那个晚上，于是我们去了那人的家。

音箱里的音乐很强烈，我们疯狂地跳舞，精神亢奋。有人拿出了大麻，我们开始吸食，接着是饮酒，这就是一切变糟的原因。我们开始玩接吻游戏。

半夜了，我们都很疯狂。一个女孩建议玩脱衣扑克游戏。

为什么不呢？我们又吸食了更多的大麻，饮了更多的酒，很快，我们每个人的衣服都脱光了。这时又有一个人建议“聚众淫乱”。

我们在隔开的两个卧室里性交，并在客厅里定了1个小时的闹钟。闹铃响后，我们就开始交换彼此的搭档，再玩1个小时，4个小时后，我们又和最初的搭档碰到一块儿了。早上7点我们的聚会才结束，大家各自回家了。

但是，对我来说，以后一直很难过，我无法再去面对那些人，我不知道他们是否和我一样觉得羞愧，或者认为我很轻浮。

我应该把那晚上的事情忘记，重新生活吗？它已经永远毁掉了我的一生吗？我才17岁。

菲利浦·本

美国人认为，饮酒能解除道德对人的约束，会让孩子做出他们冷静时永远不会做的事情。因此，父母应该承担起不让孩子过早饮酒的责任。

对于菲利浦·本的事情，他的父母不应该在新年之夜外出，把孩子独自留在家里，父母应该承担部分责任。

那么，父母如何教育孩子远离酒精呢？

托马斯·里纳克在《美式家庭——品质教育方略》一书中，对父母的建议是：

a. 自己不要饮酒过度。

b. 告诉孩子饮酒的危害性。

c. 帮助孩子预先学会在被邀请饮酒时如何拒绝。

d. 努力帮助孩子参与家庭，参与生活，树立自尊、自信。

e. 屡教不改，可以进行适度的处罚。

多数十岁以上的孩子尝试过吸毒

1999 年 3 月，克利夫兰州，一位名叫史蒂文的孩子找到心理学家、戒毒研究者罗伯特·C 博士，抱怨自己糟糕的学习成绩。史蒂文说，他曾经是一个优秀的学生，现在注意力不集中，记忆力也下降。他觉得自己以前喜欢的东西现在都成了累赘，他整天无所事事。

罗伯特博士发现史蒂文写字把“de”写成“b6”，于是向他推荐一种脑电波测试。测试的结果表明，史蒂文的脑电波明显地不成熟，属于典型的 6 岁到 8 岁孩子的水平。原来，史蒂文是一个慢性大麻吸食者，几乎每天都要吸食，于是，罗伯特博士建议他停止吸食大麻 2 个月，史蒂文答应了。

2 个月后，史蒂文的脑电波还没有恢复正常，但是，他的情绪和记忆力、言谈方式等大有提高，于是，罗伯特博士又建议他停食 2 个月毒品，结果史蒂文的脑电波恢复了正常。

这极大地鼓舞了罗伯特博士，他先后又治愈了 69 个孩子。

在美国，虽然孩子吸毒的人数近几年有所减少；但是，美国孩子的吸毒水平在世界青少年吸毒者中所占的比重是最高的。大多数超过 10 岁的孩子都尝试过吸毒，并且主要是抽大麻。

青少年吸毒，是美国家庭和社会的一大问题。

孩子吸毒与道德

与大多数中国人的认识不一样，美国人认为吸毒是一个人的道德问题，吸毒有碍于孩子的道德发展。

那么，在美国人的眼中，吸毒与道德发展有什么联系呢？

美国道德教育协会前主席托马斯·里克纳在他的《美式家庭：品质教育家长对策》一书中归纳了一般美国人的看法。他提出：

(1) 吸毒会毒害孩子的身体，伤害人的自尊。

吸食毒品，实际上就是自己虐待自己，这是有违于人类道德的。

(2) 吸食毒品要耗费大量的金钱。

一个人如果吸毒，他所需要的金钱是超过一个孩子所能够拥有的金钱数量。为了吸食毒品，他们往往会去偷窃，甚至抢劫，或者以其他不正当的手段去捞钱。

这种获取金钱的方式，是有违于社会道德的。

事实上也是如此，一位刚 9 年级的男孩就已经深深地陷入了毒瘾，他说：“撒谎、欺骗和偷窃成了我整个生活的一部分。”

(3) 吸食毒品，其中吸入的四氢大麻酚直接影响基因物质。

这个结论已经为哥伦比亚大学的心理学家、外科医生戈伯莱·纳哈斯教授发现和证实。因此，假如一个孩子吸毒，他不仅伤害自己的身体、心理，而且还可能影响基因情况，并给他以后未出生的孩子和孙子投上阴影。

人类基因的破坏，是对人种繁衍的道德的侵害。

托马斯·里克纳教授还指出：深陷毒瘾的孩子就像深陷性欲中的孩子一样，活着的目的就是去多弄钱，不再积极参与那些正常的活动，例如参加体育活动，更谈不上去为社会做一些贡献。这不利于孩子正常的人格和道德发展。

把吸毒提升到道德的水准，这是美国人的一大独创。事实上，这样的认识是有利于父母和社会处理孩子吸毒这一社会难题的。

如何帮助孩子远离毒品

在美国，孩子在生活中面对着种种的吸毒威胁。作为父母，采取什么措施来进行避免呢？

托马斯·里克纳在《美式家庭：品质教育家长对策》中提出的方法是：

(1) 让孩子认识到不吸毒明显有助于形成正直的人格。

托马斯·里克纳教授对一些父母说："假如你吸毒，你可能并不会认为吸毒是一种罪恶，但即使你吸毒，也不要允许或放纵你的孩子吸毒。孩子由于在精神上或道德方面都没有成年人成熟，并且承受着更多的社会压力，还远不能处理这些问题。"

(2) 让孩子确切地了解毒品，知道吸毒的可能后果。

(3) 帮助孩子预先防止可能被逼吸毒的情况。

有些人可能会在游乐场或者晚会上靠近孩子，并逼迫他们尝试吸食毒品。因此父母必须事先对孩子进行预防教育。孩子受到父母的教育，有了防备想法后，遇到这种情况时，就会说"不，谢谢"或"滚开"，真正拒绝他们。

(4) 帮助孩子树立自尊。

当孩子树立自尊后，他就会有自己独立的人格，增强抵抗毒品的能力。

(5) 让孩子参与家庭生活，并经常与他们沟通。

当父母和孩子关系密切时，他们就难以去吸毒；关系密切，父母也容易发现和制止孩子吸毒。

(6) 鼓励孩子参加那些能给他们目标感的活动。

一般来说，没事可干的孩子往往比那些生活充实、成功的孩子更易于吸食毒品。

(7) 警惕孩子可能吸毒的迹象。

这些迹象包括：

a. 不同寻常的急躁。

b. 令人吃惊的不友好。

c. 不尊重父母和大人，不尊重老师，等等。

d. 冷漠、无精打采。

e. 无缘无故撇下朋友不理。

如果怀疑孩子吸毒，父母首先要试着和孩子直接谈话，并做好交谈失败的准备。当自己无力帮助孩子的时候，要寻求他人的支持。当知道孩子吸毒后，不要手足无措，而是要去为他找一个有名的全天候戒毒机构彻底进行戒毒。

第五章

面对生活中的诱惑

第一节
如何对待孩子的电视吸引

电视对孩子的诱惑

2001 年 3 月，美国著名的凯泽家庭基金会公布了一份研究报告，其中关于儿童与电视有如下令人吃惊的数字：

(1) 5 个半小时的业余时间。

每天，普通美国儿童有近 5 个半小时的业余时间用在看电视、使用计算机和听音乐等活动上。

在这种情况下，凯泽家庭基金会主席德鲁·奥尔特曼指出：“看电视、玩电子游戏、听音乐和上因特网冲浪，已经成为美国儿童的‘专职工作’了。”

(2) 超过 38 小时。

18 岁以下的儿童和青少年每星期接触各种媒体的时间超过 38 小时。

38 小时的概念是美国全职工作人员一个星期的工作时间。

(3) 2/3 的人。

8 岁以上的儿童有 2/3 的人一边吃饭一边看电视，而且自己的房间里有电视机。几乎同等数量的孩子说，他们的父母对他们看电视的时间和内容未加任何限制。

尽管孩子们随处都可以接触到计算机和因特网，但是，他们每天利用计算机娱乐的时间少于 30 分钟，而他们每天看电视的时间却长达近 3 个小时。

凯泽基金会媒体和公共卫生计划负责人维基·赖德奥特认为：“计算机可能会成为未来的浪潮，但在今天，电视机仍然控制着孩子们大部分的时间和注意力。”

☆ ☆ ☆ ☆ ☆

在南达科他州的皮尔市，3 岁的女孩子小詹妮脸上突然生出许多难看的斑点，父母把她送到州立医院看病时，医生说，小詹妮得的是“电视病”。

儿童医院神经内科博士约翰·智胜指出，电视荧屏上存在大量的静电，它有集尘作用，灰尘会借光的传递射向人的面部，使皮肤产生变化甚至受到伤害，如果每天看电视 2 小时以上而又不清洗面部灰尘，脸上就会生出斑点。

约翰博士说，电视病还有几种症状：

a. 儿童一边吃东西一边看电视，会使肠胃紊乱。

b. 每天看电视机 3 小时以上者，日久有可能患胃下垂或消化性溃疡和视力减退等疾病。

c. 长期看电视不运动，则容易患上肥胖症。

美国《基督教科学箴言报》说，美国许多电视节目误人子弟，电视在美国对儿童产生了特别重大的影响，它引用迪斯尼电视公司董事长理查德·弗兰克的警告说：“如果电视不改变今天的现状，那么它会造成整整一代人成就不佳。”

在美国，有关专家和越来越多的人开始意识到，看电视使人被动、懒惰，不爱动脑筋，变成“坐巢蜘蛛”和“沙发上的土豆”。儿童受害更大。一位美国研究儿童发育和行为的专家说，如果一个儿童在一周内看电视超过了10个小时，就会限制他的思维活动范围，影响他与人交流和语言能力，并且缺乏创造性。

关掉电视一周

美国目前学龄儿童平均每人每周看电视多达30个小时。为此，一个叫“免看电视的美国”的全国性组织诞生了。

这个组织希望人们，特别是少年儿童少看电视，并组织全体美国人发起了一个“关闭电视一周”的活动。

这种不看电视的活动在美国并不鲜见，美国地方的许多城镇和乡村都不同程度地开展过这样的活动，甚至康涅狄格州的法明顿地区曾实行了“一个月不看电视”活动。其中，有1/4的居民做到了不看电视。

“关闭电视一周”活动的目的并不是要人们永远不要看电视，而是希望让人们，尤其是少年儿童自我节制，减少看电视的时间。

这一活动立即得到了美国教师协会、医疗协会、义务教育协会以及全美父母协会的支持。数以千计的学校、图书馆、教堂和社区组织也纷纷出面，鼓励家庭和儿童参加这项活动。

在这一活动中，为了不让6岁的女儿成天看电视，弗吉尼亚州费尔法克斯县的一对夫妇把电视藏到了壁橱里。

开始的时候，孩子以为是闹着玩的，但是，到了下午就吵着要把电视搬出来看，爸爸妈妈没有答应她，第 2 天，孩子仍然闹个不停，并指责父母“虐待儿童”。

但是，坚持 2 个星期以后，孩子就已经习惯了，不再闹着要看电视，而是用心去读书，或者与别的孩子玩耍了。

如何让孩子少看电视

孩子沉迷于电视，一坐在电视机旁就被可爱的卡通人物牢牢抓住，无论父母怎么劝都无动于衷。究竟有什么方法可以让小电视迷们少看一点电视呢?

“客观地说，孩子紧盯电视不放的坏毛病，是长时间以来呆板的生活模式所造成的结果，”美国一些儿童行为教育专家们说，“这绝对不是用口头禁止、威胁，就能把这个习性给扭转过来的，通常要运用‘转移注意力’的方法来终止孩子对电视的坚持性，并以‘提高兴趣’的策略，让孩子多接触其他活动。当孩子感受到还有比看电视更有趣的事情时，才有可能将专注于电视的眼光移开。”

为此，美国人降低电视对孩子的魅力，一般采取如下做法：

(1) 丰富孩子课后的返家活动。

孩子放学后回到家里，这一段时间是孩子看电视的时段，为了不让孩子沉迷电视，父母常常花心思在这一段时光安排孩子进行课后学习，或者到户外去，和他一起开展休闲运动，用其他活动度过这段时光。这一做法常常能有效转移孩子对电视的兴趣。

(2) 父母适度改变个人的工作或家事步骤。

孩子放学回家的时段，大多是家庭主妇忙于准备餐点的时段，为此，一些妈妈改变自己家事执行的步骤，或将家事简化，扮演好电视把关人的角色，抽空陪伴孩子进行所期待的活动。

(3) 规范全家人的看电视习性。

因为看电视会影响孩子的注意力，美国一些家庭往往全家人一起重新检讨看电视的习性，规划出每日固定的收视时段，让孩子明确知道何时才是他的看电视时间。之后，父母也以身作则遵守规定，带领孩子改变惯有的看电视习性。

(4) 以“看电视”作为行为奖励品。

在美国，一些专家也说，事实上，一律反对儿童看电视，这不是明智家长的做法。优良的电视节目可以带来欢乐及提供知识。因此，一些家长常常把看电视作为对孩子的奖励品之一。

“这样，不仅能满足他想看电视的欲望，更能引导孩子产生好的行为，”玛丽把自己的经验告诉别人时说：“如此一来，孩子看电视就不再成为父母的眼中钉了。”

幼儿看电视要注意的地方

一些儿童教育专家认为，幼儿看电视是早期教育活动的一种，因噎废食的做法自然没有必要。但是，众所周知，电视的辐射对孩子的健康会造成一定程度的负面影响，这令许多家长忧心不已，甚至不许孩子适当地看一看电视。

对于这一点，美国人认为，这也是不可取的。为了孩子的健康成长，家长应适当注意孩子看电视的保健卫生。

为此，一些美国儿童保健和研究专家列出了他们研究的妙方：

(1) 多吃含维生素 A 的食物。

(2) 调整好孩子与电视机的距离。

孩子看电视应距电视机 1.5 米以上，电视机屏幕中心高度与眼的水平线一致。否则，孩子的眼睛易发生疲劳。

(3) 电视机的亮度应适度。

过亮对孩子眼睛的刺激太大，太暗也容易使眼睛疲劳，最好室内安装一个辅助光源，即 8 瓦以内，与电视屏幕相对应。

(4) 注意音量。

电视机的声音太大，易失真，产生噪声。幼儿听觉器官娇嫩，它的功能在不断完善过程中，任何微小的不良刺激都会带来危险，会影响听觉的正常发育；音量过大，会降低孩子听觉，长期听过大音响，可形成重听的毛病。

电视机的音量调节应以孩子的听觉来衡量、调节。

(5) 看电视后要洗脸。

电视机开启后，机内电子流对荧屏不断轰击，使荧光屏表面产生静电荷，静电荷对空气中的灰尘有吸引作用。据检测，荧光屏周围的灰尘中通常有大量微生物的变态粒子，如果灰尘常久附在人体皮肤上，则有损皮肤，所以，看电视后给孩子洗脸，可保护面部皮肤。

(6) 选看电视节目。

目前，电视内容鱼目混杂，有些不健康的内容对涉世未深的孩子更是有害无益。幼儿神经发育尚未健全，易受惊吓，导致夜眠不安、梦惊。家长应为孩子选择知识性节目，不宜有离奇惊险的武打和凶杀片。

第二节
如何对待孩子的网络疯狂

虚拟的网络是陷阱吗

目前，美国有 1 亿多孩子上网。2005 年美国教育部一份调查报告显示：在美国的托儿所中，大约有 23%的孩子上网。这一比率意味着，托儿所里每 4 个孩子中，就有一位掌握了甚至连部分成年人还未学会的上网的本领。

但是，孩子上网还存在许多的问题。

早在 2008 年 6 月，宾夕法尼亚大学的传媒与通信学教授蒂姆斯·兰波对 511 名在校学生进行调查，有 1/3 的受访学生承认在网上接触过色情内容，11%的学生在网上看到过如何搞到毒品的指导，8%的学生在网上访问过枪械站点，或看到过关于如何制造武器的材料。

在蒂姆斯·兰波教授的调查中，大多数受访学生表示，他们一开始上网都有正当的理由，比如为了做作业、查资料等，但是，上网中碰上色情、暴力和毒品内容，时间一长，便会情不自禁地浏览，有时甚至一发不可收拾。

在美国，新一代的孩子越来越注重个人隐私，家长更难以了解自己的孩子。这更加大了网络对孩子的负面影响。

迈克是纽约市郊区的一个13岁的男孩，他经常独自上网浏览。几年前，他的父亲曾在窗外对他进行监视，但是，现在迈克自己有一台iPad，可以自由上网，父亲再也无能为力了。

迈克告诉别人说："上网之后，可以下载许多东西，包括《无政府主义手册》之类的材料。"

《无政府主义手册》是一本指导读者如何制造炸弹的书。迈克说，他的一位朋友就从网上下载这本册子之后，制造了一颗大炸弹。

青少年上网，无论是家长、老师还是社会学家无不谈虎色变。

美国暴力与破坏行为研究所的一位负责人说，美国孩子置身于"一个几乎没有成年人的虚拟世界中"。

专门研究家庭与传媒的马里兰大学学者谢里·帕克斯说："过去最大的问题是青少年沉湎于色情和毒品，时至今日，这些问题依然存在，只是出现了新的形式，家长和孩子们更加防不胜防。"

但是，华盛顿大学的互联网研究人员马尔克姆·帕克斯却认为，大多数青少年的网上活动都是有益的。他说：虽然有一些学生上网的动机值得怀疑，但大多数人上网是为了发送电子邮件、访问聊天室或娱乐网站、做作业，或下载歌曲。

《网络与家庭》一书的作者约瑟夫·图鲁曾经采访了许多学生家长。在受访者中，有60%的"在线"家长和70%的"不在线"家长认为，网络会使孩子与人隔绝。但是，也有40%的"在线"家长和26%的"不在线"家长不以为然。75%的家长认为孩子上网可以增广见闻。约瑟夫·图鲁说："家长希望互联网成为理想的教育工具，但是同时又担心孩子们接触到大量有害的内容。"

以前，很多孩子喜欢看动画片，喜欢长时间趴在电视机前。现在，随着网络、电子产品的发展，孩子除了看电视，又开始迷恋电子游戏。目前，在美国，网络正成为家长和教育家们日益关注的一件大事。

“电脑既不是万能的，也不是有害的”

网络、通讯电子的发展，不断改变着人们的生活方式，在丰富生活、带来便利的同时，也会产生很多负面影响，尤其是对于儿童，因为他们自制力相对较弱。在世界性的网络热潮中，对儿童学习电脑这一新生事物存在着两种截然相反的意见。像法国、意大利等国，不主张儿童过早地学习电脑。为此，美国的家长和儿童教育专家也展开了一系列的讨论。最后的结论也颇令人寻味：

“电脑既不是万能的，能解决一切问题，也不是有害的。”

具体来说，结论的意思是，年幼儿童需要电脑并不比他们需要其他许多有价值的学习用品更突出。但是，儿童在正确指导下，懂得了使用电脑，并没有失去什么东西，相反，能获得很多益处。如果引导方式不恰当或枯燥乏味，学习使用电脑，对儿童来说，将会毫无益处。

对此，美国著名的儿童教育家和媒体传播学研究员道格拉斯·H. 克莱门茨专门进行了独到的研究。他的问题很广泛，也很有代表性：

(1) 电脑是否适合年幼儿童的发展。

最近的研究已经发现，学前儿童比人们想象的要有能力得多，孩子们所参与的许多活动都是使用符号的，因此，学龄前儿童在使用电脑程序中会受到益处。

解决这一难题的最好方法，是让儿童去选择和参与适于他们自己的水平的活动。

(2) 儿童和电脑的相互作用。

学龄前儿童，如果一开始就得到了成人的支持，他们只需最低限度的教学和指导就能合理地进行操作。

使用标准键盘，对儿童来说，是不成问题的，它常常胜过其他诸如游戏棒之类的玩具或教具。对许多孩子来说，打字是激发动机和培养感知能力的源泉。

学龄前儿童能够成功地运用适合他们年龄的软件。

(3) 年龄的大小。

虽然年龄较大的孩子可能对使用电脑比较感兴趣，但是，几乎没有证据表明不应将电脑介绍给小的孩子。在学龄前儿童中，较小的孩子和较大的孩子使用电脑的方法之间，没有发现较大的差异。

(4) 平等：女孩和男孩。

绝大多数的报告认为，女孩和男孩，在电脑使用的次数和类型方面，并没有差异。

(5) 社交与情感的发展。

a. 交往与合作。

1986 年，美国电脑教育专家利平斯基等就指出，在电脑使用中的社会交往与其他游戏领域中的相互交往是相似的。电脑更有助于孩子们进行社会交往和合作，有助于友谊的形成，并且电脑更有助于儿童共同进行的结构游戏。

b. 教育与帮助。

当孩子们在电脑上操作时，他们在电脑环境里会自发而有效地互教互帮。

c. 社交和认知的相互作用。

电脑能同时促进社会性和认知两个方面的相互作用，并体现为一种环境，在这种环境里，社会性的和认知的相互作用都会受到鼓励，两者相辅相成。

(6) 儿童使用电脑。

1985 年，儿童学家海森通过对 5 岁孩子的观察发现，与看电视相比，电脑的使用使幼儿产生了更多主动的、积极的和富有情感的面部表情，同时也产生了更多的微笑。而且，孩子们在使用电脑时经常讲话，或者相互之间讲话，或者与观察人员讲话。他们非常活泼，显示出多种多样、复杂的面部表情。

因此，他的结论是：电脑有利于增强孩子们的交往和自信心。

安全上网 10 准则

随着网络的发展，在美国，孩子上网越来越成为很平常的事情。有关专家向家长推荐了父母应向孩子反复宣讲的 10 条安全上网的准则。这 10 条准则是：

a. 在网上交谈或写电子邮件的时候，要保持礼貌与良好的态度。

b. 邀请爸爸妈妈和自己一起上网，并把网上好玩的事情告诉他们。

c. 上网时间不要超过 1 小时，或遵守爸爸妈妈约定的时间。

d. 千万不要把自己和家人的照片、地址、电话、学校、班级等情况告诉网友。

e. 千万勿与从未见过面的网友约会，除非有大人陪伴，见面一定要在公共场合。

f. 未经网站管理人员许可，不要随意使用网上的图片、文字，也不要随意下载文章、音乐、图片，以免侵犯他人著作权。

g. 收到来历不明的电子邮件不要回信，不要保存，尽快删除后告诉家长。

h. 不要把自己在网上使用的密码名称告诉朋友，以免有人冒用。

i. 只要是看到感觉不舒服的站点或邮件内容，马上离开告诉家长。

j. 当在公共场合上网时，离开后一定要关闭浏览器，以免别人有机会使用你留下的个人资料。

学校网络化成为孩子学习的天堂

1995 年，在美国出现了第一批安装电脑三维动画“虚拟现实”设备的流动教学车。这是由美国西屋科学基金会和华盛顿大学共同发起的。它的目的是通过更直接、形象的教学方式，增加孩子对课堂知识的兴趣和理解能力。

目前，美国有 10 多个州为中小学提供了这种教学服务。

在西弗吉尼亚州，政府与贝尔大西洋公司合作，正在大力实施一项旨在最终使全州公立学校进入互联网的“世界学校”计划。

为了适应信息时代的需求，许多发达国家，如英国、日本、德国，正采取一系列措施，加速发展信息化教育，美国也加快了通过计算机培养一流人才的步伐。

早在 1996 年，美国国会就决定对中小学和图书馆使用因特网实行一系列优惠。随后，克林顿总统提出，到 2000 年因特网要通向“每一所学校、每一间教室、每一座图书馆和每一个儿童”。为此，克林顿说，全美国要实现 4 项具体目标：

a. 所有教师和学生都能在教室内使用电脑。

b. 所有学校的教室都与因特网相联结。

c. 所有学校都用电脑软件和网络辅助教学。

d. 每一位教师都具有帮助学生利用信息技术学习的能力。

据此，美国联邦通讯委员会提出了具体方案。这个方案根据地区的贫富情况不同而实行 20%到 90%的优惠。为解决经费问题，国会允许动用联邦通用国家服务基金对中小学和图书馆实行补助；在 1998 年联邦预算中，联邦政府还把学校技术投资增加了 1 倍，达到 5 亿美元之多。

与此同时，全美国分为 6 个地区，建立地区教育技术的网络中心。

这些中心既为各种教育机构提供技术支援，又为教师提供技术培训。

2000 年 2 月，美国全国教育统计中心对中小学校联网情况的统计显示，全美公立学校与因特网的联结发展迅速，从 1994 年以来，与因特网联网的中小学数目增加了 1 倍多，联网教室数目增加了 8 倍。1994 年，全国 35%的学校上了因特网，1997 年达到 78%，有些地区超过了 84%。目前，全美几乎所有学校都能上网。

2013 年 6 月，美国总统奥巴马在北卡罗来纳州穆尔斯维尔的一所中学发表演讲时问道："我们的国家希望人们在喝咖啡有免费的网络，为什么学校就不能拥有这样的服务？"随即宣布一项计划，旨在使得几乎全美所有学校，尤其是乡村地区学校都能上网，并享受高速网络服务。

这项计划要求美国联邦通信委员会在未来五年内向全美 99%的学校提供高速数字化基础设施。

这项计划筹集资金的途径，即将所有长途电话用户每月的普通服务费用提高 40 美分。这部分收入正为学校和图书馆 E-Rate 互联网接入项目每年提供 23 亿美元的支持。此外，美国政府将出资 70 亿美元以推动对乡村地区的学校的互联网接入。

为提高网速，他们希望能够动用初等和中等教育法案中针对教师科技培训的部分资金。美国教育部认为，这样的计划将有助于美国学生掌握更多知识并在全球范围内竞争，其中也包括目前学校网络接入率 100%的韩国。

美国教育部称，实现数字化教育的门槛是网速达到 100mbps，也就是目前普通学校网速的 10 倍到 100 倍。毫无疑问，通过网络进行学习，将成为美国儿童接受知识的主要方式。

第三节
如何对待孩子迷恋电子游戏和电子产品

玩电子游戏能激发孩子的创造力

2010 年，全球电子游戏产业年产值高达 500 亿美元。美国大约 72%的美国家庭玩电子游戏。

美国一项调查显示，电子游戏或可激发儿童的想象力，有利于培养孩子的创造力。这是研究人员首次揭示技术产品运用与创造力之间的关联。但长时间沉迷于打电玩，对儿童身心健康均有不利影响，因此研究人员强调，这项研究结果并非鼓励儿童多玩电玩。

密歇根州立大学心理学教授琳达·杰克逊带领研究小组参与“儿童与技术项目”，调查 491 名 12 岁中学生，询问他们对不同技术产品，譬如手机、电脑、互联网、电子游戏等的使用情况。

随后，研究人员让学生们参加“托兰斯创造性思维测验”，测验内容包括用曲线画一幅“趣味盎然”的画，给画作取名字，然后根据画撰写故事。结果显示，男生玩电子游戏多于女生，所玩游戏类型也有所不同，男生偏向暴力和运动类游戏，女生更喜欢互动型游戏，互动对象有人类，也有非人类。

研究人员发现，孩子们玩电子游戏时忽略性别、种族和游戏类别等因素，但电子游戏与孩子的创造力存在关联，玩游戏越多，创造力越强。

这项调查结果可能激励游戏设计人员弄清电子游戏哪些方面能够激发创造力，杰克逊说："一旦他们这么做，设计出来的电子游戏将更有益创造力的开发，同时兼具娱乐价值，新一代电子游戏将模糊教育与娱乐间的差异。"

但是，杰克逊又强调，这项调查只关注电子游戏与创造力的关联，并非鼓励儿童多玩。在美国，约78%的家长允许他们不到11岁的孩子在家里使用平板电脑。但是，他们多数人的观点是：

a. 玩电子游戏有碍儿童发育，长时间玩游戏致使户外活动时间减少，影响体质。

b. 暴力类电子游戏会降低孩子大脑对暴力行为的敏感程度，让孩子变得具有暴力倾向。

c. 孩子的自控力差，如果痴迷于电子游戏，废寝忘食玩游戏，可能会发生为玩游戏逃课、盗窃、夜不归宿等情况。

d. 电子游戏可以玩，应该适时、适度、适可而止。

美国一项研究发现，不足7岁的儿童玩电脑游戏会影响大脑的正常发育，因此，不少教育专家建议禁止7岁以下儿童玩计算机游戏，以免影响大脑正常发育。

☆ ☆ ☆ ☆ ☆

2013年12月，美国心理学会发表报告称，玩电子游戏，甚至射击游戏，不再只是我们通常认为的智力懒惰，它们也有可能提高孩子的学习能力、社交能力和健康状况。

这份报告指出，"虽然人们普遍对电子游戏，尤其是射击游戏持否定态度，但实际上，它们也有可能增强玩家的一系列认知能力，如立体感、推理能力、记忆力和感知能力等。”

根据 2013 年的一份数据分析，射击游戏可以提高玩家对三维空间的认知能力，即提高空间感。

这和特定的学术课程能提高空间感的功能是一样的。但是，其他类型的游戏，比如智力游戏、角色扮演游戏，都没有发现有这种作用。

玩视频游戏也能提高解决问题的能力。

2013 年的一项长期研究显示，青少年玩战略电子游戏，如角色扮演游戏，玩得越多，他们来年的学习成绩和问题解决能力就提高得越多。

一些简单的能打得很快的小游戏，如“愤怒的小鸟”，也能提高玩家的反应速度，帮助情绪放松、减轻焦虑。

通过玩电子游戏，孩子们的创造能力也会提高。

这是使用其他科技手段，如卡通车、机器人竞赛等，不能做到的。

玩电子游戏不能取代丰富的课外活动

随着美国电子新生一代儿童快速增长，iPad等电子产品快速普及，据美国市场研究公司尼尔森最新调查数据显示，2013 年第四季度美国拥有平板电脑的家庭，超过 12 岁的孩子中，使用 iPad的孩子达到了创纪录的 70%，比上一季度增长了 9 个百分点。他们将 iPad等电子产品作为玩伴、老师以及临时保姆。

在受访家庭中，77% 家庭中的孩子会在 iPad上玩下载的游戏，57%

的孩子会通过 iPad上的教育 APP 来获取知识。由于其便携性，当家庭外出旅游时，孩子们往往显得更加安静。因为 55% 的孩子会在旅行过程中、41%的孩子会在酒店中使用 iPad。其中 43% 的孩子会用它观看电视节目或者欣赏电影，而用于与家庭或朋友进行沟通的只有 15%。美国研究机构发现，2005 年美国人开始使用电子产品的年龄已由 8 岁下降至 6 岁半。

美国一些老师发现，在小学里，接触信息技术多的孩子在问题巧答、逻辑思维和文学创作等方面，明显落后于其他学生。原因是整天玩电脑、打游戏，使孩子的思维迟钝，联想能力差，难以快速开启思维回答别人的问题，也不能迅速地说出自己的感受。

美国心理学家托马斯·卡门教授举了一个极其简单的例子说明这一点。他说，小学生过多地运用电脑进行游戏活动，如同小孩做算术题常用计算器计算 3+1=？一样，本来小孩要动手才能解决的问题而使用计算器，这就省略了对孩子来说不可缺少的思维过程，虽然孩子学会了用“现代化工具”，但是，换来的损失可能是孩子的思维能力、动手能力等渐渐变得“锈迹斑斑”，长此以往，孩子就会被“现代化信息工具”塑造成为一个“没有主见、丧失个性”的木偶。

据此，美国一位社会学家断言，儿童过早进入信息世界，过多地玩电脑，玩电子宠物，就会自然地减少与社会的接触，减少与父母、其他成年人和同龄人的正常交往，这样，也会降低他们的思维水平。这种担忧也不是空穴来风。

因此，不少美国家长认为，尽管孩子的世界是隐蔽性的，他们的生活也可能像互联网一样不受约束，甚至他们掌握的电子手段比任何时候更刺激、更神秘、更活跃，但是，父母并不能因为孩子是这个领域的主人，而束手无策地听之任之。

在网络发达的美国，孩子沉迷网络是一个普遍现象，上网成瘾成为一个社会问题。美国儿童倡导组织创始人吉姆·施泰尔建议父母们限制设备的使用。他说："毫无疑问，促进大脑发育的最佳方法是与孩子交谈、玩积木，给他们拥抱，这些都是无法靠科学技术来帮忙的。"

基于这样的思想和理念，美国家长和学校的对策是："以各种丰富的课外活动取而代之，占据孩子们大部分课余时间。"

学校和社区经常组织形式多样的少儿体育运动；家长多半会选择在孩子们的寒暑假选择休假来陪伴子女。广泛的爱好和良好的氛围让青少年感到现实生活更有趣、更丰富，相形之下，网络虚拟的诱惑力也因此大打折扣。

父母应经常陪孩子上网

"我们希望孩子上网，但对孩子上网又有一些担忧。那些网上看着画面或与朋友聊天的孩子，也许他们身边的几个按钮，正是散布诸如凶杀、淫秽等信息的潘多拉魔盒呢!"马丁·希太太的话可以说道出了许多家长对于孩子上网或者玩游戏的矛盾心情。

但是，家庭治疗专家尤列腾·肯迪克教授却说："我们可以帮助孩子区分什么是最好的，什么是最坏的。其中，最有效的监控方法，是密切关注孩子上网。"为此，他认为，如同父母们时常关心孩子玩耍的地方是否安全一样，家长应该经常陪孩子上网。

基于网络确实会给孩子带来一些不利的影响，目前，美国因特网服务的提供者之一——"美国在线"同意家长把孩子的电子通信限制在一个有限的人名录中，家长把孩子的姓名输入一个搜寻装置，就可以发现孩子的网上行动。

"美国在线"为了使孩子能够在家长的严格监视下安全上网，为家长们提供了能够使孩子在严格指导下获得上网经验的程序，名叫"儿童适宜"（A01)。它能够使少年用户只能在全天候监督的聊天室里聊天，或使用对儿童友好的网址。而家长们只要简单地敲击一下浏览工具栏的“历史栏”（History），就可以看到孩子最近访问过的每一个网站，如果孩子做了修改，那么，“电脑探秘”程序（Cyber Snoop）能提供篡改的迹象。

伯尼·菲尔至少每个月一次打开她两个未成年儿童下载的所有文档。她说：“不管两个孩子是否在场，是否知道，我都要这么检查一番。”

一位名叫吉姆·莱契的波士顿家庭教育网信息主管认为：“家长才是孩子上网最好的过滤器。”

对于孩子的上网行为，美国家长们往往采取这样的办法：

a. 把电脑安放在大人和小孩能更多地讨论网上内容的房间里。

b. 网络浏览器把上网者访问过的站点记录下来。

c. 采用网络过滤器限制孩子访问某种网站。

d. 通过掌握计算机知识来监督孩子的上网活动。

e. 与孩子一起玩游戏，给孩子一些正确的指导。

不要让两岁以下儿童接触带屏媒体

2013 年，美国儿童倡导组织的最新调查发现，0 岁到 8 岁儿童中使用移动设备的人数比例从 2011 年的 38%升至 2013 年的 72%。即便在两岁以下幼儿中，也有 38%左右的儿童使用过手机等移动媒体设备，而两年前这一比例只有 10%。除此之外，所有儿童每天使用移动设备的时间也增加了两倍，从 5 分钟增至 15 分钟。

与此同时，手机对孩子的危害也越来越受到美国父母的重视。

美国一份研究表明，手机辐射微波超过 50 微瓦 / 平方厘米时，就会对人体产生不良影响，导致头痛、头昏、睡眠问题、记忆减退等不适，继续增强还会影响心脏。一份研究报告表明，孩子的耳朵和颅骨比成年人更小、更薄，在使用手机时大脑吸收的辐射比成年人要高出50%。对一个5岁的孩子来说，辐射会渗入其大脑50%的区域；对10岁的孩子，辐射则会渗入其大脑30%的区域。美国人认为，孩子的身体各器官功能都未发育完善，手机辐射对宝贝危害不可忽视。

美国儿科学会对儿童使用移动设备和电视机等带屏设备发出警告，父母应该将每天孩子的屏幕娱乐时间限制在1个小时到2个小时以下，并建议不要让两岁以下儿童接触带屏媒体。但完全限制孩子们使用手机是不现实的，为此，美国专家的建议是：

a.孩子在两岁前尽量不接触任何电子产品，包括电脑、手机、iPad。玩电脑、iPad每天不要超过30分钟，最好分为两次，上下午各15分钟。

b.孩子16岁前，不要用手机。他们正处于生长发育阶段，手机辐射对脑、心血管、生殖系统这些重要器官的危害最大，应尽量避免使用。

c.如果孩子一定要用手机，最好只在打电话前开，打完就关掉。

d.手机在收发信号时辐射最强，因此拨号中和刚刚接通的时候，应让手机远离头部。

e.开着的手机不要装在衣服兜里。

f.不要长时间使用手机，通话时应使用免提耳机。这样可以减少手机释放的70%以上的电磁辐射。

g.不要用手机玩游戏。

h.居家时，打电话最好用固定电话，上网最好用电脑。

i.不要购买辐射性强的“山寨”产品。

☆ ☆ ☆ ☆ ☆

2007年1月29日，美国200多所公立学校联合禁止学生使用手机。目前美国大部分学校不允许学生使用手机。一旦学生违反规定，老师可将手机没收，并对当事者进行违纪处理。

但这个规定只限于学校，在学校之外孩子还是可以使用手机的。并且，不少孩子拥有自己喜爱的手机。据调查，他们使用手机，主要是玩游戏，用应用软件和看视频。

手机在孩子们中的普及率越来越高，作为家长的您该如何正确地引导孩子使用手机呢？美国一位叫霍夫曼的妈妈给儿子买了部iPhone6 手机，但送给儿子格雷戈里手机时，她和他还签订了一份“合约”，内容如下：

亲爱的格雷戈里：

节日快乐！相信你现在肯定会为拥有一部自己的iPhone6 手机而备感兴奋。你现在已经是一个 13 岁的男孩了，而且是一个负责任的男孩，所以妈妈认为你完全有能力用好这部手机。但是想要接受这个礼物你必须接受合同里面规定的约束。如果你不能做到，我只能将这部 iPhone6 手机收回。

1. 首先要声明的一点是，这部 iPhone6 手机是我的，现在将这部手机借给你使用。

2. 我在任何时候都有权知道这部 iPhone6 手机的密码。

3. 如果手机响了就接听，接听电话时要注意礼貌。

4. 在有课的时候，每晚 7 点半要及时将手机交给妈妈或者爸爸，在周末的时候可以在晚上 9 点交。晚上我们会将手机关机，在第二天早上 7 点半开机。在给你的同学打电话时一定要尊重别人家的生活方式。

5. 不准带手机去学校。

6. 如果手机掉马桶里了、掉地上了或者丢了，你必须对因此而产生的维修或者购买新手机费用负责。你可以割草坪、照顾小孩来挣钱，也可以将父母给你过生日的钱攒起来。

7. 不允许使用科技伎俩来撒谎或者欺骗别人，不准用手机说一些伤害别人的话。

8. 如果有些话你不想当面，或者在电话上和别人说清楚，不准通过手机来发短信、电子邮件等方式表达。

9. 如果有些事你不能在家里和父母说，更不许通过手机发短信、邮件等方式向别人表达。首先要从自身找原因。

10. 不准用手机浏览色情信息，只能搜索那些你可以在父母面前拿得出手的问题和信息。如果你有什么问题的话，最好当面向人请教，尤其是向妈妈或者爸爸。

11. 在公共场合要么关机，要么调成静音放起来，特别是在餐馆、影院或者和别人说话的时候。

12. 不能发送或者接受带有你（或者他人）身体隐私部位的图片，更不能以此为乐。

13. 不能用 iPhone6 手机录制特别多的图片或者视频资料，其实你根本没有必要把生活中的每一件事情都记录下来。

14. 外出的时候把手机留在家里，学着过一种不带手机的生活。

15. 尽量下载一些新鲜的或者经典的音乐。

16. 时不时地玩一些单词游戏或者脑筋急转弯等益智游戏，这对提高你的智力有帮助。

17. 要对现实生活充满兴趣，注意身边发生的事情，倾听小鸟的叫声，时常出去散步或者和陌生人谈话，要对现实世界充满好奇。

18. 如果你因为这部手机而将自己的学习或者生活搞得一团糟的话，我会将这部手机收回。

我希望以上的这些条款你能够同意。这份合同所列的注意事项不仅仅适用于这部手机，也适用于日常生活。

爱你，我亲爱的儿子。

妈妈　霍夫曼

这则别出心裁的“iPhone6 家规”，让这部手机成为“合约机”。此举其实融汇了一位美国母亲的良苦用心和教育智慧。

第四节
如何对待孩子的兴趣

兴趣是发展的原动力

儿童的特点是好奇心强，而且兴趣广泛。

一般来说，孩子的兴趣往往表现在对某种事物的好奇心上。好奇心是儿童兴趣的先导，有了好奇心，就会萌生进一步理解事物的欲望，兴趣也就在这种欲望中悄然而起。许多儿童智慧的火花就蕴藏在这份好奇和兴趣之中。

在美国有一个非常著名的故事，它告诉父母们如何去处理孩子的兴趣。

在孩提时代，“飞机之父”莱特兄弟就对宇宙空间产生了浓厚的兴趣。每当看到在空中高悬的圆月，他们就想用手去摸一摸，于是，他们常常爬到树枝上，踮起脚尖儿去摸月亮，结果，好几次被重重地从树上摔了下来。

当他们的爸爸知道这件事情后，他不但没有斥责他们，而且鼓励他们说：“孩子，骑一只大鸟去摸摸月亮吧！”

父亲的话给了小兄弟俩莫大的鼓舞，他们对太空的探索欲望和兴趣更加浓厚了。从此以后，一种“腾空摘月”的理想便在他们幼小的心灵里萌发了。他们渴望着早一天制造出这样一种凌空搏击的神鸟，骑着它去摘那又大又圆的月亮。

正是在儿时萌生的天方夜谭般的神话奇想和浓厚的兴趣，引导着他们走向了一条航空科学的道路。

1903 年，在两兄弟的刻苦钻研下，闻名于世的首架飞机研制成功了，他们真的驾着自己制造的飞机翱翔于万里碧空。

美国儿童心理学家指出，对于孩子来说，兴趣是一种动力，它对孩子所从事的事情起着支持、推动和促进的作用，如果儿童对某一事物有了兴趣，他就会展开丰富的联想，持之以恒地去接触它、探求它，他不仅会热情地投入到这项活动中去，还会最大限度地发掘自己的创造潜能，出色地完成它。因此，作为父母必须正确地引导孩子的兴趣。

“孩子想飞，就让她飞吧！”

美国 7 岁的女孩洁西卡驾机身亡的惨事引起全球广泛争议。但是，在无比悲伤之余，洁西卡的妈妈仍然说：“孩子想飞，就让她飞吧！”

这可以说是美国人对自己教育理念的坚持。

西方的教育精神就是这样。他们注重鼓励、支持孩子的多种兴趣，让兴趣陪伴孩子度过漫长的学习、训练过程，而不太看重成果。

美国人一般不会在孩子想做什么时，急于说“不”。

比如，孩子想拆一件玩具，甚至是电视机，父母也不会发怒。相反，他们往往到二手市场还买些旧货，来满足孩子的要求。

一次，当米切尔·玛蕊看到人家开飞车，于是她也想自己去试试。一个 10 岁的小女孩要去开飞车，这是不现实的，但是，他们请来了专业赛车手，来给小玛蕊做教练。

他们这样做的目的是，让孩子慢慢明白飞车不光是开得快，还有体能、耐力的艰苦训练。

事实上，父母这样做，既满足了孩子的愿望，又让孩子在实践中懂得哪些该做，哪些不可做。

面对孩子各种各样的兴趣和爱好，美国人认为，简单说“不”只能破坏亲子关系，压抑孩子的能动性，迫使他们转入“地下活动”——到那时悔之晚矣！

因此，他们的做法常常是：

(1) 尊重和鼓励孩子的愿望，然后，才考虑怎样去尊重和鼓励。

在这里，美国人认为，最重要的是真正了解孩子的能力。

因为每个孩子身心发展程度不同，父母要掌握孩子的能力有些困难，但是一定要尽力去了解。有时孩子只是一种兴致，想得很美，其实能力达不到，这更需要父母的帮助。但是，这种情况仍然要维持孩子的兴致，容许他们试试并犯错误。

当然，一些美国人也认为，像小洁西卡那样可能以生命为代价的情况，不能完全让孩子自己决定。

(2) 孩子对一件事情有兴趣，想做某件事，父母用自身的经验去告诉他们会有什么后果。

如果他们不听，还是去试，而且结果正如大人所说，父母也不会讥讽他们：“早跟你说了……活该！”

因为父母们明白，如果这样做了，以后孩子有事就不跟他们谈了，更为严重的是，孩子会因此抑制自己的兴趣感。

玩能使孩子更聪明

爱玩是孩子的天性。中国一些望子成龙的家长常常为此训斥孩子，但是，美国人则不然。在他们的眼中，玩能使孩子更聪明。

美国心理学家认为，当一个孩子玩耍的时候，不仅满足了他贪玩的欲望，同时还激发了他的求知欲、好奇心和探索精神，对孩子的身体成长、心理发育、开发智力和社交能力等，都有重要意义。并且它的作用是其他任何一种方式都难以取代的。

美国人把孩子的玩耍从所起的不同作用来看，分为5类：

第一类，刺激感官型。

例如，泼水、敲铃、用彩笔画画、摘花等，这些活动能够使孩子得到感官方面的享受，用自己的5种感官发现和认识各种形状、形态、颜色、声音、味道，这有利于孩子认识自己周围环境，有利于孩子积极主动地刺激各种感官的发育。

第二类，运动型。

跑、跳、蹦、追逐和打闹等是孩子最喜欢玩的，实际上，这些都是很好的运动，能使身体各个部位全面协调地发展。

第三类，语言表达型。

朗诵、唱歌、说歌谣，实际上，是孩子练习和掌握语言，包括语法、语义、词汇等的最好方法。有时孩子喃喃自语，重复一些对他们来说难以理解、难发音的词语，这更像小学生的语言练习。

第四类，“过家家”。

孩子在一起分别扮演他们在生活中见到和听到的各种人物。美国的教育专家认为，通过这样的模仿，可以使孩子们了解人与人之间的关系、一些社会行为规范和有关文化知识，提高了孩子的模仿能力。

第五类，竞赛型。

随着孩子的成长，他们玩耍的范围必然扩大到竞赛性的项目。每种游戏都有一定的规则，而且目标都是取胜。美国的教育专家认为，玩这类游戏对于孩子的成长有这样的作用：

a. 能培养孩子遵守规则、自我约束的能力。

b. 提高孩子的认识能力和逻辑思维能力。

c. 能使孩子理解因果关系，懂得输赢在生活中的分量。

d. 能培养孩子的竞争意识和领导才能。

专家们认为，与其他活动比较起来，游戏和玩耍对孩子的成长非常有益。因为孩子总是很乐于玩耍，玩是自觉主动、积极活跃的学习方法，所以效果也是最好的。

努力为孩子提供游乐场所

为了让孩子们在玩耍中得到健康成长，美国建立了许多儿童游乐园和五花八门的儿童博物馆，在美国，儿童的天地可以说是无处不在。

在美国，购物中心往往是儿童的乐园。

例如，芝加哥市一家购物中心，为了招徕顾客，吸引儿童，在里面营造了一个恐龙世界，10 多只大小不同的恐龙模型摆在商场大通道上或天井中，全是自动控制，其中一只恐龙有 6 米多高，头能伸到二楼，还不时发出嚎叫声，活灵活现。

他们还专门设计了让儿童可操作的机械恐龙，手能触摸的置于沙池的恐龙化石，还有临摹的恐龙、用蜡笔拓钢板镌刻的恐龙等，许多小孩排着队轮流玩，不用花一分钱。

大商场如此，小杂货店、理发店、门诊所、书屋等地方，尽管地盘小，也都挤出空间摆上桌凳，放几本儿童画册或玩具供儿童享用。因为商家很清楚，方便了带孩子的顾客，也就照顾了自己的生意。

在社区里，一般都统一规划，建造公园，公园里都有儿童游乐园。通常，在美国人居住的社区附近都有一个小型公园。公园内，有网球场、篮球场、足球场，还有秋千、滑梯、跷跷板、铁索桥、木马，还有放在沙池里可供操作的各种掘土机等。

为了安全，一些易碰伤人的设施，都采用高级塑料而不用钢铁制造。幼儿活动的场地，或是沙地，或是用木屑和橡胶屑铺成的有弹性的软地板，以防幼儿磕碰。为保护儿童安全，美国人是颇费匠心。

芝加哥城有公共图书馆 83 个，馆内一般都设儿童厅，这是美国小朋友经常活动的天地。图书馆共两层楼，10 多个阅览厅的书架上摆满各种书籍，其中，一个书架陈列着一些中文书刊。这里也有一个儿童阅览厅，学龄前儿童可以在这里玩各种玩具，中小学生也可以趴在图书桌上做功课，或操作计算机，收集资料。放学后，孩子们经常到这里来看书、写作业，很方便。

美国的政府常常把关心孩子的成长作为自己最重要的事情。

1997 年中国农历大年初二，许多小朋友在纽约华埠且林士果园图书馆儿童阅览室读书，突然，馆长迎来了纽约市长朱利安·尼。

原来，朱利安·尼市长是来看望孩子们的。他拿起一本介绍中国农历新年风俗的图书，问大家懂不懂中国 12 生肖排列的由来。

当有的孩子回答说不知道时，他向孩子们讲述起传说中众多生肖动物如何举行赛跑来决定排列顺序的故事。然后，又向在场的孩子们讲述中国新年的故事。

小朋友们听得津津有味，最后，高兴地从市长手里接过红包，将市长团团围住，索取他的亲笔签名。

市长一一满足了他们的要求。

美国社会为儿童提供的体育、音乐、舞蹈训练场所不计其数。

美国各州经常举办各类球赛、音乐会，新闻媒体也突出宣传“球星”“歌星”“影视星”。于是，孩子们就把“星族”当成偶像崇拜。

在美国的中小学，篮球场、足球场、网球场等设施都很好，仅芝加哥就有公共足球场 75 个，网球场 700 多个，室外游泳池 56 个，室内游泳池 32 个。

在美国，孩子们一年四季都有活动的地方。每逢周末，特别是寒暑假，家长们往往带孩子外出旅游，参观各类博物馆，到游乐场玩，或参加学校、社区组织的音乐、舞蹈、体育训练班学习，少年儿童课外生活丰富多彩。

第六章

解除性的疑惑

第一节
如何帮助孩子形成对性负责的态度

让孩子了解性

一名 15 岁的女学生与 18 岁的男朋友认识仅两个星期便发生了性关系。在得知她的男朋友同时与其他女孩上床后，这位女孩仍然与他约会如旧。她的解释是：性好像麦当劳快餐一样，她不在乎男朋友是否与其他女孩上床，就像她可能也会与其他男孩上床一样。

美国学生对性的态度从这一事例中可以略见一斑。

1998 年，美国公布的一项调查结果表明，美国 95%的青少年 17 岁前已经有过性行为。美国青少年还普遍有性的苦恼，他们怕没有性经验会受到朋友们的取笑，有了性经验后，又怕染上艾滋病或者怀孕。

如何对待青少年的性行为，美国大致存在两种派别的意见。

(1) 保守派主张禁欲。

这一派以前以宗教人士为主，现在包括一些思想传统的人。他们主张青少年禁欲，反对没有婚姻或婚姻以外的性行为。在他们的支持下，美国通过了一些法律，严格管制儿童色情刊物、色情音像和网络产品，严惩与未成年人发生性行为。

由于美国私立学校多有宗教背景，保守派占优势。

(2) 开放派主张安全性教育。

开放派认为，性行为是青少年的一种正常的生活和心理现象，青少年的性行为是无法阻止的，不如引导他们注意安全的性行为。于是，他们建议，学校设置性教育课程，培养学生对性的健康态度。

开放派在公立学校有一定市场。但是，目前许多学校开设的性教育课程内容与家长心目中的性教育往往不一致。

在美国，这两大观点完全相背，他们的主张此消彼长，他们的争论也在继续。但是，青少年之间的性行为却有增无减，越来越泛滥。

基于这种现象，美国有 1/3 的学校增加了禁欲的教育，提倡将性行为推迟到婚后，并会告诉学生实行安全性行为的做法。一些学校会提供在何处可获得控制生育器具或如何使用避孕套的资讯。在美国某地铁车厢里曾有一则广告，提醒中学生使用避孕套。画面是一群天真烂漫的少男少女，题词很醒目："If you do,do it right。"（如果你要做，就要做得正确）

尽管少女早孕现象在美国很普遍，但较过去，近十年通过采取一定措施后，早孕人数已急剧减少。现在已在全美 14 个城市 32 所公立学校中建立性咨询室。在咨询室里，主持回答咨询的也是孩子，其内容对教师和父母都保密。不管怎样，美国绝不让青少年处于一种无师自通的局面，以致"性无知""性放纵"。

戈尔顿性教育法

1980 年，霍普金森大学的两位教授——达尔文博士和约翰·坎特博士，对 15 岁到 19 岁的 1717 名少女进行性行为调查，结果发现 1979

年以前，这个年龄段的女孩中，49.8%有过婚前性行为。1988 年之前，15 岁到 19 岁的女孩有性行为的比例增长到 53%。在此年龄段的女孩，约 60%的人有一个或更多的性伙伴。

1992 年，美国疾病控制中心报告，美国中学男生即 9 年级到 12 年级中，有 61%承认自己有过性行为。

美国性教育家戈尔顿教授认为，受过家庭性教育的青春期少女，大都能够推迟与异性接触的时间。

那么，父母怎样对青春期的孩子进行家庭性教育呢？戈尔顿提出了 7 条方法：

(1) 家庭性教育最好通过与孩子拉家常的方式展开。

在日常生活中，父母可以借助某一性问题方面的事情来打开话匣子。如果父母希望用教科书来解决问题，这样可能不会有好的效果。

(2) 让孩子明白：了解一些性交和节育方面的知识并不等于允许他们过早地这样做。

父母既要让孩子知道“性交”“节育”是怎么一回事，更要使他们懂得过早地这样做，有害无益。如果父母老是说 “你还小，不能那样”，反而会引起孩子的反感。

(3) 要善于回答孩子提出的性问题。

父母对青春期的孩子应增加性问题方面的透明度，不要对孩子特有的好奇心横加指责，应该通过循循诱导来抹掉孩子心理上对性问题的神秘色彩，使他们能够正确地对待性问题。

(4) 帮助孩子产生多种兴趣和爱好，以分散他们在性问题上的精力。

音乐、体育、舞蹈、艺术等多方面的兴趣爱好，能分散孩子对异性的注意力，要加以培养，同时，鼓励孩子从事一些力所能及的劳动，这也对孩子的注意力的转移大有裨益。

(5) 要随时关心孩子。

孩子进入青春期后，父母的行为尤其要注意，否则会引起孩子某种心理恐慌。父母的关爱能给孩子宽慰，否则，孩子有可能倾心于别的异性，并从异性那里寻求安慰。

(6) 作出有说服力的、易为孩子接受的“约法三章”。

任何父母不可能把孩子关在家里到 20 岁，过多的限制往往会引起孩子们的反抗，也是不恰当的。一些父母试图通过禁止孩子与异性交往，防止性问题的发生，往往是徒劳的。

绝大多数孩子与异性的接触时间是在放学后，所以，有必要对孩子“约法三章”：

a. 家中没有大人的时候，不能把异性朋友带到家里来。

b. 孩子的舞会应有大人陪伴参加。

c. 舞会场所不能提供酒类等有刺激性的饮料。

(7) 教育孩子集中精力创造一个美好的未来。

父母应该让孩子懂得只有集中精力去学习知识，增长才干，才能为美好的将来打下好的基础。一个人也只有在未来条件成熟之后再去考虑个人问题，个人性生活才会美满。

美国中小学性教育

许多医学、教育和心理学方面的专家认为，一些孩子之所以在性方面出问题，与他们没有受到必要的性教育有关。因此，性教育是美国各级学校中的一项重要内容。

目前，美国学校的性教育已经形成了一个完整的体系，这个体系始于幼儿园，一直延续到高中阶段。

(1) 学校性教育的目标。

a. 从性的生物属性、心理属性及其功能的意义上教给青少年有关真实的性知识。

b.在不同意义上培养青少年健康的性心理。

c.纠正有关性问题的错误观念和孩子对性的不正确理解。

d.在孩子的成长过程中，及早地发现其性的病态表现，并进行有效的治疗。

e.通过性教育促进孩子人格的正确发展。

f.提供文化意义上对性病态的正确认识，引导孩子形成社会所允许的性观念。

g.通过性教育减少精神病的发病率。

h.提供有关性问题的个别咨询。

i.加强家庭和有关组织在性问题上的合作教育。

j.通过性教育引导青少年掌握正确的价值体系。

(2) 学校性教育的主要内容。

a.从小学1年级到5年级到6年级，主要是间接地传授性的基本知识，即生育、两性的差异、个人卫生、手淫、性的道德行为准则。

b.在5年级到6年级到7年级到9年级，性教育的内容主要包括：生育（在更高水平上讲解）、社会化的性成熟过程、性卫生、月经、遗精、性约束的重要性、矫正男性特权、女性低智等错误观念。

c.7年级到9年级到12年级性教育的主要内容是：择友、婚姻和家庭义务、同性恋、性的魅力、性病、卖淫、病态性行为等。

(3) 学校性教育的方法。

a.口头讲解法。

这是在美国学校里广泛采用的性教育方法。这一方法对于掌握一些抽象的性知识是有效的，但是，不利于有效地把握学生的情感，对于低年级学生的教育效果更差。

b.读书指导法。

老师指导学生阅读有关性知识的课外读物和性教育课程的教科书。

c. 直观法。

利用人体模特、电影、动画片等进行性教育，用具体形象来辅导学生对抽象概念的理解。

d. 个别谈话。

老师和学生就有关性的问题进行面对面的交谈。谈话一般在学生自愿的基础上进行，并且要做到不将学生个人的事泄露出去。

e. 学生质疑法。

学生就有关性问题向老师提出疑问，老师经过考虑后，给予解答，并鼓励质疑的学生。

美国人认为，性知识是个人整个生活经验的一个重要部分。儿童教育专家也认为，性知识可以像几何、社会学、文学等知识一样能够为青少年所掌握。因此，在美国，无论是学校还是家长都非常注意对孩子的性教育，这对于孩子形成对性负责任的态度起了非常重要的作用。

怎样和孩子谈性

美国著名性治疗专家莫·皮尔萨博士说，有效的爱和性教育的规则其实很简单。为此，他列出了几条父母和孩子谈性的规则：

(1) 永远不要正式“谈性”。

莫·皮尔萨博士说，郑重其事地谈性注定是要失败的，应该找机会多谈谈跟性有关的问题。在电视节目、电影、报纸上的新闻、杂志上的文章，每天找上十几件和性有关的问题并不困难。

(2) 性教育并非一定是同一性别的事情。

孩子有了性的疑惑，如果是男孩，做妈妈的会说：“去找你爸爸谈谈。”这种老套的观念完全没有必要。只要父母对性有正确的认识，母亲可以跟儿子谈，父亲也可以跟女儿谈。

事实上，父母双方在一起对子女进行性教育是最好的安排，因为在讨论性爱的时候，父母是爱和被爱的最亲近的典范。

(3) 性和爱的教育首先应该强调的是“能做什么”。

a. 不要在孩子面前强调“不能做什么”。

父母开出一张在性行为方面不能做什么的清单，孩子反倒产生“听上去很有趣味，我为什么不去试一试”的感觉。

b. 在说出能做的事情时，必须同时说出下列两种不能做的事情：

① “结婚以前不能性交。”

② “永远不能伤害另一个人。”

(4) 父母双亲同时施教。

孩子是最善于利用父母不同意见的“专家”。性和爱的教育最大的危险，是父母双亲在性道德和性思想方面产生分歧。他们总是有办法为想做或不能做的事情，取得父亲或母亲的支持。

如果夫妻两人的意见不一致，就很难使孩子受到良好的教育。

(5) 性和爱的教育不是一生只有一次的教育。

皮尔萨博卜最后强调说，不要指望进行一次性教育就能使孩子终生免疫，比如一再地要孩子自己整理房间，并不能使孩子的房间保持清洁，其中的道理是一样的。但是，在父母不断地“唠叨”中，孩子至少会懂得：父母双亲重视整洁。同样，他们也能从重复的性教育中，了解父母所重视的事情。

第二节
如何对待孩子的同居

青少年同居不是个例

美国是一个多元化的国家，在性的观念上也是五花八门。

在经历20世纪60年代的“性革命”之后，人们的性生活也更加个人化。同居在美国各个阶层各个年龄段都相当普遍。

据统计，1950年，全美大约有5万对男女异性同居，1998年增加到350万对，大约40%的人经历过一段同居生活。同居，作为一种生活方式，在年轻人之中，也成为一件司空见惯的事情。

一般来说，在美国，孩子同居必须达到一定的年龄，如果年纪还小的话，可能只是发生性关系，同居的人数不是很多。但是，当他们十六七岁的时候，同居就成为异性之间的话题了。

虽然美国的青少年同居已经成为很平常的事情，但是，对于青少年的同居，包括婚前同居，美国各方的意见和看法并不一致。

在美国的青少年中，曾经有一种很流行的思想，就是把同居作为向正式婚姻过渡的阶段。据调查，很多恋爱的青年人认为如果婚前不住在一起，他们就根本不应该结婚，只有通过一段时间的同居才能了解对方。

对于这一思想，美国许多现代婚姻咨询专家指出：

a. 传统式的恋爱强调娱乐性的活动和表面性的接触，恋爱中的男女往往避免相互之间的任何冲突，尽量将恋爱创造得比较浪漫以增加双方的吸引力。这样的恋爱方式是非常脱离现实的。

b. 如果年轻的男孩女孩陷入了那种狂热的恋爱中，什么事情他们都可以让步；一旦结了婚，现实生活逐渐会提出各种挑战，各种矛盾就会突显出来，同居就是一个婚后生活的预演。

c. 婚前与自己的恋人生活一段时间，对于婚后和平圆满的生活大有帮助，也非常必要。

但是，在美国，对此持反对意见的也大有人在。

他们认为，同居与正式婚姻根本是不一样的，如果用同居的生活方式来尝试婚后双方是否合适是不切实际的：

a. 这种同居就像人们所说的“过家家”一样，与真实的婚后生活有很大的距离。

b. 实际上，未婚同居的人是不可能体会到结婚后的真正生活。

c. 具有法律保证的结婚证才会给两个人的生活态度、行为，以及对生活中各种问题的看法带来极其不同的表现形式，而使两人归于一体。

d. 许多调查报告也证明：有过同居生活的夫妇中的离婚率要比没有同居过的夫妇略高一点。

但是，在美国，青少年同居在一起，往往并不是为了什么真正的婚前婚后试验，他们是因为相互爱慕，同居只是从心底里将各自的爱融合在一起，或者是为了获得性快乐，所以，他们既不需要到教堂里去接受什么牧师的祝福，也不需要得到社会的理解。

因此，尽管以上两派争论沸沸扬扬，但是，对大多数青少年的影响并不大，同居在美国越来越成为青少年的一种很普遍的生活方式。

“莱纳斯毯式”同居

在美国，有一个电视滑稽剧叫《爱管闲事的人》，剧中主人翁莱纳斯经常带着他自己的安全毯，有这个安全毯在他的身边，他就觉得比较平静，就有一种安全感。在美国，很多年轻人同居的目的，也就是寻找这种安全毯式的安慰。所以，人们常常把这一类同居称为“莱纳斯毯式”同居。

为什么会出现“莱纳斯毯式”的同居呢？

美国的教育专家和社会学家们认为，现代美国的竞争越来越激烈，即使是青少年他们一旦步入或者接触生活，也会很明确地感觉到这一点。那些自尊心不强、独立生活能力较差以及怕孤独的青少年就希望能够与某人结成伙伴，生活在一起，求得精神上的依靠，于是就选择了同居。

造成美国青少年同居人数增加的原因还有很多，美国的一些专家认为，青少年同居还可能有如下一些因素：

(1) 利用同居的生活方式改变自己所处的环境。

一些孩子可能为了反抗某种长时间保守或者压抑的家庭环境、宗教环境、地区限制等，而选择同居。

(2) 贪图生活方便。

这主要有两类方式：

a. 大学生的同居。

许多正在上大学或读研究生的年轻人，为了不花费太大的精力去找朋友，遇上一个自己比较满意的人后，就会同居，生活在一起。他们之所以选择如此同居，是因为：

①两人可以在生活上相互照顾。

②可以在经济上分担日用花费。

③可以有正常的爱情和性生活。

④如果相处和谐，感情好，日后可以结婚成家。

b. 上班族的同居。

这一类年轻人的同居也是一种较为普遍图方便式的。其中，对于男孩子来说，同居生活可以：

①满足自己正常的性生活。

②恋人可以为自己操办家务，如做饭、打扫卫生、清洗衣服等。

③做伴。

对于女孩子来说，和他人同居，也可以：

a. 获得朋友，解除寂寞。

b. 获得经济上的帮助。

c. 得到呵护。

d. 解决自己的婚姻问题。

(3) 追求享乐。

这一类年轻人主要是一些性解放主义者，但是，他们与固定一个人同居的时间不会很长。

当孩子决定同居时，美国父母会如何做

当一个孩子决定与一个异性同居时，美国的父母会如何做呢？

他们对于孩子，可能有如下的建议和提出下列一些问题，请孩子进行考虑。

首先，父母往往是建议他们先不要睡在一块儿，可以先试着做普通朋友，了解一段时间后，看看对方是否真正适合自己，然后，再决定是否同居。

如果孩子已经考虑和朋友一起同居的事儿了，那么，父母就会慈爱地对他们说："现在你们有了自己的想法，完全可以做决定了，但是，为了你们将来的幸福起见，我希望你们预先考虑下面的问题。"

这时，他们的问题一般是：

(1) 同居如何影响到性的真正意义？

你们没有结婚就发生了最亲密的关系，如果你怀孕了，一个新生命开始萌动，怎么办？

(2) 染上性病怎么办？

你的性伙伴有没有打算去医院检查一下，是否携带性病病毒，或者万一染上，是否打算终止同居？

(3) 研究发现，75%到 80%的同居者感情破裂，如果你们不幸成为其中之一，怎么办？

(4) 当你希望同居发展成为婚姻，到后来你明白对方根本没这样想过，你有何感想？

(5) 如果你对婚姻很忠诚，如何解释你的婚前或婚外这种性关系？

当孩子作出认真的回答之后，如果孩子的年龄适合父母认可的年纪，父母也就尊重孩子自己的选择了。但是，一般来说，父母不赞同孩子去与别人同居。

第三节
如何对待孩子的未婚先孕

预防青少年怀孕

1990 年，美国佐治亚州亚特兰大疾病控制中心就亚特兰大市高中生（9 年级到 12 年级）的性生活进行了一次调查，结果发现 9 年级学生中就有 40%开始了性生活，72%的高三学生有过性生活。

美国是发达国家中高怀孕率的国家之一，每年大约 50 万生育女性中，有 60%是未婚。在美国 110 万青少年女孩中，有 1/10 未婚先孕，其中的 40%因此辍学。

有的女孩明知婚姻无望还是坚持把孩子生下来，有的把孩子送人，有的成为单亲户主，带着孩子生活在贫穷线以下，据统计，如今美国有 33%的孩子只和母亲生活在一起。1985 年，仅青少年未婚先孕生育的费用一项，美国政府就耗资了 1.04 亿美元。

为了对青少年进行性教育，匹兹堡市的圣·路易斯中学在全市倡导举行了一个“预防青少年怀孕周”，这次活动规模宏大，节目多样。

a. 组织青少年表演各种短剧、幽默剧、舞蹈，教育学生“首先得培养自己做家长的素质，因此现在就应该决定推迟性生活”。

b. 让有责任心的年长的学生帮助组织性教育课程。

c. 邀请嘉宾（即少女妈妈和少年爸爸）向青少年坦诚说明他们曾经犯下过的错误，以及应当如何避免再犯这种错误。

d. 请宾夕法尼亚的演讲家莫莉·凯莉深入浅出地讲述性贞节问题。

e. 开展各种特别针对那些比较容易陷入性问题的青少年的计划，如组织讨论会、参加劳动活动等。

美国人认为，学校开展性教育，对于未婚先孕的防止，应该有 3 个目的：

a. 减少少女怀孕现象。

b. 减少性传播疾病。

c. 帮助孩子们避免因为不成熟性行为给他们自身及他人带来伤害。

为此，美国的学校认为，它们的最佳方式是精心设计节欲课程，这些课程的目标是，通过教育，使学生得出这样的结论：避免性行为是他们能做出的唯一负责任的选择。

☆ ☆ ☆ ☆ ☆

在美国，许多青少年未婚同居，没有周全考虑便怀孕生下孩子。

为这些“不成熟的孩子”着想，美国圣地亚哥市一对夫妇约曼和玛莉发明了一种日夜定时啼哭的电动娃娃，帮助他们打消“制造生命”的念头，在欢爱之前，采取避孕措施。

这种电动公仔，据称可能比避孕套更有避孕作用，约曼取名为“三思娃娃”，意思是那些与男友同居而喜欢孩子的女孩，在想做未婚妈妈前，应该三思而行。

“三思娃娃”不像一个普通玩具那么简单，它最大的特点是：

a.能够日夜不间断地相隔一段时间就发出初生婴儿的啼哭声， 当做“父母”的把它抱在怀里哄上10分钟之后，他才“乖乖”地止住哭声静下来。

b.模拟妈妈可以调校“三思娃娃”的行为和表现，正常之外，可以稍为逗弄一下，它就止哭；也可以“大哭”，任你怎么哄，也不易叫它住口。

c.“父母”如果认为难以忍受“孩子”的日夜啼哭及其他麻烦，那就可能因此及早打消怀孕的念头。

“三思娃娃”推出市场后，受到许多少女的欢迎。她们花200美元买上一个像新生婴儿那么大小的“三思娃娃”，放在婴儿车或者摇篮里，视之如自己的“亲生子女”，走在大街上，竟然怡然自得。但是，一个考验自己是否适合做母亲的女孩，通常在照顾“孩子”三四天之后，就领略了做母亲的不容易，放弃做未婚妈妈的想法了。

母女要一起谈性

在美国的社会中，到处都充斥着“性”的话题，美国女孩子受到各方面来自性的压力是青少年未婚先孕的主要原因之一。《穿蓝布工装的维纳斯：母女为什么要谈性》一书的作者、心理学家纳瑟丽·巴托博士认为，母亲跟女儿一起谈性爱问题，比任何时候都显得迫切和重要。

“当许多女孩子因为性爱出现问题时，能够帮助她们并且回答她们的问题的最佳人选，正是她们的母亲。”纳瑟丽·巴托博士说，“当女孩有许多性难题，她得不到自己想要的答案，于是只能从同学、新闻媒体和广告宣传中获得关于性爱方面的话题，因此，如果母亲与女儿谈性爱，正确地引导她们，就可能大大地减少未婚先孕的比率。”

那么，目前和女儿如何去谈性呢？

纳瑟丽·巴托博士作为费城阿勒格尼大学卫生学院的教授有自己的一套见解。为此，美国《人物》周刊记者詹妮佛·费雷采访了她。我们摘录一些主要的内容如下：

(1) 詹妮佛·费雷问：母亲怎样才能恰如其分地与女儿谈性，而又不至于鼓励她们的性行为？

纳瑟丽·巴托博士答：在性问题上只要开诚布公地与女儿交谈，就不会鼓励她们的性行为。研究表明，如果父母尽早对孩子进行性方面的教育，他们就能尽早地引以为戒，未婚先孕的事情就可以避免发生。

(2) 詹妮佛·费雷问：在性问题上，我们到底应当跟女儿谈到什么程度？

纳瑟丽·巴托博士答：现在的孩子比我们那个时候知道的多，一位母亲的 8 岁孩子想知道人是怎样孕育出来的，正当母亲企图解释这一切的时候，那孩子就举起手，捂着耳朵说“够了，够了”。虽然青春前期的女孩子对怀孕有所认识，但是她们往往容易产生误解。一位 14 岁的女孩对我说：“第一次绝对是不会怀孕的。”这就错了，作为父母就应该把事情的真相告诉她。

(3) 詹妮佛·费雷问：向女儿解释性欲是不是很难？

纳瑟丽·巴托博士答：性欲这个问题取决于你怎么去看。你可以告诉你的女儿，想把自己打扮得性感一些，想穿漂亮的衣服，想用好一点的香水，这都与性欲有关。女人有性欲也是正常的事情，但是，放纵自己的欲望是很危险的。未婚先孕，对一个女孩子来说是不正常的。

(4) 詹妮佛·费雷问：如何防止女儿未婚先孕呢？

纳瑟丽·巴托博士答：著名青春期心理学专家里·苏尔克在对 1000 个家庭进行调查后，总结出“开明家长”与青春期孩子融洽相处的 10 条经验，可以说是良方。这 10 条经验是：

a. 早做准备。

家长与孩子在青春期前关系愈亲近，青春期相处愈融洽，孩子表现出来的异常现象就愈少。

b. 改变教育方法。

尽管少男少女在年龄上离成人还有一段距离，但是成人意识已开始增强，家长应该理解他们，当孩子有朦胧的性渴望的时候，应当予以正确引导。

c. 给孩子更多的自由，培养他们对性之外的兴趣。

d. 充分理解孩子。

e. 加强双向交流。

f. 与孩子的朋友打成一片。

g. 与学校保持经常的联系。

h. 注意孩子的生活变化。

i. 制定合理的“规矩”，例如，不能回家太晚、不准在外留宿等。

j. 指导孩子知晓青春期的知识。

在中国，性是家长与子女之间最忌讳的话题，父母以为这是一个丑恶的词汇，羞于启齿，同时又怕影响孩子的身心健康。青春期的孩子往往对性有一种朦胧的意识，看着自己的身体一天天产生变化，不免产生好奇心，于是偷吃禁果的事情常常发生。因此，美国人的做法，不妨去借鉴。

☆ ☆ ☆ ☆ ☆

在美国，当孩子怀孕遇到麻烦时，家长常常会和他们在一起，帮助他们渡过难关。

佩格，一个30岁出头的妇女，回忆当初母亲是如何帮助她时说：

上中学时，有一次我怀疑自己怀孕了。当我和朋友打电话谈及这事时，母亲偶然听到，发现了我的窘境。

她立即带我到医院去做检查。在去医院的路上，她跟我说，如果我真的怀孕了，可以不去上大学，做另外的事情也行。

比如，结婚成家。那天下午，我收到一束鲜花，卡片上简短地写着:“我爱你——妈妈。”

尽管她对我非常失望，但是，她没有立刻批评我。她的话温暖了我的心，对我帮助很大。

我永远不会忘记这件事情，我会尽力成为像我母亲那样善解人意、充满爱心、豁达宽容的好妈妈。

佩格母亲的做法，无疑是很明智的，对于孩子的帮助也是非常实际。对于那些未婚先孕的女孩来说，在美国，这样的做法是很普遍的。

第四节
如何对待孩子看色情作品

反对孩子看色情作品

美国是一个色情作品泛滥的国家，黄色杂志、黄色网站、黄色照片充斥互联网，为孩子们浏览色情作品大开了方便之门。

托马斯·里克纳说："在美国，十几岁的男孩喜欢看裸体女郎的照片，已算不上什么秘密，很正常。"

在美国一些色情作品，如《花花公子》《阁楼》等杂志，常常告诉人们：女人只是性的玩物，而不是人，她们打扮、包装并"上市"，只是为了取悦男人。托马斯·里克纳教授认为这就是许多男人见到女性被强奸而无动于衷的原因之一。

在一些西方国家，有人认为看色情作品这种事情是"一种发泄，很健康"，可以满足孩子对性的好奇，父母也乐于假装没有看见。但是，大多数的美国父母是不同意这种观点的。

在他们看来，对于十几岁的男孩来说，色情照片或文学作品会极大地激发孩子的性幻想和性欲望，在青春期这个非常时期，孩子如果自控力不强，就可能去玩火。

因此，尽管美国色情泛滥，但是，大多数父母反对孩子浏览色情作品。

孩子应该远离爱情作品吗

孩子进入青春期，性的萌动使他们增添一种新的兴趣，就是爱看言情小说，爱看歌颂爱情的电影、诗歌，喜欢欣赏爱情歌曲。有的甚至迷恋上这些作品，影响学习，甚至误入歧途。

孩子应该远离这些爱情作品吗？

美国的父母们认为，孩子爱看爱情作品这很正常，但是，家长应当注意引导孩子正确地处理学习和欣赏爱情类作品的矛盾。

如何引导孩子呢？美国家长的做法是：

a. 帮助孩子选择合适的文艺作品。

b. 引导孩子进行分析，学会用正确的眼光吸收爱情作品中的营养。

c. 教育孩子欣赏其中的高尚的爱情，学习什么是正确的爱情观，唾弃不合社会规范的恋爱、婚姻的人和事。

d. 引导孩子明白爱情不只是男女性的吸引，它需要思想、感情的一致。

e. 控制读此类书的时间，正确处理学习与看书的关系。

f. 鼓励孩子除爱情作品外，还去博览群书，广泛涉猎其他领域的书籍。

引导孩子远离色情作品

在康涅狄格州，一位父亲发现他 14 岁的儿子蒂姆的课桌上有一本很小、很薄的杂志，其中有一篇文章叫《真实的故事》，里面讲的全是群居、乱伦之类的事情。当他询问儿子的时候，蒂姆说这是从一个朋友那里拿的。

这时，蒂姆的父亲平静而又严肃地对他说：“蒂姆，我知道看这种东西会令人兴奋，我年轻时也看过，这些东西劲儿很大，它会深入少年的思想，渗入血液，就像毒药一样；但是你看的东西比我看的东西还糟糕，真的很恶心!”

“孩子，当然，看的时候会感到很刺激，但是，看完之后就会产生厌恶，觉得性很脏。”父亲继续说，“黄色的性会推翻它原来应有的美好。所以相信我，不要再看这种东西。”

在美国，父母一般都是反对孩子看不健康的色情作品的。但是，当孩子涉猎于此时，类似蒂姆与父亲的场景往往会发生。美国父母发现孩子看黄色作品时，一般的做法有如下一些步骤：

a. 告诉孩子自己的感觉。

b. 表明自己对色情作品的态度。

c. 告诉孩子色情作品对人的危害。

d. 对孩子进行恰当的忠告。

e. 如果孩子不听或不改，可能会把孩子的书籍、光盘没收，甚至进行一些适度的处罚。

第七章 建立良好的亲子关系

第一节
和谐的父子关系

在孩子眼中，父亲比母亲的影响更大

亨利·比利尔在《父亲要素》一书中说：“父亲在孩子眼中比母亲的影响更大，更为社会所关注。对父亲评价越高要求也越高，由此可见，做好一个父亲并非轻而易举。”

在美国，和中国一样，一般来说，父亲是家里的顶梁柱，因此，父亲也可能是孩子引以为自豪的人。他可能很忙碌，但是孩子还是喜欢将“大事情”说给父亲听，让他帮忙出主意；在孩子的心中，父亲是成功的象征。

因此，父亲的话孩子会仔细地去掂量它的分量。“孩子可能会对母亲的‘指示’打折扣，但会认真地去执行父亲的‘指示’。”亨利·比利尔说，“在日常生活中，父亲是平易近人的，他甚至会和孩子打成一片。父亲具有孩子所喜欢的野性和冒险精神，女儿觉得新鲜，儿子则会模仿和学习。”

在美国的家庭中，父亲具有重要的地位。相对于母亲而言，在孩子心中，父亲可能在事业上会获得更多的成就和赞誉。这更容易让孩子尊重，甚至崇拜。因此，父亲在孩子心中的地位是无人能够替代的，父亲更能与孩子进行交流，并且对孩子的教育影响会更大。

在美国 1998 年 6 月的《父母》杂志中，父亲被认为对儿童的一生有下列影响：

a. 父亲更爱与儿童玩闹，促进孩子开朗、活泼。

b. 父亲对孩子的推动作用更大。

c. 父亲使用的语言更复杂。

d. 父亲对孩子的约束更多。

e. 父亲帮助孩子更能发挥潜能。

f. 父亲对孩子的教育往往注重其生存能力的培养。

g. 父亲介绍男人在现实生活中的作用和行为，对孩子的成长影响更大。

h. 父亲使孩子更社会化，为他走进现实世界做准备。

美国一些心理学家研究发现，儿童在 5 岁以前恋母，对父亲没有过多的需要；但是，在 5 岁左右，就由恋母转移到恋父，尤其是男孩，必须模仿和学习父亲的样子，才能增强自身的男性意识，否则就会对他以后的心理、人格等方面产生影响。

父亲带大的孩子更聪明

美国耶鲁大学一项最新的研究成果表明，由男人带大的孩子智商更高，他们在学校里会取得更好的成绩，在社会上更容易成功。

这项研究共进行了 12 年，研究人员对刚出生的婴儿到十几岁之间的各个年龄段的孩子进行了跟踪调查，排除处在不同阶层这个因素，他们发现，由父亲带大的孩子的智力高于平均水平。

专家们认为，那些宁愿在家里照看孩子的父亲，要比一般母亲在教育孩子方面有更强的目的性。

罗伯特·佩里是一位电脑分析员，自第一个孩子罗萨里出生后，他就辞职在家。如今，罗萨里已经12岁了。

佩里表示："罗萨里非常聪明，在学校里一直是最优秀的学生，每次考试都得最高分。唯一的问题是，学校老师是否会在学习上给他足够的启发。"

佩里的妻子是一所大学的地理教授，她不想因为孩子中断自己的职业。谁知她的这一思想却给家庭创造了一个极为成功的孩子。

迪克是个孩子，他跟罗萨里一样，受父亲的影响非常大。

一天，迪克·辛特姆和爸妈来到了乡下的农场。

农场养了两条狗，狗看见小迪克就汪汪地吠叫，迪克本来就胆子小，碰到这种情况更是吓得坐立不安，偏巧妈妈也怕狗，于是进来出去，总领着他躲着狗走。

吃饭时，狗闻着香味拼命地叫唤，小迪克饭也没吃下，夜里睡觉也提心吊胆。

第二天上午，迪克随妈妈和堂哥一起去果园摘苹果，狗又跟着来了，吓得小迪克拼命地跑，迪克越跑狗就越追，直到堂哥把狗喝退。回到家中，小迪克委屈地向父亲叙述这一经历，而爸爸却对他说："这有什么呀，你看见狗以后，不要跑，蹲下来做捡石头的样子，用眼睛瞪着它，它看到你凶，就不敢惹你了！"

小迪克顺从地点了点头。以后看见狗追着他，他果然像爸爸说的那样做，结果，狗再也不敢欺负小迪克了。小迪克对爸爸更是崇拜不已。

美国父亲对孩子的教育往往注重其生存能力的培养。

☆ ☆ ☆ ☆ ☆

奥托·伯尔的爸爸带他出去采集标本，妈妈总会唠叨阻止。

一天，爸爸就和奥托一起悄悄地商量：明天去哪里？并要求他别把计划告诉妈妈。

第二天，当他们临出发的时候，妈妈才知道这个神秘的计划，要阻止已经来不及了，只好一笑了之。于是，父亲带着奥托和哥哥去了很远的地方。他要求儿子们不带午餐，路上饿了自己来想办法。

结果到了中午的时候，他们在山上野炊，由奥托和哥哥做大师傅。

有时，他们只弄到一点食物，就给爸爸吃了，奥托和哥哥则饿着肚子一直到天黑。“但是，我们很快乐。”奥托说，“因为我们知道，这是父亲有意识地在锻炼我们。”

父亲管得太严，容易造成孩子口吃

美国纽约大学儿童心理学研究所一份研究报告指出：父亲对孩子管教太严，容易造成孩子口吃。

这份研究报告是由7位知名的儿童学心理、生理学专家花了近5年时间进行研究才写出来的。该报告指出：造成儿童口吃的原因很多：可能来自遗传，也可能来自心理因素，短期或长期的精神压力、紧张都会引起口吃，但是父亲的严厉管教，小孩更容易出现说话结巴的现象。

在成长过程中，有些孩子尤其是在 2 岁到 4 岁的时候，会出现短暂的口吃现象，上小学后情况会加重，而后又会逐渐自然消失。这是因为小孩还尚未控制整个句子，也可能是孩子的情绪与智能发展还不理想的缘故。这时父亲如果管教太严，就会造成孩子心理上的压力，容易引起口吃现象。

如果造成了孩子口吃，怎么办呢？

(1) 无论什么原因造成孩子口吃，一定要避免孩子对口吃有羞耻或不安情绪。

当孩子正常发展中出现口吃时，父母不需要急着纠正，以免增加孩子心理上的负担及不安的感觉，过多的纠正会给孩子造成心理上的压力更不敢讲话，导致口吃越来越严重。

(2) 如果孩子有口吃现象，父母在听孩子说话的时候，应耐心听他讲完每一句话，并以鼓励的方式协助他度过这一尴尬期。

(3) 让孩子多接触正常的说话模式。

(4) 叫孩子对着威胁性不大的婴儿或花草树木说话，减少说话时面对的心理压力。

(5) 如果口吃继续存在，影响孩子的日常生活时，需要去求助语言治疗师或心理治疗师进行治疗，或者协助做语言训练。

如何当好称职的父亲

一般来说，在家庭中，孩子一直由母亲照顾多，与父亲接触少。父母同时参加工作，也共同分担家务，那么美国人是如何当称职的父亲呢？

(1) 父亲自己先受教育。

一般来说，年轻的父母都缺乏育儿的科学知识和经验，因此，必须先学习才能担任孩子的启蒙教师。为此，美国一些父亲往往自己先进父母学校学习，或接受家教电视教育；有的还通过有关科学育儿的书、报纸、杂志进行自学。

(2) 为孩子树立好榜样。

父母与孩子最接近，是孩子学习的好榜样，因此要加强自身修养，不仅言教，更重要的是身教。在这之中，父亲常常注意事事起教育和引导的作用。

(3) 创设良好的家庭环境。

孩子的成长需要一个安全、温馨、和谐的家庭环境。父母感情融洽，互相尊重，和睦相处，对子女采取一致的教育方法，有利于孩子身心的健康成长。因此，一般来说，美国父母都注意家庭的和睦。

(4) 父亲的爱伴随孩子一生。

在美国，早在母亲怀孕时，父亲就开始关心孕妇的身体，注意胎儿的成长，他们往往了解胎儿的胎心、胎动状况，给胎儿听音乐，并和胎儿说话。在妻子分娩的时候，一些丈夫还坐在产房，安慰妻子，使她减少恐惧、疼痛，使胎儿顺利出生。孩子出生后，更需要父爱，父亲开始护理新生儿。

这样，孩子一年又一年地成长起来时，父亲像园丁爱护花朵一样爱护子女。在这期间，他们的任务是：

a. 正确引导孩子，启迪孩子的智慧。

b. 随时纠正他们不良的习惯。

c. 培养孩子各种兴趣，发挥他们的特长。

d. 鼓励孩子不断努力，去取得成绩。

e. 创造机会，使孩子在人生的道路上不断地向前迈进。

第二节 亲密的母子关系

罗斯福母亲的家教

美国第 32 届总统富兰克林·德拉诺·罗斯福是美国历史上唯一连任了四届的总统。

他出生于富豪家庭。父亲学过法律，又经过商，很有钱。罗斯福的父亲和母亲相差 26 岁。当罗斯福出生时，父亲年龄已经很大了。罗斯福有一个同父异母的哥哥，很早就离家在外，罗斯福的降生给这个本来就十分幸福的家庭又带来了无比的欢乐。

幼小的罗斯福成为父母关注的中心。然而，罗斯福的父母并不娇惯他，而是严格地管束他，特别是罗斯福的母亲。

在罗斯福的成长过程中，母亲为小罗斯福安排了很严格的作息时间表：

a. 7 点起床。

b. 8 点吃饭。

c. 随后跟家庭教师学习两三个小时。

d. 休息。

e. 下午 1 点吃饭。

f. 午饭后又学到 4 点。

g. 休息或者自由活动。

美国人认为，严格教育对生活在优裕环境中的儿童尤为重要。人生要经过许多磨难，才能成就大事业。如果只会享福，不能受苦，这样的人将不能立足于社会，更不能为社会献身，为他人造福了。因为，这样的人只能满足于自己的成功和幸福，心理永远不能够成熟。

基于这样的认识，罗斯福的母亲自有一套教子方法。

在游戏时，小罗斯福总习惯于自己是赢家。为了教育他，有一次，母子玩一种棋类游戏，母亲故意不让他，接连赢了儿子。小罗斯福生气了，母亲故意不去理睬他，并坚持让儿子道歉。结果，罗斯福认输了。

罗斯福的家庭是民主的。

小罗斯福不满意母亲制定的严格作息制度，一次他提出了抗议，要求母亲给他“自由”。母亲认真地考虑了儿子的要求，允许他“自由”一天。到了晚上，6 岁的儿子满身灰尘，一脸疲惫地回来了。这一天儿子去干什么了呢？母亲没有过问。

罗斯福的母亲知道尊重孩子，满足他的合理要求。

因为，她知道，严管不等于束缚，给孩子自由活动的时间，使孩子在无拘无束中松弛一下，才能尽情地享受童年的欢乐。这对儿童个性的发展和良好品格的形成是有好处的。

美国式好妈妈的标准

1999 年，亚特兰大市父母协会举行了一次声势浩大的“好妈妈”评选活动。在这同时又开展了一场关于“好妈妈”标准的讨论。最后，该协会把“好妈妈”的标准公之于众，具体内容共有 9 个方面的观点：

(1) 好妈妈是贤妻良母。

贤妻良母是一个可取的符合人性、体现妇女特点的概念，但是，它是随着时代的发展而发展的。

(2) 好妈妈尽管不是所有的时间和精力都扑在孩子身上，但是，为了孩子她可以牺牲自己的一切。

(3) 好妈妈是好人，但是好人并不是好妈妈。

在事业上极其成功，但家庭生活毫无章法的女性，未必是个好妈妈。一个出色的当代女性，应该把生活赋予自己的每个角色都扮演得有声有色。

(4) 好妈妈的标准应有虚有实，有人性有理性。

好妈妈应该可敬可亲，看得见，学得像，是一个很生活化的形象。

(5) 好妈妈的形象应有时代特征。

网络信息时代的人才是综合型、全方位的，因此，好妈妈首先应该是有远见、有眼光的。

(6) 好妈妈至少可以给予孩子 3 个方面的东西：

a. 热爱生活。

b. 坚强。

c. 独立。

(7) 好妈妈能给孩子以灵魂的东西。

好妈妈应该教育孩子爱国爱人，开拓进取，立大志，做小事。

(8) 好妈妈最重要的一点是能够成为孩子的朋友。

好妈妈能够理解人，能和孩子毫无障碍地交流思想。

(9) 好妈妈既要有正确的妇女观，又要有正确的教育观。

好妈妈应该有悟性，有方法，还有点灵感。

☆　☆　☆　☆　☆

随着离婚率的居高不下，美国家庭的“重新组合率”也在不断地上升。据统计，全美目前至少有 300 万未成年儿童生活在有继母而非生母的家庭中。另外，在过去 20 年内，全美继母人数增加了1/3。

在美国儿童心中，继母还像《白雪公主》或《灰姑娘》两个剧目中的继母那样凶残暴戾吗？洛杉矶一家妇女报就此调查了全美 10 个大中城市的 3000 名生活在“重组家庭”中 10 岁以下的儿童，结果显示：

a. 在接受调查的孩子中，有 50%的孩子认为继母对自己与生母一样好，甚至有 20.3%的人认为继母比生母更好，仅占 3 成的孩子认为继母不如生母。

b. 在对生父与继母做比较时，70%接受调查的儿童认为后者对自己更关心，照顾也更细心。

c. 2/3 的孩子披露，他们的继母每天陪伴自己的时间比生父长。

d. 高达 8 成的孩子承认，他们的继母每月至少带他们出去玩一次。

e. 占 40%的孩子指出，他们的继母在对待他们和自己生的孩子上，看不出明显的偏心。

f. 90%的人披露，他们的继母常常赴学校出席家长会，并与校方取得了紧密的联系。

g. 45%的孩子从来没有受过继母的打骂或侮辱。

h. 60%的孩子说，他们的继母每年都给他们过生日。

i.90%的孩子说，他们的继母去年圣诞节向他们赠送圣诞礼物。

j.80%的孩子说，每次生病的时候，都是由他们的继母送他们去看医生，而在曾住院接受治疗的孩子中，占9成的说他们的继母曾在医院陪伴过他们。

k.90%的孩子说，当他们犯了错，如打架或逃学时，他们的继母会像对待自己的孩子一样生气，并给予批评。

l.占70%的孩子说，开始时，他们不想理睬继母，但是以后又渐渐与继母成了“自家人”。

妈妈管教孩子的10大忌讳

培养教育孩子，需要母亲的无限耐心、充分理解和持之以恒的努力及无比宽阔的胸怀。但是，母亲也不是完美无缺的。

美国心理学家詹姆斯·温德尔为此向母亲们提出了管教孩子的10大忌讳。它们是：

忌讳1：大吼

谁都不愿意被大吼，吼骂不能纠正孩子的不良行为，只会增加孩子的敌对情绪。

忌讳2：过急

孩子改正错误需要时间，需要母亲的耐心引导，过急要求孩子马上改正错误往往事倍功半。

忌讳3：唠叨

唠叨是女人最容易犯的错误之一。母亲对孩子提出要求，最好在第一次时就多采用积极鼓励、果断明了的方法，甚至事先给予警告。

忌讳4：教训

动不动就给孩子上课式的教训，孩子最终会听而不闻。启发式的讨论、问答式的交谈更容易使孩子接受父母的意愿。

忌讳5：发怒

发怒对孩子纠正错误没有好处。对孩子怒发冲冠，只会造成孩子心灵上的伤害。

忌讳6：贬低

贬低孩子的话会给孩子的成长造成消极的影响。对孩子要多鼓励，多表扬，多积极引导。

忌讳7：圈套

一些母亲多会给自己的孩子设下圈套获取“证据”，然后给孩子以惩罚。这样会增加孩子对母亲的不信任感。

忌讳8：归咎

母亲把自己生活中的不愉快归咎于孩子言行的不轨，让孩子承担责任会增添孩子的罪过感。

忌讳9：体罚

一些母亲不能控制自己，对孩子草率行事，不是积极引导孩子而是打骂体罚。久而久之，体罚有害于孩子心理和生理健康的发展。

忌讳10：强迫

强迫只会引起孩子的逆反心理，尤其是对进入青春期的孩子，更应该尊重他们的意愿而加以引导。

☆ ☆ ☆ ☆ ☆

美国一项社会调查显示：美国母亲的心理素质不容乐观。

2000年7月，美国父母协会在全国12个城市选取了1500名12岁到16岁孩子及其母亲进行了调查。这一调查叫“家庭教育中母亲素质现状”，调查内容涉及母亲的道德素质、文化素质、育人素质和心理素质4个方面。结果显示：

a. 当代美国母亲的育人素质和心理素质都不容乐观。

b. 母亲教育观念存在一定偏差。

c. 育人素质亟待提高。

美国父母协会的教育专家认为，妈妈是家庭教育的最主要实施者，决定着孩子教育的目标、内容和方式。但是，当代美国母亲对于孩子教育现状令人担忧：

(1) 母亲们普遍忽视孩子的品德发展、人格培养、实践能力和社会责任感等社会性教育。

在对孩子的品德发展、知识教育、交往能力、身体健康、个性培养等几方面进行评价时，妈妈们不约而同地把学习成绩排在第1位，比例达56%，道德品质排在第2位，占23%，个性培养、社会交往能力分别排在第4、第5位，不足10%。

另据所调查的6所学校中，小学德育教师反映：有意对儿童进行社会性教育的母亲都不到1/3，尤其在责任心和自制力方面仅占10%，耐挫力和社会交往能力的教育仅占9%和19%。

(2) 对孩子的教育方法上也存在问题。

对待孩子的错误，仍有30%的妈妈采取指责批评、打骂挖苦或无所谓的态度。

(3) 当代母亲的心理素质不容乐观。

不少母亲在激烈变化的社会现实中，无法面对自己的心理和行为做出调节，常常将坏情绪转换成各种非理智行为，或在孩子身上宣泄，或懒得与孩子沟通，或转化为对孩子不切实际的高标准严要求。

调查数据表明，多数母亲懒得与孩子沟通，与孩子沟通能保证1 小时左右的母亲占 19%，不一定和没有时间的占到65%，在和别家孩子对比时，不如意、自卑或者嫉妒的母亲占64%。母亲的心理健康与孩子的心理健康相关程度很高，明显高于父亲。为此，美国父母协会呼吁全社会尽快采取行动来重视和帮助这些“问题妈妈”。

第三节
重要的家庭与子女关系

美国人的生儿育女观

生儿育女，这是人类赖以生存发展、生息繁衍的大计。一个民族如何养育子女，这不但与本民族的文化有关，同时，也受到社会经济发展与文明程度的制约。

在美国，没有计划生育这一概念，但一般人家大多生一两个孩子，三个孩子以上的家庭比较少见。一般来说，黑人与墨西哥人的家庭孩子较多，这可能和受教育程度与习惯有关，也与家庭经济状况有关——穷人家的孩子多，这样每个孩子领一份社会福利救济金，相对收入就增加了，但这些钱则不一定完全用在孩子的身上。

美国舆论界曾进行辩论：是将孩子的福利金付给父母，还是集中起来开办养护这些靠社会福利资金度日的孩子们的幼儿园、学校？结论没有统一。

这件事反映了一个令人不安的社会问题——一些单身母亲靠子女的社会福利救济来维持生活，而不是靠自己的劳动。

但是，一般来说，在美国，父母对孩子的养育是尽心尽力、呵护备至的。

《美国新闻与世界报道》透露一条消息：如果把一个刚满 1 岁的小孩抚养到成人，所有费用都算上要 145 万美元。

这对于美国中产家庭来说，不能不说是一个天文数字。

但是，在生育孩子的观念上，美国人和我国目前大多数父母还是不尽相同。

(1) 在生儿育女期间，美国许多妇女大多待在家里，或者只做半天工作，这样就有一个相对稳定和充裕的环境与时间。

(2) 尽管美国也提倡孩子吃母乳，但是，孩子生下来之后，吃母乳的却不多。

(3) 养育孩子能想到的服务都有。

孩子的饭食——可以从超级市场买到适合婴幼儿各个时间的各种各样的食品。

孩子的衣服——有刚出生时穿的各种襁褓，有 3 个月至 1 岁、1 岁到 12 岁的各种衣物和用品，超市里应有尽有，不一而足。

孩子的鞋袜及婴幼儿用的尿布在超级市场随处可买。超级市场 24 小时营业。有一种带音乐声响的尿布，孩子一尿湿就有音乐声传出，提醒父母及时换掉。

(4) 当孩子大一些后，一般来说，父母也是把他们送幼儿园。幼儿园也是按服务来定收费标准的。

(5) 儿童上小学，则每天有校车接送，无须再烦劳父母。

美国人住得比较分散，孩子上学就搭乘校车来往。

美国学校的校车很有特色。

无论在城市或乡村，都可以在街上看到一辆辆橘黄色高高的大轿车。这些大轿车一停，车头两端都会有一个红色的“Stop”（停）的牌子伸出，前前后后行驶的车辆都得停下来，等孩子们上下车，牌子收回去，这辆车开启后，其余的车辆才可行驶。

在美国，考取校车的驾驶执照比其他车要难。或许与女性的细心谨慎有关，校车大多由女司机驾驶。超驶学校校车，违章处罚是很重的。这种校车的式样和颜色是数十年一贯制，为的是让人们一见就知道这是孩子们乘坐的车。

(6) 美国的小孩作业不多，无须父母陪读、陪考。

孩子在家上课的新趋势

近年来，美国出现了一种新的趋势，这就是孩子在家上课。据统计，美国有约 150 万青少年和儿童在家接受父母的教育，这个数字超过了纽约所有公立在校学生的总和，比 10 年前上升了 5 倍。其中，华盛顿州位居各州榜首。

家长让孩子在家接受教育的原因多种多样。

a. 在快节奏的社会生活中，有的家长想通过这种方式加强家庭成员之间的联系。

b. 有的是家长为了满足孩子诸如音、体、美等方面特长培养等的特殊需要。

c. 有的家长担心孩子在学校受到不好的影响。

d. 父母有机会塑造孩子的价值观。

e. 孩子有更多的课余时间，可以参加各种康乐活动。

但是，不管出于什么理由，有一点是共同的，那就是美国的家长都对公立学校失去信心，认为自己能比学校的教师为孩子提供更好的教育。

专家认为，在美国出现这一家教趋势，不是空穴来风，而是有着深刻的社会和科技原因的：

a. 当今美国的家长教育水平比过去大有提高。

b. 因特网等能提供大量的信息来源，为家教提供了良好的基础。

c. 新闻媒介大量报道公立学校存在的问题，使得家长希望能更多地控制孩子成长的环境。

美国教育高级分析家莱思斯说，这些家长的做法正在为教育观念带来一场革命。

但是，也有些学者担心，这种客厅式的家庭教育，会使孩子的教育不均衡，而且缺乏社会技巧。

良好的教育对亲子双方都有意义

美国教育家冯·卡门认为，从家庭内部来说，子女教育有两方面的意义。

一方面，对父母来说，子女教育的成功是自己最大的奖赏和鼓励。

父母看到自己的后代健康成长，青出于蓝而胜于蓝，是人生一种最高的幸福享受，这样，会大大增加他们的自我价值感和生活满意程度，同时，这也是深化父母间情感的有利因素。

另一方面，对子女本人来说，良好的教养给他们一生的身心健康、生活和事业的成功都打下了坚实的基础，受益终生。

一个人从出生到长大，尤其是学龄前这一段生活经验，对整个一生有着巨大而深远的影响。这一点现在为所有教育学家和心理卫生专家所认同。

因此，良好的教育，对亲子双方都是意义重大的。

那么，什么样的家庭具备成功教养子女的先决条件呢？

按照美国人的观点，有以下几个重要的方面。

(1) 家庭气氛是和谐、亲切的。在这个家庭内部，父母的心态健康、平稳。

这又取决于家庭现有的条件、父母的工作状况、身体状况、人际关系、收入水平和其他一些因素。

(2) 父母有较强的承受压力的能力。

当一个一帆风顺的家庭忽然遭受到了意外变故，在压力面前，身为一家之长的父母，能够迅速调整心态，使子女感受到家长如常的从容、镇定、亲切和关心。

(3) 父母所结合的家庭具有稳固性。

家庭不和睦，或者离婚的家庭，对孩子的心灵会造成伤害，不利于孩子的成长。

(4) 父母与孩子关系融洽并经常沟通。

父母一方，或者双方，都忙于工作，很少顾家，这样的家庭亲子关系就会比一般家庭淡漠。父母偶尔回家，如果只是和孩子看看电视，并且还要以自己的喜好去“锁定”频道，教育孩子的成功性就更难说了。

☆ ☆ ☆ ☆ ☆

随着社会的发展，一些旧的教育观点已不能适应时代的要求，美国一些专家指出，以下这些新的教育观点是家长应该掌握的。

a. 对孩子的期望值不要太高。许多孩子幻想成为传世名人，许多家长望子成龙、盼女成凤，可是这些幻想常常成为孩子沉重的包袱，使其失去童年的快乐。

b. 应该鼓励的不是分数，而应该是孩子勤奋好学的精神和基本素质的提高。

c. 跟孩子讲话应多用短语，并力求用语准确恰当。

d. 奖罚不宜太多。罚得多，会使孩子心灰意懒；奖得勤，孩子会觉得平淡无味。

e. 多与孩子交流，了解孩子，理解孩子，平等地对待孩子，不要强迫孩子去圆自己的梦。

f. 世界上没有完人，不要期望孩子成为十全十美的人，少一些苛刻，多一些宽容。

g. 孩子放学后或节假日应该尽情玩耍，不要把家庭变成孩子的第二课堂。

美国父母希望孩子长大做什么

美国父母希望孩子长大后干什么呢？

1999 年 12 月，美国有线电视新闻广播公司 CNN 和美国《时代》周刊，就这个问题进行了一次调查。调查的结果说明：大多数被调查者认为，最理想的是把学术活动和行政活动结合在一起。

例如，83%的被接受调查的父母说，他们希望自己的孩子长大成人之后，成为某大公司的头头。父母们都认为，当大商人好是好，但是事情太烦琐。

11%的父母希望自己的孩子以运动员为职业。

这次调查的结果还显示，在大庭广众之下抛头露面和表面的荣耀，似乎对今日的美国人正在失去魅力。以前要是问美国低年级小学生："你想干什么？"他们都会响亮地回答："当美国总统！"父母听了这样的话也很高兴。但是，现在的父母就会认为这是孩子在空口说大话。所以，只有 7%的父母希望孩子将来能入主白宫。

与此同时，曾经风靡一时的好莱坞也对美国人失去了吸引力。只有 4%的被调查者希望自己的孩子将来能成为电影明星。

☆ ☆ ☆ ☆ ☆

为了孩子健康成长，建立良好的家庭与子女关系，父母在付出心血的同时，学校也不会袖手旁观。美国优秀教师对家长们提出了10条建议。摘抄如下:

(1) 尽量表扬孩子。

孩子具有一定的自信心，才会肯于学习。

(2) 多关心孩子的学习内容和实际进步程度。

(3) 经常给孩子制订几个易于达到的小目标。

这样可以使孩子觉得自己能够做到，对自己充满信心，从而有利于发挥孩子的潜能。

(4) 刺激孩子的学习欲望。

不单纯出书面题给孩子做，还要抓住生活中的各种机会让孩子练习。

(5) 帮助孩子树立责任心。

让孩子学会洗碗、洗手帕，整理自己的床铺、用具，尽到自己应尽的责任。

(6) 在孩子面前做好表率。

(7) 尽量不要在孩子面前议论老师，尤其不要在孩子面前贬低老师。

(8) 定下家庭学习规矩，并且自始至终执行。

(9) 引导孩子善于提出问题。

爱提问题的孩子比被动接受知识的孩子掌握得快，而且觉得负担轻。

(10) 尽量避免一些家庭问题导致孩子缺课。

美国孩子对父母的“告诫”

美国出版过一本反映儿童呼声的——米切尔·L.楚吉罗的《我们为什么没有发言权：如果父母肯听孩子们说》。书中以一个孩子的口吻，对父母提出了9大告诫：

a.我的手很小，无论在什么时候，请不要要求我十全十美。我的腿很短，请让我慢些走路，以便能跟上您。

b.我的眼睛并不像您那样见过世面。请让我自己慢慢地观察一切事物，并希望您不要对我加以过分的限制。

c.家务总是繁多的，我的童年是短暂的。请花一些时间给我讲一点有关世界奇闻，不要把我当作取乐的玩具。

d.我的感情是脆弱的。请对我的感觉要敏感点，不要整天责骂不休，对待我应像对待您自己一样。

e.我是“上帝”赐给您的一件特别的礼物。请爱护我，抱我的时候要经常训教我应做的运动，指教我靠什么生活，训练我对人的礼貌。

f.我需要您不断地鼓励，不要经常严肃地批评和威吓。但要记住，您可以批评我做错的事情，不要批评我本人。

g.请给我一些自由，让我自己决定有关的事情，允许我做错事或不成功，以便从错误中吸取教训。总有一天，我会随心所欲地、正确地决定自己的生活之路。

h.不要让我经常重做某件事情，我知道做事是困难的，请不要试图把我同别的大哥哥大姐姐们相比较。

i.不要怕同您一起去度周末，小孩子需要从父母那里得到愉快，正像父母从小孩子那里得到欢乐一样。

美国家庭教育孩子 40 条

美国学者戴维·刘易斯总结的教育孩子 40 条，集中反映了美国人的家教观。

(1) 对孩子提出的所有问题，都耐心、老实地回答。

(2) 认真对待孩子提出的正经问题和看法。

(3) 竖一个陈列架，让孩子在上面充分展示自己的作品。

(4) 不因孩子房间里或者桌上很乱而责骂他，只要这与他的创作活动有关。

(5) 给孩子一个房间或房间的一部分，主要供孩子玩耍。

(6) 向孩子说明，他本身已经很可爱，用不着再表现自己。

(7) 让孩子做自己力所能及的事情。

(8) 帮孩子制订他的个人计划和完成计划的方法。

(9) 带孩子到他感兴趣的地方去玩。

(10) 帮助孩子修改他的作业。

(11) 帮助孩子与来自不同社会文化阶层的孩子正常交往。

(12) 家长养成合理的行为习惯并留心使孩子学着去做。

(13) 从来不对孩子说，他比别的孩子差。

(14) 允许孩子参加计划家务和外出旅行的事情。

(15) 向孩子提供书籍和材料，让孩子干自己喜爱的事情。

(16) 教孩子与各种成年人自由交往。

(17) 定期为孩子读点东西。

(18) 让孩子从小养成读书的习惯。

(19) 鼓励孩子编故事，去幻想。

(20) 认真对待孩子的个人要求。

(21) 每天都抽出时间和孩子单独在一起。

(22) 不用辱骂来惩治孩子。

(23) 不能因为孩子犯错误而戏弄他。

(24) 表扬孩子会背诗、讲故事和唱歌曲。

(25) 让孩子独立去思考问题。

(26) 详细制订实验计划，帮助孩子了解更多事情。

(27) 允许孩子玩各种废弃物。

(28) 鼓励孩子发现问题，随后解决这些问题。

(29) 在孩子干的事情中，不断寻找值得赞许的地方。

(30) 不要空洞地和不真诚地表扬孩子。

(31) 诚实地评价自己对孩子的感情。

(32) 不存在家长完全不能与孩子讨论的话题。

(33) 让孩子有机会真正做决定。

(34) 帮助孩子成为有个性的人。

(35) 帮助孩子寻找值得注意的电视节目。

(36) 发挥孩子积极认识自己才干的能力。

(37) 不对孩子的失败表示瞧不起，并对孩子说："我也不会干这个。"

(38) 鼓励孩子尽量不依靠成年人。

(39) 相信孩子的理智并信任他。

(40) 让孩子独立完成他所从事的工作的基本部分，哪怕不会有积极的结果。

第八章

如何进行沟通和交流

第一节
怎样与孩子交谈

交谈光有热心肠是不够的

在20世纪80年代，一位美国教育家曾经说过："父母教育孩子的最基本的形式，就是与孩子谈话。我深信世界上最好的教育，是在和家长的谈话中不知不觉地获得的。"

但是，叫大多数父母感到头痛的是：父母苦口婆心地教育孩子，孩子却总不以为然，还常常会视父母的谆谆教导为没有意义的唠叨，甚至拒绝与父母交谈。

这到底是怎么回事呢？是孩子出了问题，还是父母的谈话方式有问题呢？

在中国，许多父母认为是孩子出了问题。而美国的父母们却认为，其实，孩子没有问题，问题还是出在父母身上。

因为，他们觉得父母与孩子谈话，光有一副热心肠是不够的。如果父母的谈话孩子不愿听，甚至感到厌烦，那么，即便父母说的全是"金玉良言"，在孩子的心中还是一文不值。这就是为什么问题出在父母身上的症结。与孩子交谈，父母必须掌握谈话的技巧。

有一个这样的场景：

6岁的考瑞·斯齐米对妈妈说："妈妈，开普罗丹·妮老师偏心。今天幼儿园午睡的时候，多米尼克把我的鞋子踢到了墙角，我叫他捡回来，他不肯捡，我就把他的衣服扔到了床底下。开普罗丹·妮老师知道后光批评我，还把我叫到办公室，要我承认错误。他为什么不批评多米尼克？"

妈妈说："斯齐米，你又淘气了！我给你说了多少遍了？老师批评你，你首先要看到自己的错误。如果你老老实实，规规矩矩，没有一点错误，老师怎么会批评你呢？你看隔壁诺文，多么听话！老师什么时候批评她了？我再说一遍……"

"妈妈！你总是帮人家说话，我不要听！"考瑞·斯齐米不耐烦了。

"你不要听我也要说……"妈妈像往常一样说个没完。

"我只是问了你一个小小的问题，你为什么要说那么一大堆的话？"

与妈妈谈话总是那么扫兴地收场。考瑞·斯齐米越来越不喜欢与妈妈谈话了。一次他对小朋友说："我什么也不告诉妈妈了。要是我一开始跟她说，她就会没完没了，我连玩的时间也没有了。"

考瑞·斯齐米只希望妈妈理解他心里的委屈，却又被妈妈批评了一顿。美国人认为，像考瑞·斯齐米妈妈这样对待孩子是很不恰当的方式。

父母怎样与孩子进行交谈

那么，美国的父母该怎样与孩子进行交谈呢？

他们的方法和对策有很多，归纳起来主要有：

(1) 把握和孩子谈话的时机。

一些美国儿童教育专家认为，与孩子谈话并非随时随地都可以进行，父母应把握和创造谈话的时机。

因此，一般说来，当孩子专心致志于自己的学习和娱乐的时候，父母的谈话可能不受欢迎，这时谈话不会有好的效果。

只有当孩子在比较空闲的时候，或者从一种活动转换到另一种活动中去的时候，他才比较愿意与父母交谈。

因此，父母一般在孩子放学回家的时候，或者全家一起吃饭的时候，和孩子进行交谈。

(2) 像维护自己的自尊心一样维护孩子的自尊心。

“父母与孩子谈话的失败，往往不是缺少对孩子的爱，而是缺乏对孩子的尊重。一方面，大多数父母认为，孩子甚至比自己更重要；另一方面，在与孩子交谈时，他们又习惯于要求孩子完全放弃自己的想法和感受。这种做法包含了多么巨大的矛盾！它只会导致孩子对与父母交谈的害怕。”卡丹·莫斯教授说，“要成功地与孩子进行有教育意义的交谈，父母必须始终小心翼翼地去维护孩子幼小脆弱的自尊心。”

(3) 用体贴入微的理解代替“谆谆教诲”。

一些中国父母总以为，孩子年幼无知，需要严加看护，谆谆教诲。美国人相信，孩子有孩子的世界，如果父母站在孩子的立场上去体察孩子、理解孩子，就会发现，孩子的许多想法和感受是多么合乎情理。

“我们常说，人需要被理解，不需要被教训。孩子又何尝不是这样呢？”考瑞·琪琪太太在发表她的经验之谈时，无不感慨地说，“因此，当你觉得孩子在什么地方出了问题、犯了错误，暂且不要劝告，不要教诲，不要训斥。设身处地、体贴入微地去理解孩子吧！”

对孩子伤害最大的10种言行

无论东方，还是西方，父母都是望子成龙的，他们对子女充满爱心，可是，有时却在无意的言谈中对孩子的发展造成伤害，这是父母与孩子进行交谈时的大忌。美国著名心理学家基诺特将这些伤害分成10种，分别如下：

a. 恶言——傻瓜、说谎、无用的东西。

b. 侮辱——你简直是个废物。

c. 责备——你又做了错事，真是坏透了。

d. 压抑——住嘴！你怎么就是不听话呢？

e. 强迫——我说不行就不行。

f. 威胁——我再也不管你了，随你的便好了。

g. 哀求——求求你别再这样做好吗？

h. 抱怨——你做这种事，真让我伤心透了。

i. 贿赂——你若考一百分，我就给你买脚踏车。

j. 讽刺——你可真行，竟能做出这种事。

如何让孩子敞开心扉

一位美国妈妈说过这样一个故事：

一次跟“我”6岁的小女儿艾尼尔闲聊，为了使我吃惊，她兴致勃勃地对我说：“妈妈你知道我怎么对付老跟我开玩笑的小男孩们？我掀起裙子把他们都吓跑了。”

“我”反问了她一句：“真的？”

艾尼尔明显觉察到了“我”的愕然、生气的表情，发现说漏了嘴，然后，就像小乌龟一下钻进了壳，怎么也不肯开口了。

“我”后悔又失去了一次听听孩子真实生活和思想的机会。

很多父母都希望孩子能与他们无所不谈。但是，上面这位妈妈的情况在现实之中常常发生。那么，如何改善和孩子的交流方式，让他们向父母敞开心扉呢？

一些成功地与孩子形成良好交流习惯的美国父母的经验是：

（1）慎用批评。

在与孩子交流的时候，成功的父母们一般不过早地下结论，等待孩子把事情全部说完，边听边用“嗯！”“我知道这很伤你的感情”这样表示理解的话，来鼓励他们把事情叙述完。听完了他的故事，父母才引导孩子自己发现问题的答案，或者寻找解决的办法。

这些成功的父母认为，随着孩子的不断成熟，父母越来越应该走到幕后，给孩子机会，让他自己通过深刻的思考解决问题。如果需要，父母也适时适当地给予一些帮助。

事实证明，这种方式不但增强了孩子的自信心，自我感觉良好，而且他会逐渐把父母当成可靠又对他有帮助的朋友，而不是高高在上的“大人”，更愿意和父母交流。

（2）问题要适当。

爸爸死后，孩子很伤心，妈妈总想安慰儿子，很想让孩子说出自己的想法，然而每每提起此事时，孩子总是闭口不提，对谁也不谈论此事。这位母亲很烦恼。

最后，她在心理医生的建议下，不再问孩子的感受，而是有时提起自己对丈夫的思念，和孩子一起回忆和丈夫在一起时，一家人的快乐时光。这下儿子反倒开口了，分担妈妈的痛苦，自己也不再那么郁闷了。

（3）控制自己的反应。

和孩子的谈话中，可能会有很多令父母不高兴或失望的事情，因此，美国的父母们常常很注意控制自己的情绪。

因为他们知道，孩子都不喜欢让家长失望，如果父母过分表现出失望，会造成以后他只报喜不报忧的后果。

（4）注意孩子的时间表。

吃完晚饭，罗纳德·麦迪逊正想告诉妈妈很多事，然而，妈妈玛莎有一大堆的碗要刷，孩子的作业等着检查，地下室还堆着一大堆衣服，但是，她还是留在厨房的餐桌前，耐心地倾听孩子的故事。

美国人认为，尽管大人们无时无刻不在计划着“下一步该做什么”，而孩子们却只注重现在，父母要想和他们谈心，就要尊重他们的时间表。

(5) 奖励诚实。

孩子们最担心因为他们的错误行为而失去父母的爱，因此，有时不敢说真话。父母要特别注意鼓励他们养成主动承认错误的好习惯。

当 13 岁的孩子承认他开了爸爸的车去看电影，并且不小心在车的侧面划了一道时，父亲首先对他的诚实表示肯定，然后才告诉他，儿童开车是很危险的事情，应该与爸爸同去才是对的。

(6) 替他们保密。

儿童心理医生林达记得，一个妈妈领着 6 岁的女儿来咨询，结果发现原因是妈妈将女儿的“秘密”在晚饭时不经意告诉了家庭其他成员，结果，女儿的哥哥姐姐们用此来取笑她，从此她再也不肯对妈妈说什么了。

因此，成功的父母都坚持对孩子的话进行保密，对孩子的隐私保密。

(7) 及时弥补。

“不管我们怎样注意，总有犯错误的时候，及时弥补就显得极为重要。”与女儿关系极好的妈妈索妮说，“要肯放下架子，向孩子承认错误。这样，孩子才会再次接受妈妈。”

第二节
怎样与孩子沟通

放下身段赢得孩子的信赖

美国俄亥俄州有一个快乐的五口之家，他们家有一个传统的家庭游戏——捉迷藏。

这一天，爸爸妈妈和孩子们把家里怕摔的东西一律搬进了厨房，或者放进柜子，然后，开始玩捉迷藏的游戏，大家帮孩子蒙上眼睛，转上几圈，大喊："开始啦!"于是一家人四处躲藏。

这时，蒙上眼睛的儿子科比开始满屋子找人。爸爸妈妈和其他人用鼓掌、喊叫或者故意弄出响声诱骗他，有的还跑来跑去逗着他。

结果，科比抓住了小弟弟努卡，于是，努卡充当起"瞎子"开始摸人了。

每次全家人都玩上一两个小时，大家一个个玩得满头大汗，开心的笑声常常却是一阵接着一阵。

美国的父母们认为，游戏是孩子的天性，他们需要在游戏中找到欢乐，也需要在游戏中成长，同时，家庭游戏是父母和孩子进行沟通的桥梁。

美国的儿童教育专家也肯定这一做法，他们认为，家庭游戏可以在家庭里营造出一种轻松欢乐和自由自在的氛围，在这样的氛围里，孩子不再感到父母是铁面家长，威严而不可抗拒；作为父母，也暂时收起了严肃的面孔，和孩子打成一片。

14 岁的莫西拉是 12 年级的学生，以前学习成绩一直名列前茅，可就在开学之后成绩直线下降，一下掉到了全班第 25 名。莫西拉闷闷不乐，整天把自己锁在房子里看书，爸爸妈妈有心问问，但又怕伤了孩子的自尊心，眼看着孩子一天天憔悴。

一天，父亲突然想出了一个办法，全家一起到西海岸去度假。

第一天，莫西拉还是忧郁地坐在海边，爸爸妈妈于是和她一起在海水中游泳，打闹做游戏。第二天，父母又和她捡贝壳，她开始跑来跑去，眼睛里渐渐有了光彩。第三天，她自由自在地欢笑玩耍，再也看不到前些日子的样子。这时，爸爸找了个机会与莫西拉谈心。

“莫西拉，海大不大？”

“当然大呀！”莫西拉轻快地说。

“大海有包容一切的心胸，我们日常生活中也会遇到一些小麻烦、小挫折，可这在大海前算得了什么？”

“爸爸，你不是在说我吧？”

“莫西拉，爸爸妈妈知道你考得不好，心里难受。我们不在意你的考分高不高，但是，我们怕你因为一次考试而丧失了对学习的信心……”

这一番话，在莫西拉听来格外入耳，因此，也与爸爸交谈起来了……

家教，实际上是情感教育

家教实际上是情感教育。美国一位儿童教育专家认为，在亲子之间的交流中，情感的沟通特别重要。因为孩子需要父母的爱护、同情、理解和帮助，父母也只有充分表达出自己对孩子的爱，才能培养和加深孩子对自己的感情。

美国一位已经长大成人的女子讲述了她童年的一段往事：

> 上小学时，有好一段时间早上我起不来床，尤其是在寒冷的冬日。母亲为我买了两个闹钟。但是，闹钟响过之后，我仍然沉睡不醒。
>
> 所以，母亲又想出一个办法。每天早上6点，随着一声欢快的“早上好，宝贝”，母亲会捧着一杯加了半勺咖啡的热巧克力出现在我的床头，然后，我美美地躺在热被褥里喝着热热的巧克力，母亲就坐在我的床头和我聊天。
>
> 就这样，母亲使得每天清晨起床的痛苦变成了我的特殊的享受。当我喝完巧克力时，我已经睡意全无，精力充沛地迎接新的一天。

美国有一部电视连续剧，叫《成长的烦恼》，其中有一段这样的剧情：

刚上小学的小儿子本恩因为不同意配合一个同学在考试中作弊，那个同学便声称要打死他，并约定时间要与他“较量”，吓得本恩不敢在这个学校上学了。

父亲杰生知道后，便给本恩讲了一个故事。

他说他小时候，和一个同学竞争进入一个球队，那个同学声称如他不退出，便要与之“较量”，吓得杰生急忙退出了。

十几年后，杰生又碰到了那个同学，两个成年人回忆往事，他同学说：“幸好当年你退出了，那时我真害怕和你较量。”

本恩从爸爸的故事里受到启发，于是他硬着头皮，“像男子汉般”

地赴约，结果，对方反而不敢“较量”了。

杰生通过自己小时候的一段不那么漂亮的经历唤醒了儿子主动捍卫自己权利、应付生活挑战的决心和信心。

美国人常常通过这种轻松的方式，有效地和儿子进行沟通。

不吓唬、欺骗孩子

在中国，一些家长为了教育孩子，往往忽视与孩子的沟通，即使在和孩子进行沟通的时候，也是采取吓唬和欺骗的方法，制止孩子不去做一些他们认为不正确或危险的事情。但是，美国人讲究与孩子进行沟通的方式，他们很注意对孩子不进行吓唬或欺骗。

这一点，留学美国多年的中国人孙健容博士深有感触。他向人叙说了自己在美国的一段经历：

“我”刚到美国留学时，常接触美国家庭，不知不觉地就把我们中国的习惯带过去：在制止小孩做某些事情时连骗带吓。比如“不听话，魔鬼就来了。”“不听话，爸爸妈妈不要你了。”“我”发现大多数美国家长对此很敏感，有的人出面干预“我”的教育孩子的方式。

这时，“我”才明白美国人教育子女同我们中国人有个重大的差别：绝对不吓唬小孩，不能用谎话来骗小孩，他们认为小孩的压力承受能力很低，大人不经意的一句话往往会使他们睡不好、吃不下。

“我”后来也为此吃过一回苦头。

有一次，“我”为了不让女儿吃口香糖，就说口香糖吃下肚会死人。哪知她记住了。有一天，她吃下口香糖之后，情绪突然低沉，弄得“我”进退两难，实在没法排解她的烦恼。后来只得说吃一片问题还不至于十分严重，但是，仍然不能消除孩子的紧张情绪。结果，事后费了好大的工夫，才把孩子的紧张和烦恼消除。

事后，孙健容博士深有感慨地说：看来，在这点上美国人是对的，对孩子善意的恐吓和欺骗也不行。

恐吓和欺骗是沟通中的大忌。

让沟通更美好

如何与孩子进行沟通呢？美国人让沟通更美好的方法有以下 10 条：

a. 以积极的心态，与孩子进行平等的交流。

b. 用童心去交流。

c. 理解童心，走进孩子的世界。

d. 遇到问题时与孩子心平气和地商量。

e. 向孩子传递自己的爱。

f. 倾听孩子的心声。

g. 抓住孩子的兴奋点，引导孩子说话。

h. 在比较之中说明道理。

i. 在小事之中寓教于乐。

j. 多用形象、类比的方法。

第三节
怎样表扬孩子

表扬是动力，但不可滥用

对孩子的进步，赞扬是一种强大的动力。表扬可以帮助孩子建立起信心，使他感到安心、踏实。但是，大多数美国人认为，表扬也可以引起孩子内心的紧张，使孩子搞恶作剧，不可滥用。

感恩节后的第一个星期一，清晨，伊凡全家开车从匹兹堡到纽约去，车子开出了 400 多英里，伊凡一直都表现得很好，他像个大人一样，规规矩矩、安安静静地坐在后排，像在考虑什么问题。

他的母亲莫拉娜非常高兴，心想这孩子今天值得表扬，车到达林肯地道的时候，她转过身子对伊凡说："你真是个好孩子，伊凡。你表现得很好，妈妈为你骄傲!"

但是，没想到话音刚落，车子里面好像天塌下来了一般。伊凡抽出一个烟灰缸，把里面的烟灰往妈妈和其他人身上乱撒，顿时，烟灰、烟头不停地落下来，在车子里乱飞。

这时，地道里车辆拥挤不堪，全家人只好闷在车子里活受罪。妈妈恨不得当场就给他一顿打。

几个星期后，伊凡自己讲出了"爆炸"事件的原因。

原来，那天回家的路上，他一直在考虑如何干掉弟弟的问题，因为这家伙沿途总是坐在前排的好位置上。他想要是把车子劈开多好呀！他和爸爸妈妈都会安然无恙，而弟弟正好被劈成两半。正在他这样想的时候，妈妈表扬了他，表扬使他心中有愧。于是他极力想找碴儿，来表明自己是不配这种表扬的，正好看见了烟灰缸，于是"烟灰横飞"的事件就发生了。

美国一些儿童教育心理学家认为，孩子是自己知道自己的。很多孩子会时常对家庭成员心怀恶念，当爸爸妈妈对他说"你是个好孩子"的时候，他也许不能接受这样的表扬，因为他自己看来他不是个好孩子。在这种情况下，表扬越多，他就越想搞恶作剧，这种捣蛋行为是孩子借以揭示他"真正自我"的方法。

因此，在美国，父母对孩子常常进行表扬，但是，却非常注意孩子的心理状况。

表扬应该以内在奖励为主

表扬常常是和奖励联系在一起的。

在中国，一些家长常常把金钱作为奖励孩子的手段。美国人在这一点上却与中国不同。

美国儿童教育心理学家克劳蒂亚在《美国人的家庭教育》中列出下面一事例：

妈妈病了，躺在床上。餐桌上放满了用过的脏盘子，没人来收拾。爸爸匆匆去上班，临走时，他看见弗兰克在看电视，学校放假了，弗兰克也没有什么作业。

"弗兰克，你能不能把桌子收拾一下?"

"你给多少钱?"

“两块。”

“行，我就来。”

然后，克劳蒂娅评论说：“如果用这种办法奖励孩子，并不能使他们具有真正生活的能力，不能建立他们的责任感。”

克劳蒂娅的这一说法，可以说是代表了美国人对于孩子表扬和奖励的一般思想。

在美国的父母心目中，孩子并不需要“贿赂”，不需要用这种交换的方式使自己的孩子转变成一个好孩子。从本性上说，他们自己是要做好孩子的，孩子的好行为应产生于他们自己的意愿和对家庭的归属感。

克劳蒂娅认为，用“贿赂”的方法教育孩子，会产生如下一些后遗症：

a. 破坏孩子良好的本性和愿望。

b. 通过贿赂让孩子去劳动，等于告诉孩子，他们是不值得信任的。

c. 奖励的刺激会打击孩子的自信心，而不是鼓励他们。

d. 容易使孩子产生见利忘义的物质主义。

美国儿童心理学专家认为，奖励可以分为内在奖励和外在奖励两种。

a. 内在奖励，是活动本身所含有的情趣、意义，对孩子产生的愉悦体验和活动成功后获得的喜悦、满足、自尊等自我欣赏，是孩子活动的根本动机和动力。

b. 外在奖励，则是活动后父母或老师外加的报酬，包括物质和精神的，只是一种满足孩子与活动无关的一些个体需要的外在激励因素。

如果父母只注重对孩子的外在奖励，很容易使孩子把外在奖励作为自己一切活动的追求目标，产生唯利是图、无奖不干的不良心理，这对孩子的健康成长是有害无利的。

美国人如何表扬孩子

父母的赞扬对孩子的进步是一种强大的动力。但是，美国儿童教育心理学家的最新研究成果显示：赞扬、自信心和行为之间的关系远不像人们想象的那么简单。

表扬与批评虽然是家庭教育中常用的两种方法，但是，孩子的心理和生理是一个发展并发生质变的过程，这个过程是人生一个特殊和相对独立的阶段，因此，父母对孩子的表扬和批评，必须遵循孩子身心的特点。美国心理学家告诫父母，在赞扬孩子的时候，切记：

(1) 赞扬要具体。

美国儿童心理学专家认为，如果父母的赞扬是具体的，孩子们就能够学会判断什么是好的表现，并将好的表现发扬。父母应该做到赞扬孩子的努力，而不是孩子的聪明。

例如，孩子在考试中取得好的成绩，有些父母是这样夸孩子："我早就知道你很聪明。"心理学家认为，这种赞扬对孩子来说是一种负担，因为这把孩子的好成绩归结于孩子的天赋，而不是孩子的努力。这样，孩子也许往往会想：其实我付出了许多的努力，但是……我何不向父母证明，我并不聪明？然后，借此卸掉这个包袱。

(2) 赞扬的话要有选择。

现代科学最新成果证明，儿童的感受比大人还要灵敏。因此，专家们建议，如果想把孩子培养成为一个具有独立学习能力的人，最好在孩子最值得赞扬的时候赞扬他，赞扬不可滥用。

(3) 对孩子的表扬不能过高或过低。

对于刚学会走路的孩子能够说出一些物体的名称，或会用勺子吃饭，父母应该对他进行赞扬，对学龄前儿童就大可不必了。因为孩子早就应该掌握这些技巧了。

对孩子来说，如果做更难的事，得到夸张或者表扬，才会受到鼓舞。

(4) 赞扬家庭其他成员。

美国儿童心理学专家发现，当着孩子的面，父母相互赞扬，会对孩子产生积极的影响，并对孩子的人格发育起到重要的作用。

(5) 单独表扬。

对于决心改正缺点和错误的孩子，只要发现他的优点或长处，父母都要及时进行客观的表扬。这样，可以帮助孩子摆脱自卑感，恢复自信心。

但是，对于意志十分薄弱、自制能力较差的孩子，则只宜进行单独表扬。因为他们的思想行为极不稳定，时常会自食其言，某些地方一旦与表扬不相符合或相反时，就会受到周围同伴的奚落或讥笑。

第四节
怎样批评孩子

批评教育的几种模式不可取

最近，美国纽约大学儿童心理学研究中心的一次抽样调查结果表明，目前，父母在对孩子的批评教育中存在着许多问题，归纳起来，主要有以下几种模式：

(1) 对立型。

调查结果表明：在批评孩子的时候，父母与孩子产生对立的因素大致有两种情况：

a. 孩子自身的素质较差，父母批评得对也不接受，从而激起父母的反感，形成对立情绪。

b. 父母态度生硬，要求苛刻，使孩子难以接受，形成对立情绪。

(2) 逼供型。

在批评教育中，有些父母图省事，既不调查，也不了解，靠威吓来解决问题。

(3) 辱骂型。

有的父母在感情冲动时，一时无计可施，但又顾及自己的面子，于是出言不逊，刺伤孩子的自尊心。

(4) 体罚型。

有的父母为显示自己的威严，动不动就体罚孩子。

(5) 冷落型。

有时孩子犯的错误并不大，父母为了让孩子“忏悔”自己的过失，孩子即使已经承认了错误，父母还是冷若冰霜地对他说：“我不是你爸爸妈妈，甭理我!”

美国纽约大学儿童心理学研究专家认为，上面的这些模式都存在问题，不利于和孩子交流，更难达到沟通的目的。在和孩子进行沟通的时候，父母要尽量避免用这样的方法，否则，效果就会与愿望背道而驰。

如何认识孩子的淘气

孩子淘气，常常是儿童挨批的主要原因之一。

孩子淘气，在中国人眼中就是顽皮，是一个贬义词。但是，在美国，人们常常把儿童的淘气并不全看成是不好的，他们认为儿童淘气，也是聪明好动和活泼可爱的表现。

一般来说，随着儿童的身心发育，他们会越来越渴望独立地参加社会活动，但是，这又常常与他们的实际能力发生矛盾。尽管他们年龄小，经验不足，但是，他们又不愿意事事依赖大人的帮助。这是孩子淘气的主要原因。

在美国父母的眼中，“淘气”是多种多样的，专家把它们归结于两种表现形式。

一种是显而易见的，有的表现为爱动脑筋，有心眼，目的性强，反应灵活，不轻易冒险。

这种类型的孩子，有的表现为容易兴奋，好动，目的性差，有侵犯行为，粗枝大叶；有的表现为固执己见，不听劝告。

另一种是内省型的，表现出安静、幽默、隐蔽、含蓄，等等。

尽管孩子淘气会给大人添加许多的麻烦，但是，美国人几乎都普遍地认为，淘气蕴含着儿童的探索力和创造力。

在美国，当孩子拔掉邻居花园里种的豆角，当“枪”使的时候，父母们的批评只是不能不经过允许就拔掉邻家的菜，而往往不会对他把豆角做“枪”使大加斥责。当孩子在玩打仗，被用泥团制成的“手雷”炸得浑身是尘土的时候，父母一般不会对之加以禁止。甚至，有的孩子把父母刚刚买来的电动玩具拆得四分五裂，父母也不会生气。

这些在中国，一般都被大人视作恶作剧，美国的父母往往却认为只有孩子才会这样做，而他们这样做的结果，是极大地发展了孩子的想象力、应变力和创造意识。

当然，孩子的淘气也并不是一律都是对的。这一点，美国的父母有时往往会走极端。因此，一些儿童教育专家常常提醒父母们：“儿童‘淘气’中的危险因素，需要成人去教育和引导。”

孩子做错了事，怎么办

美国人认为，孩子还小，做事还不老练成熟，这是孩子的特点。因此，孩子做错事是难免的。但是，并不是孩子做错了事情，就一定要狠狠地批评一顿，才能教育好孩子。

8 岁的马丁不小心把一杯牛奶泼了。

他的妈妈却平静地说：“哦，牛奶泼了。来，再给你一杯，喏，这是抹布。”

妈妈站起来，递给儿子牛奶和抹布。马丁看着妈妈，紧张的心情顿时松弛下来。他稍有余悸地说：

“哦，谢谢妈妈。”

在妈妈的帮助下，他抹掉了饭桌上的牛奶。

然后，妈妈才说：“马丁，下次小心点。”

儿子顺从地点了点头。从此以后，他从没泼倒过牛奶。

马丁的妈妈没有尖刻地批评孩子。她后来说：

> 当时看到刚刚擦好的桌子上满是白色的液体，我很想埋怨孩子，要他下次小心。但是，当我看到孩子对我的宽恕感激的样子，我也就什么没说了。其实，这样比批评他一顿的效果好多了。

这就是美国父母对待做错事的孩子的态度。这一做法很值得许多中国做父母的人去借鉴。

“艺术”地批评孩子

孩子做错了事情，恰当的批评是必要的。

作为父母，又该如何批评孩子呢？

一般来说，在批评孩子的时候，大多数美国的父母都能注意针对孩子的错误进行批评，重责其事、轻责其人，使孩子真正了解自己错在哪里，从而进一步检讨自己的错误。

“循循善诱，充分的说理，是家长教育孩子的重要手段。”《男孩的逆境》一书的作者克里斯蒂娜·霍夫·索莫斯在谈到这个问题时说，“批评孩子也要注意这一点。”

在批评孩子的时候，跟孩子说理不仅需要有耐心，还应结合少年儿童的心理特征，选择恰当的方法和技巧。一些美国父母的成功经验是：

(1) 要让孩子了解父母的感受。

这主要包括两个方面：

a. 要让孩子感受自己的不悦。

使孩子由父母的神情与沉默的气氛中，感受到父母的情绪，能够促进孩子对自己的过失进行反思。

b. 在批评孩子时，应该使孩子感受到：爸爸妈妈讨厌我的缺点，但却非常喜欢我这个人。

这样，孩子才能乐意听取批评，勇于改正错误。

(2) 让孩子明白所犯的过失与后果间的联系。

这样做的目的在于：让孩子清楚地知道他的行为会带来什么样的后果，从而学会对自己的行为负责。

例如，当孩子不好好吃饭时，父母往往由他去，等到他饿了再吃东西时，告诉他不好好吃饭与挨饿的联系。

许多父母抱怨孩子不吃饭的同时，又给他们零食吃，孩子们感觉不到不吃饱饭挨饿的后果，父母的批评也是徒劳的。

(3) 在批评的同时，要充分肯定孩子的长处。

中国有句古语："数子十过，不如奖子一长。"美国人也认为，跟孩子讲道理，应充分肯定孩子的长处，对孩子的进步给予及时的表扬和鼓励，在此基础上再对孩子的过错予以纠正，这样孩子就容易接受大人的意见了。

如果一味地数落孩子，责怪孩子这也不是那也不对，只会让孩子产生自卑心理和逆反心理。

(4) 所讲的道理要"合理"。

父母与孩子讲的道理应合情合理，不能信口胡说，也不能苛求孩子，因为大人信口胡说，孩子是不会服气的，大人的要求过分苛刻，孩子也是办不到的，比如生活中有的父母自己喜欢吃零食，却对孩子大讲吃零食的坏处，如此，孩子是不会听从的。

(5) 要给孩子申辩的机会。

跟孩子说理时，孩子可能会对自己的言行进行辩解，大人应给予孩子申辩的机会，让孩子把事情讲清楚讲明白。给孩子申辩的机会，孩子才会更加理解父母所讲的道理，批评教育才会收到良好的效果。

(6) 批评要把握好时机，了解孩子的情绪状况。

孩子和大人一样，情绪好时比较容易接受不同的意见，不高兴时则容易发拗。

因此，美国的父母认为，跟孩子讲理，要充分了解孩子的情绪状况，在他情绪较好时，进行教育，若在孩子情绪低落时跟他说理，是不会奏效的。

第五节
怎样处理与孩子的冲突

罕见的“家庭革命”

2000年8月，美国威斯康星州基罗萨镇爆发了一场罕见的“家庭革命”。

在全美，这场“革命”成为轰动一时的特大新闻，其斗争的矛头直指家中的“小皇帝”，因为其方式的奇特，格外令人瞩目。

这场“革命”的一方是夫妇苏尔德和泰妮，一方是他们的孩子：14岁的孪生兄妹埃丽和海迪、13岁的朱妮和8岁的希利。

长期以来，4个兄妹打架生事，调皮捣蛋，专门做恶作剧。他们的房中有扫不尽的垃圾，响不停的电话，日夜咆哮的CD机，从不停歇的电视，川流不息的“小哥们”“小姐们”，房子内聚会不断，嬉笑打闹不绝于耳。这种失控的局面令苏尔德和泰妮焦虑不安，但因忙于工作，无暇顾及，只好在“小皇帝”的“淫威”下心力交瘁。

时光流逝，混乱的局面使苏尔德夫妇再也无法忍受，经过深思熟虑之后，他们决定揭竿而起，宣布“革命”。

首先，妈妈泰妮在住宅外面的人行道上挂起了两幅大标语，上面写着“妈妈罢工!”“孩子投降!”然后，采取强硬行动，停止为4个孩子煮饭、洗衣，不再为他们清理垃圾，也不驾车送他们外出。

与此同时，爸爸苏尔德切断了子女房间的“专用电话”，宣布他们的“小哥们”“小姐们”为“不受欢迎的人”。

最后，苏尔德夫妇俩发出最后通牒：限他们在48小时内在保证书上无条件签字。

过往行人无不观看，场面壮观，都为这场“革命”大声叫好！

在势不可当的“革命”风暴中，4个“小皇帝”一齐泪流满面，决心痛改前非。

“家庭革命”胜利后，泰妮兴奋地对前来取经的父母说：

“以前，家里就像跳蚤市场，凌乱不堪，现在，4个孩子都懂得自己收拾房间、洗衣、擦碗碟、修剪草坪了，一家人和谐融洽，欢欢乐乐。”

精神虐待更易造成与孩子的对立

天下的父母大多爱护自己的子女，这已经成为人人接受的不容置疑的真理。但是，有一些父母对待自己子女的方法，往往对孩子形成精神上的虐待，并且，自己全然不知道。

美国一些精神病学者和儿科医生认为，父母对子女进行的精神虐待，更容易造成父母与孩子的冲突和对立。

父母对子女的精神虐待，一般是在不知不觉中进行的。美国的精神病学者和儿科医生主要归纳为以下三种情况：

(1) 表面的冷漠。

一些父母为了严格要求子女，在他们面前故意喜乐不形于色；有些父母为了培养孩子的独立自主意识，对他们的一切显出不闻不问的冷漠样子。

这样，往往会使孩子与父母产生隔阂，不再对父母推心置腹，更有甚者，一些孩子因为遭到碰壁和冷遇，往往对父母产生对抗心理。

(2) 夸大的指责。

父母对孩子夸大指责，一般有以下两种情形：

a. 一些父母在批评孩子做错事的时候，习惯用“总是”“从来不”之类的字眼，对孩子的过去及其他一切都进行否定，夸大其词数落孩子的缺点。

b. 一些父母望子成龙心切，爱用对成人的要求来要求自己的孩子，一些孩子做的在他们年龄段是够好的了，在父母眼中却变得无足轻重，不值得一提。

这两种做法都给孩子带来精神上的刺激。

夸大的指责的后果是严重的：

a. 挫伤孩子进取向上的积极性。

b. 对于性格软弱的孩子来说，使他们更加胆小怕事，形成自卑无能的心理。

c. 对于性格刚强的孩子来说，使他们常常与父母产生不服气的对抗心理。

(3) 爱的束缚。

一些父母出于对子女的爱，常常用威胁恐吓的办法束缚他们，使他们免遭灾祸。做父母的利用孩子对自己的信任，让他们置身于恐怖的境地，终日神经紧张，提心吊胆。这也是一种精神虐待。但是，当孩子一旦懂得这些威胁是假的恐吓时，往往与父母形成对立。

因此，作为父母，爱护自己的孩子，必须注意避免以上情形，尽量做到不对孩子造成精神虐待。

避免与孩子对立的10招

美国人认为，教育孩子不是一朝一夕的事情，在相处的过程中，父母与孩子之间因为一些小事不断地发生冲突，孩子因此会对父母产生不信任感，常常与之发生对立。

但是，作为家长，怎样避免与孩子发生对立呢？

美国加利福尼亚大学儿童学家卡尔·匹克哈特博士的建议也许能给一些父母提个醒，帮助他们与孩子更好地进行沟通。他的建议是：

(1) 不要期望孩子每日按常规来生活。

因为即使你尽力去做，你的孩子也不总是完全配合的。

(2) 不要在没有提醒，或事先未通知的情况下，使日常生活发生突然的变化。

(3) 不要提那些让孩子可以用“不”来回答的问题，如“你现在要洗澡吗？”

(4) 当某事对你很重要时，不要给你的孩子有选择的机会。

(5) 不要期待你的孩子会耐心等待或按部就班地做某事。

(6) 不要下最后通牒，如“你必须把饭吃光才能出去玩”。

(7) 不要因孩子的要求而感到心烦意乱。

(8) 当孩子说“不”或“不，我不”时，不要表现出惊讶或不安。

(9) 不要拿走孩子正使用的安全毯，不要反对孩子玩弄脏了的但他很喜欢的玩具。当他吸吮手指时，不要埋怨他。

(10) 不要期望你的孩子会很轻易地同其他小孩分享。

作为父母，应该认识到孩子这些行为并不坏，也并非是为了对抗，而是因为他们还不成熟。即使一些行为给自己带来了麻烦，作为父母，也应欣然接受孩子在成长过程中的好奇心及行为的复杂性。

第六节
如何尊重孩子

父母究竟该不该暗中监视孩子

一个从伯利兹来到美国的移民，听说美国校园内暴力事件层出不穷，她害怕极了，担心孩子染上各种不良习气，因此，她经常去找孩子的朋友交谈，了解学校里发生的事情。不仅如此，她还暗中监视孩子的行踪，搜查他的房间，翻他的口袋。

尽管她从未发现任何一点能证明孩子有问题的证据，但她还是认为父母应当监视孩子。

随着美国社会治安日益恶化，孩子成长的环境充满许多不良因素，像这样的母亲在美国越来越多，这些母亲也承认孩子有独立的人格，应当尊重他们。但她们同时又认为，孩子进入中学后，来自各方面的消极因素会对他们的成长产生严重的负面影响。因此，父母不得不采取各种手段保护他们。如果动机是正确的，所有的手段都是正当的，没有什么得体不得体的。

在长大成人的过程中，孩子难免会受到许多不利因素的影响，有时父母不得不处处留意他们的行踪，那么，父母是否有权暗中监视孩子？在孩子外出时当“尾巴”，这样做到底对不对？

由此，在美国引起了一场讨论。

在讨论中，拥护者认为，保护孩子健康成长要比保护他们的隐私重要得多。

这些父母的观点是：

a. 孩子并不是生下来就值得信赖的，父母对他们的信任是孩子用自己的实际行动争取来的。

b. 在孩子的成长过程中，父母一点不监视孩子的所作所为，完全放任自流是绝对不现实的。

c. 为了使孩子健康成长，父母们不得不暗中监视孩子的行为。

“但是，父母的上述行为，”罗兰·威兰德在美国《芝加哥论坛》上撰文说，“可能会破坏父母与孩子之间原本亲密的关系，因为间谍行为是敌我之间的事情。”

在讨论中，反对派的观点也很有道理，他们的论点是：

a. 当父母的这种间谍行为一旦被孩子觉察后，会引起孩子的抵触，使他们产生逆反心理，会产生更多的问题。

b. 如果孩子变得更反叛，这会使得父母更加担心孩子的举动，间谍活动会更频繁。这似乎走入了一个无法摆脱的怪圈。

c. 因此，父母最好不要去实施“当尾巴”的愚蠢行为。

“其实，我们大可不必悲观失望，这并不是什么无法解决的问题。”一些成功的父母们说，因为他们自有他们的招数。

这些成功的美国父母们的方法是：

(1) 采取一种间接的方法关注孩子的成长。

这种间接的方法，就是注意观察孩子日常表现，从他们的日常举止中发现问题。

(2) 当孩子真的出现问题后，父母要表现出更多的爱。

当孩子真的出现问题后，他会有许多的表现，如：

a. 苦恼，烦躁，情绪低落。

b. 学习成绩明显下降。

c. 和新朋友交往时有障碍。

这时，较为妥当的方法是，父母要表现出更多的爱，直截了当地找他谈话，采取有效的措施。同时，寻求专家的帮助。

(3) 要避免采取粗暴的手段。

因为父母的目的不是为了发泄自己的愤怒，而是帮助孩子改正错误，使他们健康成长。因此，那些不得不采取“间谍”活动的父母们一定要慎重，一定不能对孩子采取粗暴的手段。

父母可以翻看孩子的日记吗

每个人心中都有不愿告诉他人的秘密，孩子也不例外。尤其是处在青春期的少男少女，总爱在自己的抽屉上把锁，似乎有什么秘密。美国儿童心理学专家认为，其实，这是一种正常的心理特征，它是孩子成长中一种独立意识和自尊意识的体现，这表明他已成长为一个拥有个人行为秘密的成人，不再是个儿童了。

美国人认为，这个“隐秘世界”是孩子自由个性的集中体现，包括父母在内的其他人再也不能随意进入孩子内心世界的“警戒线”。保护孩子的“隐秘世界”，是对孩子权利的尊重。

在美国，父母和孩子的活动范围有相当严格的界限。

美国人在住宅内讲究个人活动空间，父母进子女的住室，必须敲门才能进去，而且，进门后毫无“行动自由”；同样，孩子也不能私自闯入父母的领地。他们认为这样才是相互尊重的表现。至于尊重相互之间的隐私权，在美国更是相当注重了，孩子的信件、日记和书包都是受到保护的。

但是，中国的父母和孩子在家里是自由自在的，谁要是敲门进屋，家里人就会视他为不正常。在家庭中，父母侵犯孩子的隐私更是屡见不鲜。

中国中小学生学习与发展课题组的最新研究发现：

a. 在 10 周岁到 18 周岁孩子的中国家长中，3/4 的家长翻看孩子日记或信件。

b. 孩子们对自身权利的认识表现出非常明显的年级差异。

在中国，43.8%的小学生把家长或老师看自己的日记当作了解自己的机会，而 39.9%的初中生和 51.1%的高中生，则对家长这一行为表示气愤和反感。从小学到高中，学生对成人看自己的日记或信件，持无所谓态度的人数比例越来越大，依次为 5.9%、12.4%和 17.9%。

专家分析，这其中一个很重要的原因，可能是学生越来越少在日记或信件中表露自己的真实想法。

父母可以翻看孩子的日记吗？

美国洛杉矶电台的劳拉·斯莱辛格认为，当你想知道孩子抽屉里有什么，日记里写的是什么时，尽量不要采取偷看的方式；除非有明显的证据证明孩子有走上歧途的危险。但即使这样，也要慎重，尽可能减少次数。因为孩子能理解你为他们担心的心情，但不能原谅你的间谍行为。但是，她又说：“父母要尊重孩子。然而，当父母确信孩子有问题时，使用任何必要方法帮助和保护孩子，是每个做父母的职责，没有什么过分的。因为这些做事出轨的孩子，出于内疚、悔恨、害羞或是愚蠢，他们通常不跟父母说实话。”

美国人如何对待孩子的隐私

在美国，尊重孩子的“隐秘世界”，并不意味着父母对孩子就是“不管了”，一般来说，他们对待孩子的隐私往往采取 3 种态度：

一是掌握。

美国孩子生存的是一个复杂的社会环境，其中总有一些不健康的因素在悄悄地腐蚀着孩子的心灵。孩子容易养成抽烟喝酒的不良嗜好，结交一些不三不四的朋友，晚间外出甚至彻夜不归等。

对于孩子这些品行变化和心理动态，家长一般是平时多观察孩子，尽量掌握孩子“隐秘世界”的蛛丝马迹，然后，再加以正确的引导。

二是尊重。

随着年龄的增长和独立人格的形成，孩子的“保密性”越来越强，如写日记和书信，与同学交往和谈话内容，都不愿主动地向父母透露。这时美国家长的做法是：

经常主动地找孩子交谈，达到与孩子情感上的沟通，营造家庭中平等、民主、理解、宽松的行为模式，使孩子感到自己和父母之间不仅仅是血缘上的亲子关系，更是生活中可以信赖的朋友。这样一来，孩子也很愿意把自己心中的秘密告诉父母。

三是引导。

尽管孩子的自主意识增强，但是，他们正确的人生观尚未形成，是非观念也不强，缺乏自我克制的能力，正值成长的心理危险期，在处理学业、情感、人际关系、生活等许多方面，还不可能把握好分寸。

因此，美国人认为，作为家长，细心观察孩子的思想动态，在掌握他们内心隐秘后，要根据他的性格、爱好等，有针对性地采取措施，引导、培养孩子分辨是非的能力。

当孩子有了自己的爱好、理想甚至异性朋友时，家长们的做法也常常是循循善诱，进行引导，使孩子自己学会如何去辨别朋友，增进友谊，处理矛盾，并不断排除和修正内心隐秘世界中非健康的因素。

内心的秘密是每个正常人具备的基本内容，从这个意义上讲，尊重孩子的“隐私”，就是尊重孩子的人格。因此，在美国，一般父母都允许孩子“保有秘密”。

第九章

准备步入社会前的教育

第一节
培养孩子的财富观

父母万贯家财不留子孙

1971 年的一个傍晚，美国建筑界巨头约瑟夫·雅各布斯和妻子在加州帕萨迪纳的家中吃完晚饭后，他就自己的巨额财产将来如何处理的问题，与 3 个女儿进行了一次严肃的谈话。

“因为我非常爱你们，”这位白手起家的富豪看着自己刚刚 20 出头的女儿们，慈爱地说，“女儿，所以我决定不留很多钱给你们。”

然后，他与女儿讲了许多人生的道理，谆谆教诲她们去学会自立，学会自己去创造人生和财富。在得到女儿们的赞同后，他签字，把自己大部分财产在自己死后捐献给慈善事业，每个女儿只给 100 万美元——这只是他巨额财产中很少的一部分。

约瑟夫·雅各布斯为什么这样做呢？

事后，他解释说：“父母如果溺爱孩子，这可能是他一生中最糟糕的事情。”

在大多数富豪钟鸣漏尽之时纷纷把自己的财产全部留给子孙的时

候，约瑟夫·雅各布斯的举动似乎有些骇世惊俗，但是，现在这种思想已经在大多数美国人心中扎下了根。

对于孩子坐拥万贯家财不一定是好事，甚至可能把他们推向堕落的深渊，已经成为今天美国人的共识。

1998 年，美国首富比尔·盖茨宣布他约 185 亿美元的财产净值中，只给孩子每人 1000 万美元，其余的全部捐献。

美国伯克希尔·哈撒韦公司董事长沃伦·巴菲特也放言，他的子女将很难得到他的巨额财产，他说："子女们如果能得到他一个子儿，就算他们走运！"

71 岁的住宅建筑装饰材料公司董事长伯纳德·马库斯也认为，遗产对于有些人来说，可能是可怕的负担。他说："如果我的孩子想成为富翁，他们必须靠自己的努力。"

他计划把自己的 8.5 亿美元的股份差不多全部捐献给支持教育和残疾人事业的马库斯基金会。

由于担心巨额的财产会毁掉自己的后代，使他们成为只会守财、享乐，缺乏创造财富能力，甚至有害社会的人，目前在美国，即使有许多还称不上百万、亿万富翁的企业界人士也纷纷表态，情愿把自己的财产回馈给社会，也不留给子孙。

美国的富翁们纷纷剥夺子女的财产继承权，他们绝大多数的儿女对此也是理解和支持的，他们也相信：真正的幸福来自于自己的成功。只要自己努力奋斗，也会和父母一样干得好。

针对美国富豪们宣布不留给子女巨额财产的认识越来越增多的现象，美国投资顾问约翰·特雷恩把当今的富翁们比作藏书者，他说："藏书者认为，不把书分发出去，使下一代得到重新收集的乐趣，那将是一种罪过。其实，一个藏书者真正的乐趣不在于拥有，而在于发现和收集的过程。"

美国家庭的金钱教育

在美国，家长们认为让孩子接触钱、了解钱并学会如何合理使用钱，有利于从小培养孩子的经济意识和理财能力，以适应未来经济生活的需要。

金钱教育是美国家庭教育的重要内容之一，他们是这样对孩子进行金钱教育的：

(1) 金钱教育从零花钱的使用开始。

美国的父母认为，教孩子使用零花钱是让孩子学会如何预算、节约和自己做出消费决定的重要手段。

一般来说，父母给予孩子零花钱的多少并没有一个定值，这主要依据孩子一周的消费预算来确定。这些开支包括：

a. 孩子正当娱乐消费的开支，如看电影和吃零食。

b. 孩子日常必需的开销，如车费、买学习用品。

c. 再增加一些额外的钱以便为他存钱创造可能性。

在美国，零花钱的使用，则由孩子全权负责，家长一般不直接干预。

但是，一旦孩子因使用不当而犯错误时，家长一般不轻易帮助他们渡过难关。因为父母们认为，只有如此，孩子才能懂得过度消费所带来的严重后果，从而学会对自己的消费行为负责。

(2) 教会孩子如何存钱。

美国人认为，现在的孩子大多数是短暂快感的追求者，因此，家长常常为他们存钱提供合理的理由。

例如，他们可能通过减少送给孩子昂贵物品的方法来激发孩子的兴趣。为了达到这一目的，父母会找一些机会对孩子说，如果将来想拥有更大价值的东西，就应该现在放弃一些价值不大的东西，去进行存钱。

但是，对八九岁的孩子而言，为将来存钱，往往意味着存钱在下个月买东西，而不是明年或者更长的时间。于是，父母常常会“怂恿”孩子长时间为大额购物，如一辆自行车或一套立体声音响而存钱。

孩子同意后，他们往往会给孩子办一个存折，帮助他熟悉银行存款的程序，使他养成自觉存钱的习惯。

(3) 示范明智消费。

琳达是纽约市一位心理医生，她曾带着 6 岁的儿子埃里克逛了三家商店，她这样做的目的，就是为了给孩子的父亲买一台物美价廉的收音机。

作为奖赏，埃里克获得了最高价与最低价之间的差价 10 美元。

在寻找物美价廉的商品过程中，差价成为可触知的赢利的证据。通过这样言传身教的消费示范，美国父母认为，可以教孩子学会节俭。

(4) 提供模拟成人生活开支的训练。

在美国，许多青少年生活在一个非现实的经济世界里，因为他们住在家里，没有太多的生活开支让他们承担。处在这种状态中的青少年，当他们长大后不得不开始自己付房租、水电费、买食物和衣服以及付交通费用时，他们会震惊而束手无策。

为了帮助孩子为未来生活做好准备，美国人往往会让年纪大一些的青少年为自己的电话费和汽车费以及一部分家庭开支付账。

一旦孩子成熟了，家长还往往翻开账本，告诉他家中的钱是怎么花的，以帮助孩子了解该如何掌管家庭的“财政”。

美国儿童理财教育的目标要求

美国著名教育学家费德里科·马约尔说：“教育不在于为少年儿童

出多少种绝妙的主意，而在于教给他们富有价值的生活原则。”为了达到这一目的，美国为儿童理财制定了一个教育目标。

这个目标要求的内容是：

3 岁：能够辨认硬币和纸币。

4 岁：知道每枚硬币是多少美分，认识到无法把商品买光，因此必须作出选择。

5 岁：知道硬币的等价物，知道钱是怎么来的。

6 岁：能够找数目不大的钱，能够数大量硬币。

7 岁：能看价格标签。

8 岁：知道可以通过做额外工作赚钱，知道把钱存在储蓄账户里。

9 岁：能够制订简单的一周开销计划，购物时知道比较价格。

10 岁：懂得每周节约一点钱，以便大笔开销时使用。

11 岁：知道从电视广告中发现事实。

12 岁：能够制订并执行两周开销计划，懂得正确使用一般银行业务中的术语。

13 岁至高中毕业：尝试进行股票、债券等投资活动以及商务、打工等赚钱实践。

儿童理财最容易犯的 20 个错误

在美国，有关专家经过长时间的观察和研究，总结和列举出了现在存在于少年儿童身上，在理财方面最容易犯的 20 种错误。这些错误是：

a. 现在享用，以后付钱。

b. 只把钱看成是现在就去买某种商品的一种工具。

c. 买东西时，把身上的钱花个精光。

d. 钱在花掉之前，已经有过好多次购买的欲望了。

e. 买了许多东西，但很少有令他们长期满意的。

f. 滥用别人的钱。

g. 只在花钱时他们才有一种满足感。

h. 如果手中有 1 万元，他们就觉得富裕了。

i. 储蓄对他们来讲并不重要。

j. 花掉的要比储蓄的多。

k. 只能节省一点购买小件商品的钱。

l. 认为钱的能量并不很大，而且没有多少潜力可挖。

m. 购物时只相信广告。

n. 购物时只看商品包装上醒目的黑体字。

o. 轻易相信别人的承诺。

p. 不做计划。

q. 不能正确地使用活期存款账户。

r. 不恰当地使用信用卡。

s. 从不了解钱的时效价值。

t. 忽略通货膨胀。

“要花钱，自己挣”

美国著名的喜剧演员戴维·布瑞纳在中学毕业时，父亲送给他 1 分硬币作为礼物。

他对儿子说：“用这枚硬币买一份报纸，一字不漏地读一遍，然后翻到广告栏，自己找一份工作，到世界上去闯一闯!”

后来，取得很大成功的戴维·布瑞纳回首往事时，感激地说：“这枚 1 分硬币是父亲送给我的最好的礼物!”

在美国中学生中，有一个响亮的口号，那就是“要花钱，自己挣!”美国天普大学心理学系的劳伦斯·史坦巴格教授曾做过一个调查:“美国学生打工的比率是66%。”

劳动、打工在美国孩子中已经司空见惯。

在美国城镇集市上，常常可以看到一些特殊的商店。里面都是些刺绣用的枕套布、小围裙布片、各种丝线、绣针、各色小毛线团、编织图案和绒线针，还有一些扎花用的藤圈、铁丝和各色花朵、叶片，用黏土做的各种模型，模特娃娃、各色碎片、各式小衣裙的图案……偌大的商店全卖这些。

令人惊讶的是，这些商店都是孩子们劳动制作材料和他们的“产品”专卖店。

美国是一个商品的世界，这个商品世界中，父母早就把他们推到了金钱前面。

“我们不能娇惯孩子坐享其成，不知挣钱的辛苦，甚至一味地花费。”罗威·马什妮太太的儿子送广告挣自己的零花钱，她在谈到为什么让才10岁的儿子去干这事情时说出了自己的想法，“他们应该学会能挣能花，懂得有关金钱的一切知识，这样才不至于落伍。”

在美国，一些十二三岁的男孩子常常揽下邻家割草的活儿，他们还常常出广告为自己揽“业务”，他们的广告是:

> 你家稻草长长了，愁没工夫割吗？我可以帮助你，工钱便宜，你若有意，请来电 ******* (电话号码)

然后，他们再把这些手抄的广告分送到邻舍各家的信箱中。女中学生则利用暑假给别人当小保姆，领一两个幼儿园的孩子或小学生。甚至还有的学生骑上自行车，带上简单的工具，穿行在社区村落之间，专为一些门牌脱落或模糊不清的人家重新修补或书写……一些高年级的小学生也常常上门兜售，把赚来的钱充作班级活动经费。

美国的孩子们在父母和老师的支持下，往往从小开始学经营。

在密歇根州的兰辛市，有家学生商店，从经理到会计、营业员、推销员，直到仓库保管员、店门清洁工，都是中学生，他们在老师的指导下，定期到商店做生意。

星期日早晨，特里莎·彼得曼、米兰·考夫曼和吉姆·扎罗、桑德拉·苏珊、佛里曼等几个美国孩子打开车库的门，就开始忙碌起来了。

他们有的搬来几张方凳，放上几个纸盒盖；有的将一张纸小心翼翼地贴在自家门前的信箱上，个个忙忙碌碌，认认真真。

原来，他们在学着大人的样子，做"车库小卖"。那信箱上的纸边、纸角上还用彩笔画了几笔，就成为他们的广告。

像这种买卖，在美国的孩子中很普遍，他们往往就通过这样的买进卖出，从小学着在商海的浅滩上游泳，培养自己的经营和管理意识。

零花钱是教育孩子了解金钱的最好途径

在日常生活中，孩子最直接地与钱财发生关系的事情就是拥有自己的零用钱，这是孩子生活中最常见最普遍的小事情。

在美国，这被看成是教育孩子了解金钱的最好的途径之一。

美籍华人周华薇在《美国儿童理财教育》一书中，归纳出了一些美国人对待孩子零花钱的一些态度和做法，主要如下：

a. 不管父母对孩子说什么，父母自己的理财方式最具有说服力。

b. 零花钱应当定期、准时，不用别人提醒就发到孩子的手中。定期性是教孩子学习花钱规则的关键所在。

c. 应尽可能地少把零用钱预付孩子，按事先商定好的数额，不多不少，让孩子学会收支平衡。

d. 零用钱的数额应是由孩子用它来做什么来决定， 同时，也应该考虑孩子的年龄、乐于接受的程度、需求以及家庭情况。

e. 让孩子自由地去花自己的零用钱，以便他们自己学会正确花钱。

f. 父母有资格对孩子的花钱行为进行一些约束，使他的消费习惯符合家庭的规定和家庭价值观。

g. 不要用零花钱来替代父母对孩子的爱。

第二节
引导孩子建立正确的人际关系

去与别人交往吧

美国的家长认为，如果别人与孩子说话，孩子不加理睬，如果父母让孩子打招呼，孩子也会感到很不自在，甚至躲到大人背后。甚至，大多数孩子在社交场合会感到很不自在，一时不知如何才好。这是一种正常的反应。

因为孩子不向陌生人打招呼，是因为孩子羞涩、不成熟，也因为小孩与大人的兴趣不同，而不是不礼貌，其中关键是孩子缺乏必要的社交经验。

要提高孩子的社交能力并不简单，作为父母应该去鼓励孩子与别人交往，努力使孩子在人际之中交往自如。

(1) 要关心孩子的感受并且帮助他。

“孩子无视打招呼的人，令父母感到不自在，应考虑孩子的感受，只能看在眼里，放在心中，不能外露，不要强迫孩子。”詹森斯·维斯彭教授说，“如果孩子因羞涩而不愿与别人交往，父母首先要接纳这一点，然后给予具体的帮助，以克服这种胆怯。”

那么，父母如何给予孩子以帮助呢？

詹森斯·维斯彭教授的建议是：大人可代替回答。但是，他又认为，父母在代替孩子回答时，千万不要贴标签，比如说：“不要对别人这样粗鲁，太没礼貌了。”

正确的方法是：邻居问：“小明！今天你们去哪儿了？”

大人代之答：“我们去看电影了，是吧，小明！”小明也许会回答：“是的！”

这样，可以自然地帮助孩子进入谈话的角色。

孩子需要帮助指导，但首先要尽量让他自己开口说话。

(2) 做些角色扮演游戏，帮孩子在家中练习社交技巧。

在家比较自由，孩子会充满信心。在家中，父母帮助孩子练习社交技巧有很多。例如，大人当乘客，小孩当售票员，进行乘公交车游戏。如果他迟疑不决，还可以交换角色，或换一种角色游戏。

另外，美国人认为，父母平日要鼓励孩子回答常问的问题，如“你的玩具娃娃叫什么名字？”“我们到外婆家去，你要穿花衣服还是红衣服？”而且，还要多鼓励孩子回答问题。

(3) 让孩子有学习社交的机会。

为了鼓励孩子熟悉人际交往，美国的父母常常会给孩子创造机会。

a. 在带孩子去公园的时候，让孩子与其他家长打招呼。

b. 去商店买东西时，让他与售货员交谈。

c. 拜访亲友家时，叫孩子进行问候。

d. 在家中招待客人，让孩子学习如何与人交往。

美国是一个交际的社会，父母不但为小孩子树立榜样，往往还注意教会孩子许多社会交往技能，为他们进入社会作准备。

领袖并不是天生的，而是后天造就的

一群在山里野餐的小姑娘走错了路，在潮湿与饥饿中度过恐怖的一夜之后，她们无望地失声痛哭。

“人们永远也找不到我们，”一个孩子绝望地哭泣着说，“我们会死在这儿。”

然而，这时，11岁的伊芙蕾·汤站了出来，“我不想死！”她坚定地说，“我爸爸说过，只要沿着小溪走，小溪会把你带到一条稍大点的小河，最终你一定会遇到一个小市镇，我就打算沿着小溪走，如果愿意，你们可以跟着我走。”

结果，她们在伊芙蕾·汤的带领下，胜利地穿出了森林，最后她们的求救声迎来了救护人。

人们也许会认为，像伊芙蕾·汤这样的人生来就是领袖的材料，而其他人命中注定是随从。美国儿童教育专家认为，领袖并不是天生的，而是后天造就的，是可以培养的。

如何培训孩子的领导才能呢？美国人认为，可以从以下几方面着手。

(1) 树立信心。

自信心，是领袖必备的素质之一。

信心来自教导。因此，美国的父母常常在从小培养孩子有顽强的信心上做文章。当孩子成功地蹒跚着走时，他们就会开始对孩子进行自信心教育。随后，孩子们的每一个小小的成功，父母都会趁机引导着他们取得下一个成功。

(2) 让其探索。

努力探索，才能增长经验，培养能力。

春季里的一天，一个小女孩在雨水浸泡的前院挖出一块石子，她跑去对她爸爸说："爸爸您瞧，我找到的这块石头多漂亮!"

爸爸没有责备她因此弄脏了裙子，而是说："是啊!多漂亮的石头，来，我们把它洗干净，这样就可以看清楚它到底有多漂亮了。"

美国人认为，衣服上的泥浆可以洗掉，但孩子印象中的痕迹却会持续很久。对于儿童，应该鼓励他们去多对自己未知的领域进行探索。

(3) 树立成功的信念。

相信自己能成功的人才能取得成功。具有成功的信念，也是领袖必备素质之一。

一个在体操方面很有前途的12岁小女孩伊卡来见总教练，总教练没有当即让她表演体操，而是给了她4支飞镖，要她投射到办公室对面墙上的靶子上。那个小女孩却胆怯地说："要是投不中呢?"

美国人认为，如果孩子这样下去不改变自己，这几个字会使她一生注定无望，因为她不是把注意力放在如何成功上，相反，却时时想到失败了怎么办。

在培养孩子的领袖素质中，美国父母往往很注意告诉孩子：做任何一件事心里首先要想到成功，而不是失败，应该努力培养自己成功的信念。

(4) 让孩子多动脑。

善于思考，能够随机应变地解决问题也是领袖的能力之一。要培养孩子的领袖素质就应该多让孩子动脑筋，训练思维能力。

一个小男孩因为腿太短而无法爬上滑梯的第一级台阶，他央求他的母亲。母亲却并不把他抱上去，而是告诉他："动动脑筋你就有办法了。"

小男孩想了想："何不把我的小车拖到那儿，然后站上去?"

"很好，去吧，孩子!"她说。

小男孩这样做了，一切都变得十分容易了。

孩子多动脑筋，才能提高思维能力。

(5) 给予鼓励。

当女儿告诉父母她要当一名职业斗牛士，或者儿子说他打算做一名电影特技替身演员，而这些都不是父母所考虑的职业时，多数父母或许会说“女孩子不可以干那个”或“太危险”。

对于父母们的这种意见，美国著名成功学家卡耐基却说：“你错了，你应该鼓励他们，尽管他们的梦想对你来说是多么稀奇古怪，你高兴的是他们已拥有较强的幻想力，幻想力是创造力的导师。”

不合群是怎样造成的

弗郎西丝·玛瑞丽是威斯康星大学心理学家，她认为，每个婴儿都喜欢成人的爱抚、逗引和亲近，这就是最初的“集体欲”。当孩子精神上得到满足之后，身心才会健康成长。随着孩子年龄的增长，这种集体欲就更为强烈，他特别喜欢和同龄孩子一起玩，开始转向对社会性的需要。这是人的社会性的表现。

但是，也有个别儿童不合群，因此，这是不正常的现象。

弗郎西丝·玛瑞丽通过长期研究，认为造成儿童不合群的原因可能有以下一些方面：

(1) 心理压抑。

例如，父母感情不和或者家庭遭受挫折，造成孩子孤僻性格，不愿接受他人。

(2) 依恋成人。

一部分家庭把孩子抚养和寄养在私人家里。儿童因为从小没离开过成人的怀抱，适应环境的能力比较差，入托以后爱哭闹，有的甚至出现神经紊乱现象。

还有一些大一点的孩子，平时较少和孩子们一起玩要，于是情愿一个人，这也会使他们适应集体生活比较困难。

(3) 环境束缚。

有的家长对孩子过分宠爱，保护过严，不准上街串门。

由于孩子长期失去与人交往的机会，显得很胆怯，见到陌生人就态度不自然，更不会主动找小朋友玩要。有的独生子女，由于家长溺爱，养成任性、霸道、自私的性格，不能与小朋友友好相处。

总之，无论是精神因素还是其他原因，共同的一点是缺乏交际的机会。

一个不合群的孩子是很难适应今后的集体生活和社会生活的。改变这一状况，美国父母的做法是：

a. 激发孩子活泼的天性，让他和伙伴们一起玩要。

b. 对于胆小的孩子创造机会，鼓励他多与人接触。

c. 利用节假日与孩子一起走出家门，多接触社会。

d. 到同学或邻居家去串门，到亲戚家去做客，让孩子独自去。

培养孩子善于交际的能力

卡耐基曾说过，一个成功的管理者，专业知识所起的作用是15%，而交际能力却占85%。美国人非常重视孩子的交际能力的培养。

在美国人的眼中，成功的管理者或企业家无不和突出的交际能力连在一起。

美国一家社会学研究机构最近一项调查报告显示，一个人儿时就善于交际、有礼貌，这种行为会对他的一生有很好的影响；相反，一个人小时不善交际，不会交际，甚至害怕交际，对他今后的发展也同样会产生不利的影响，如孤僻、过于内向等。

交际作为一种能力，是可以培养的，而且应该从小培养。

作为家长，美国人是如何培养孩子的交际能力的呢?

(1) 给予孩子平等的观念。

在孩子出生后，从1岁开始，就让他们多接触同龄的孩子，要给予孩子发展独立性的自由，并且，尽可能让孩子与其他邻里的孩子交往，并让他在穿衣、讲话、玩耍、零花钱等方面与其他孩子一样，不要让孩子有某些特权。

(2) 培养孩子良好的交际原则。

a.父母不要在孩子面前，以自己的眼光议论其他小朋友的缺点。

b.教育孩子养成宽容他人的交际原则。

c.防止孩子产生以自己为中心的思想。

(3) 善待别人。

在培养孩子交际能力的同时，美国的大多数家长很注意善待别人，对孩子的小伙伴们更是如此。但是，对其他小朋友的态度，他们也不会过分，以免自己的孩子产生失落感。

他们可能鼓励孩子邀请其他小伙伴来家里吃饭，让孩子从小养成善待别人的品性，同时，还常常引导孩子学习其他小伙伴的长处，利用孩子们之间的互相带动，代替大人的说教。

(4) 鼓励孩子参加各种体育活动。

在美国人眼中，体育是一种直接与人正面接触和竞争的群体活动。父母们往往鼓励孩子经常参加各种体育活动，既提高孩子的身体素质，又提高他们的交际能力。

而孩子一旦爱上体育，就会主动寻找对手。这种寻找，在家长眼中就是交际；合适的对手，往往就是友谊的伙伴。

(5) 经常与孩子一起外出旅游。

交际需要袒露自己，需要主动和热情，一个沉默寡言、性格内向、不爱活动、自我封闭的人，怎么会有很强的交际能力呢？旅游是一种开放性活动，因此，美国的家长们常常利用节假日与孩子一起外出旅游。

在旅游中，要买车票、住旅馆、进饭店、购门票，家长往往有意识地要孩子去做这些事，当孩子直接接触到一些新的对象，就了解了一些新的交际内容。

美国父母认为，旅游结束后，孩子见识广了，谈资多了，这又给他们以后的交际增加了话题。

(6) 有意识地要孩子进行购物。

在美国，一些父母常常根据孩子的年龄大小，有意识地要他们进行小件物品的购买活动。

a. 年龄较小的，如八九岁的，可以叫他们买油盐酱醋。

b. 年龄稍大的，如十二三岁，叫他们买鱼、肉、米等，甚至还叫他们去买自己穿用的鞋、袜、手套之类。

c. 十四五岁的，家中有什么旧报纸、旧衣服、空酒瓶等，叫他们去收购站卖。

(7) 有意识地要孩子独自做客待客。

美国人是很喜欢交际的，他们认为，到同学或邻居家去串门，到亲戚家去做客，让孩子独自去，这有利于锻炼孩子的交际能力。

因为如果孩子与家长一道去，寒暄和问候、交谈和有关礼物的收送，应酬的主角是家长，孩子是附带的，不用应付，没有压力；让孩子一个人去，自己成了主角，与对方的一切接触都得由自己来应酬，这无疑就把孩子推到了“前线”，这样可以“逼迫”他们在社交场锻炼自己。

因此，家里来了客人，父母常常让孩子去接待，特别是与孩子年龄相仿的客人或朋友，父母除了打打招呼外，一般不去包办代替。

(8) 有意识地训练孩子的说话能力。

交际能力的核心是说话能力，因为交际的最直接形式是说，不会说，说不好，怎么交际？会说，说得巧，答得妙，交际成功的可能性就大。因此，在美国，父母们很注重提高孩子的交际语言能力。

为了提高孩子的语言能力，美国一些家长很有方法：

a. 他们可能时常出些模棱两可的论题与孩子辩论。

b. 他们也可能故意提出一些不正确或片面的观点，让孩子据理反驳。

c. 鼓励孩子参加演讲赛，上课或开会时积极发言。

d. 对孩子平时话语中的差错，家长也会作必要的挑剔，帮助他认识自己的失误。

帮助孩子摆脱损友

在美国和中国也一样，一旦发现孩子交上来历不明的新朋友，许多家长都会暗暗担忧，如果孩子交的朋友看上去轻佻浮躁、反叛性强、非常老于世故，就更让家长放心不下。

面对这种情况，一些家长不敢干预，怕伤害与孩子的感情，还有一些家长则采取强硬手段，逼迫孩子与新朋友绝交，这反而容易激发孩子的逆反心理，使事情恶化。

两种都不可取，那么，在这样的情况下，家长们应该怎么做呢？

美国的心理学教授说："有很多事情家长都可以做，家长们一般认为，孩子进了青春期，家长的影响力就会渐渐丧失，其实不然，孩子仍然需要父母的指导。"

现代心理学的研究表明，孩子在穿着和音乐等小事情上会在同辈间效仿，但涉及教育和行为准则等方面的大事情，则会主要听取父母的意见。

如何帮助孩子摆脱损友，以下是一些美国专家的忠告：

(1) 注意行踪。

孩子十几岁时，做家长的必须设法时刻掌握孩子的行踪，知道他们跟谁在一起。

哥伦比亚大学的研究员妮娜曾调查研究一批初三学生，结果发现：家长监督越严，孩子做出格的事的可能性就越小。

妮娜还发现：如果孩子是“钥匙孩子”，即家长要求他们一放学回到家就马上打电话给正在上班的家长，他们学坏的可能性，并不比家里有母亲或爷爷奶奶照顾的孩子高。

(2) 晓以利害。

吉姆·卡瑞姆太太发现14岁的女儿与一位抽烟的同学交上了朋友，心里很担心，但是，她并没干脆地让女儿与朋友绝交，而是采取了一种商量建议的态度，结果不久，女儿和那个同学中断了来往。

许多家长自以为对孩子如何择友有最终决定权，但孩子则认为自己想跟谁交往应由自己决定。因此，家长如果采取严厉手段，到头来可能会产生反效果，孩子可能因为不服气，反而与那位值得怀疑的朋友来往更密。

所以，当父母们认为自己所持的反对理由有道理，应该和孩子坐下来协商。

在商量的时候，父母应尽量把谈话的重点放在孩子这段不良友谊的影响上，如夜归、学业退步等。

(3) 知彼知己。

11岁的蒙蒙第一次在朋友家过夜后，哭着回家，她告诉妈妈：朋友前一天晚上骗她看恐怖电影，害得她夜里做噩梦。

蒙蒙的妈妈很了解自己的女儿，知道她不是在说谎，于是说：“现在要有孩子约我女儿去玩，我要看看她是否有责任心，否则我不会允许女儿去的。”

(4) 给予指导。

美国的儿童专家说，许多家长千方百计地想让孩子到“最好的学校”上学，或全家人居住在“文化氛围重”的地区，希望孩子能交到益友，但是，不管在什么地区，做家长的都应该对孩子进行正确的引导，比如经常带领他们参加有益身心的活动等。

这样，才能避免孩子交一些不好的朋友。

(5) 釜底抽薪。

在什么情况下，家长应强迫孩子与损友绝交呢？专家们认为：

a. 如果孩子继续和损友来往可能危及人身安全。

b. 如果孩子结交某位朋友后成绩一落千丈。

c. 如果孩子总是神神秘秘，不愿说去哪儿，跟谁在一起。

d. 要是孩子冷落旧朋友，对过去喜爱的活动没有兴趣。

出现这几种情况后，父母可强迫孩子与损友绝交。

总之，如果孩子遇到了一些损友，家长应制订切实可行的计划，让孩子学会自己摆脱损友。

第三节
引导孩子顺利进入社会

如何对待孩子的“善良病”

约翰·沙匹洛是个高三的男生，很久以来，他就开始被自己的一个想法折磨得看不进书。

原来，他的想法是：“每年高考的录取名额是有限的，如果我考上了，则必有一个人因为我的考上而落榜。这岂不是我把自己的快乐建立在别人的痛苦之上了吗？但是，如果我因此故意考不上，岂不是又对不起自己和家人？”

还有个叫埃斯·卡兰特的男孩，上课时听不进课，老是担心自己挡住身后的同学看黑板。有时，他也会回头问身后的同学挡着他们没有，他们都回答挡不着。可是，埃斯·卡兰特仍然抑制不住自己的想法，就怕挡着他们。为此，他整日惴惴不安，心神不定。

美国人认为，这很难把约翰·沙匹洛和埃斯·卡兰特的做法称为“善良”。这就像中国笑话中的东郭先生怕伤害狼一样，并不是真正的善良，但是，它是孩子进入社会心理上的大忌。

美国的儿童心理学家称这种心理病为“善良病”。

“实际上，约翰·沙匹洛和埃斯·卡兰特的思想深处隐含的是一种脆弱和恐惧。”新泽西州立大学的心理学教授史密斯·卡顿分析说，“表面看起来，他们是怕自己的言行会妨碍和伤害他人。其实，他们往往是害怕这种妨碍伤害如果发生了的话，别人会反过来妨碍和伤害自己。比如，他自己遭受非议、排斥、贬低乃至攻击报复等。所以，对这种因为害怕受打击而显现出的道德感和‘善良’，不应看作是真正的善良。否则像他们这种做了一点点自认为有悖于道德的事，便产生了强烈的自责心理，悔恨不已，必然会给自己认识社会和踏入社会带来危害。”

假如孩子遇到这样的情况，作为父母的又应该如何去做呢？

(1) 告诉孩子这是一种“善良病”，并且这不是社会道德所要求的“善良”。

父母要教育孩子他们的行为规范已大大超越了正常的社会伦理道德范围，因而是不必要的。

(2) 鼓励孩子去进行正当的竞争，维护自己的正当权益。

(3) 告诉孩子坚持自己的合理做法。

否则，谁也不会认为他是一个讲道德的人，只会把他当作一个弱者。

(4) 崇尚善良的美德，但也不怕合理冲撞。

父母教育孩子这样做，并不是他真变“恶”了，而是把自己的思维和行为模式回归到了正常的范围。

孩子串门好处多

串门，是孩子生活中的正常交往之一，也是孩子走出家庭，奔向社会的第一步。

相对来说，在美国，邻里之间，大人们的来往一般比较少，但是，父母对于孩子的串门却不反对。他们认为，通过串门可以使孩子性格开朗，有助于形成团结友爱、互相谦让等优良品质，而且，还有助于孩子去接触社会，了解别人。通过串门，孩子可以懂得和学会如何去与人相交往。

在美国，如果孩子是独生，家里没有年纪相近的伙伴，孩子愿意与邻居的伙伴和同学一起游戏、学习，父母更是对此热情支持。

但是，一般来说，父母们对孩子串门往往还是会注意以下几点，否则，他们认为效果可能会适得其反。

(1) 指导孩子有选择地串门，到比较了解的邻居家去。

(2) 教育孩子串门时要尊敬长辈，讲究文明和礼貌，听从教育和劝告。

(3) 对孩子串门提出一些社会交往的要求。

a. 进门前要轻轻敲门，等主人允许后才能进去。

b. 邻居家有事时，不要去打搅，有客人时要自动回避。

c. 在别人家不翻抽屉、书籍和玩具。

d. 不随便吃人家的东西，更不能不得到人家的允许拿走人家的东西。

(4) 串门时要注意时间，比如吃饭、午睡时间不要去。

(5) 串门不要太频繁，或时间太久。

“很对不起，我拿了你们的糖果”

当艾姆布路斯·罗宾逊发现10岁的儿子大卫·罗宾逊从一家小商店拿走一块巧克力时，便让孩子将巧克力送回去，并叫他当着其他顾客的面，向店员道歉：“很对不起，我拿了你们的糖果……我保证以后再也不拿了。”

当大卫这样做了后，店员接受了道歉，准备再把这块巧克力送给大卫，但是，艾姆布路斯·罗宾逊不同意："他不能接受，这不是他的！"

说罢，他便把大卫和他的哥哥带回家，打了哥俩的屁股。

打大卫，是因为他偷了东西，而打他哥哥，是因为他没有阻止弟弟偷东西。

在美国人的心目中，"诚实，勇于承认自己的错误"是一个人进入社会的起码品行。艾姆布路斯·罗宾逊让做错了事的儿子在别人面前承认自己的错误，是想让孩子对自己有害于社会的行为感到羞愧，从而塑造他的正确的道德观。

这件事情发生 20 年后，大卫·罗宾逊成为了 NBA1995 年最有价值的球员、古典钢琴家、电脑奇才和社会活动家。他在父亲写的《如何培养最有用的人》一书的序言中写道：

> 我永远也不会忘记被当成贼站在柜台外的心情。父亲让我看到了自己不愿成为的那种人，他的做法给我留下了无法抹去的记忆。从那件事后，我再也不会偷了。